AF542372

LA DANSE EN AFRIQUE

Héritages et créations contemporaines

Aïssatou BANGOURA

LA DANSE EN AFRIQUE

Héritages et créations contemporaines

Préface de Pape Massène SENE

Postface d'Aloyse-Raymond NDIAYE

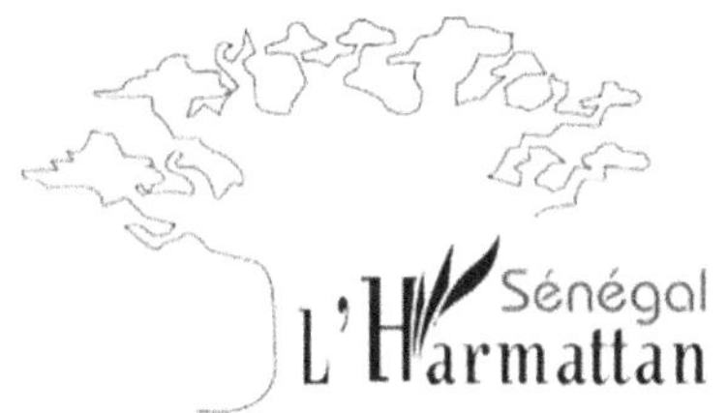

10 VDN, Sicap Amitié 3, Lotissement Cité Police, DAKAR

http://www.senharmattan.com
direction@senharmattan.com
commandes@senharmattan.com

ISBN : 978-2-336-45974-5
EAN : 9782336459745

Préface

Pape Massène SENE *

Faire une thèse sur un sujet aussi ambivalent que la danse au Sénégal, constitue une véritable gageure, de l'ordre du pari et du défi, aussi bien face à la sagesse populaire, qu'au regard des repères académiques usuels.

En effet, pour le commun des mortels, la danse n'est pas jugée suffisamment sérieuse ici, pour appartenir au registre de la connaissance et du savoir. Tout au plus, elle serait une expression naturelle innée, ayant vocation à plaire et à susciter des émotions chez certains, comme pourrait en procurer à d'autres, une belle démarche, un physique avenant ou un simple objet de contemplation.

Cette perception est si fortement ancrée, que l'expression wolof « *po ak pecc, sampul këër* » signifiant que le jeu et la danse ne permettent pas de fonder un foyer, relègue la danse au rang d'activité accessoire, marginale, de l'ordre du ludique agrémentant la vie, et peut-être la qualité de vie, mais ne pouvant nullement constituer un facteur d'épanouissement personnel, ni un vecteur de développement communautaire.

Mais, au regard de l'évolution des mentalités, pour certains acteurs culturels, cette perception est devenue obsolète et devrait aujourd'hui être considérée comme erronée et inappropriée. De fait, elle était fortement tributaire de l'organisation traditionnelle de la société, où certaines pratiques n'étaient pas considérées comme de vrais métiers, pouvant relever de la liste des catégories professionnelles reconnues.

C'est ainsi que pendant longtemps, des activités sportives comme la lutte, la course à pied, le saut en hauteur ou en longueur, au même titre que des expressions artistiques comme le chant et la danse, relevaient beaucoup plus des « *hobbies* » que des professions avérées et acceptées comme telles, pour des communautés insérées dans une économie primaire où l'agriculture, l'élevage, la pêche et la chasse, ainsi que la protection des terroirs et la sécurisation des individus par de preux guerriers, occupaient le haut de la pyramide des métiers valorisés.

---

* Chercheur, Professeur de Littérature africaine. Ancien Secrétaire général du Ministère de la Culture et du Patrimoine historique classé.

Un bon lutteur était d'abord un cultivateur, un éleveur, un pêcheur ou un artisan, qui s'adonnait à ce sport après le travail, à ses heures perdues, quitte à pouvoir le valoriser à l'occasion de manifestations festives organisées par les communautés, pour le divertissement de leurs membres.

La chanteuse adulée, ainsi que les virtuoses de la danse, avaient par ailleurs des activités professionnelles plus conventionnelles dans l'artisanat, souvent avec un statut de potière, teinturière, vannière ou d'esthéticienne, coiffeuse ou tatoueuse, en plus d'être de bonnes lavandières et de talentueuses cuisinières à domicile.

Pour bien mesurer ce que recouvrait la notion de métier, il convient de souligner, que même le conte, puissant outil pédagogique du système éducatif d'antan, essentiel à la transmission des valeurs et à la régulation de la société, ne procurait nullement un statut professionnel spécifique à celles et à ceux qui le maniaient avec aisance ou à la perfection,

À l'époque, dans la répartition hiérarchisée des tâches, seules les activités qui permettaient de satisfaire les besoins vitaux de la communauté et assuraient la survie du groupe, bénéficiaient prioritairement d'un statut survalorisé, différent de celui accordé à des pratiques estimées secondaires, qui participaient du divertissement. Ne comblant aucun besoin vital, la danse relevait logiquement de la deuxième catégorie d'activités qui, sans être indispensables, étaient juste perçues comme nécessaires au bien-être des individus.

Toutefois, même considérées comme secondaires, ces activités n'étaient pas nécessairement dépréciées ni dévalorisées dans nos sociétés traditionnelles. C'est dans cet esprit que les personnes qui excellaient dans la danse pouvaient être admirées et adulées, procurant bonheur et fierté dans leurs contrées et au-delà.

Ne bénéficiant pas de rémunération directe, ces artistes parvenaient néanmoins à subvenir à leurs besoins, et même à s'enrichir, grâce aux dons de toutes sortes reçus de nombreux congénères qui appréciaient leurs talents et leurs performances artistiques. Ils étaient donc redevables de la générosité de leurs admirateurs.

Mais il se trouve que ce mode de défraiement procède d'un système caractéristique des rapports de dépendance des classes de statut défavorisé, appelées "*ñeeño*" en wolof et qualifiées de "castées" en français, vis-à-vis des nantis et privilégiés de l'élite aristocratique dirigeante, qui les rétribuaient ainsi selon leur bon vouloir, à l'aune de leur ressenti et de leur propre satisfaction.

Par extrapolation, la danse génératrice de revenus, sous forme de dons, a été perçue par défaut, ou par assimilation, comme l'apanage des personnes castées, contrairement aux danses guerrières ou aristocratiques dont personne, parmi les gens du peuple, ne songerait à rétribuer les exécutants.

Et au fil du temps, les critères d'appréciation des pratiques artistiques populaires ayant beaucoup changé, dans un contexte d'individualisation à outrance où solidarité et partage sont devenus des denrées rares, les mécanismes de gratification et de compensation des prestations par des cadeaux tombent progressivement en désuétude.

Aujourd'hui, à cause de l'urbanisation galopante, la rupture avec les communautés d'origine aidant, l'obsession des ménages est de satisfaire les besoins vitaux. Alors que des sports comme la lutte peuvent attirer de nombreux amateurs, la danse ne dispose ni d'infrastructures, ni d'une clientèle attitrée, suffisante pour générer des recettes à même d'assurer l'autonomie des professionnel(le)s de cette discipline.

Dans cet ouvrage, l'auteure livre une analyse sans complaisance des mutations en cours de la danse, considérée à tort comme un pis-aller, en marge de l'essentiel.

Tout observateur averti peut s'offusquer de noter que pour dénoncer la faillite du système éducatif sénégalais et son inadaptation aux exigences du monde du travail et du milieu professionnel générateur de revenus, la parodie de la dernière réforme académique instaurant le système LMD (Licence, Master, Doctorat) est dénommée ironiquement « Lutte, Musique, Danse ».

À travers cette parodie, on insinue que l'université a chuté de son piédestal de « temple du savoir », pour devenir une plateforme de diversion et de divertissement ne pouvant plus satisfaire les attentes et atteindre son objectif initial. C'est aussi une autre façon de souligner que la lutte, la musique et la danse sont aux antipodes de ce qui est espéré du "temple du savoir" et ne font pas partie des activités prioritairement valorisées.

Dans ce contexte, il a fallu du cran, et une expertise avérée, pour que Madame Aïssatou Bangoura fasse admettre à l'université Gaston Berger de Saint-Louis, un sujet de thèse de doctorat intitulé « La danse au Sénégal : représentation, formation, pratique ».

L'importance de cette démarche novatrice n'a pas échappé à la sagacité du professeur Aloyse Raymond Ndiaye, qui salue cette performance dans un article intitulé « La danse à l'université », publié dans le journal *Sud Quotidien* du 8 mai 2019.

Dès l'introduction, sous le titre « Madame, vous nous avez apporté la joie dans la maison », il délivre un témoignage révélateur : « il aura fallu cinquante-deux ans, depuis le Premier Festival mondial des Arts nègres organisé à Dakar en 1966, pour que l'université accueille la première thèse en danse ». Et de commenter : « j'ai noté lors des débats que le professeur Boubacar Ly, de l'université Cheikh Anta Diop de Dakar, doyen des membres du jury, a dit publiquement la joie et le bonheur que lui a procuré la lecture de cette thèse sur la danse, qui change des sujets de sociologie habituellement consacrés, dira-t-il, aux problèmes de mal-être des Sénégalais : pauvreté, chômage, délinquance... », avant de conclure « en choisissant le sujet de la danse, Madame, vous nous avez apporté la joie dans la maison ». Bel hommage !

L'ouvrage que le lecteur a sous les yeux est le résultat de ce travail académique. Aïssatou Bangoura rappelle que cette pratique est bien consubstantielle à l'être humain, parce que "tout le monde danse". Elle a donc choisi de fournir des éclairages pertinents sur cette activité universellement reconnue, et c'est avec lucidité qu'elle mène la danse. Elle se défend avec humilité de vouloir "régler les problèmes de la danse au Sénégal" et encore moins en Afrique, mais elle invite plutôt à une réflexion critique sur la danse dans la communauté wolof, à travers ses multiples dimensions, sa représentation, sa pratique, et ses besoins de formation. Dans la rigueur d'une analyse bien argumentée et documentée, elle apporte d'utiles éclairages, et offre l'opportunité de rectifier de fâcheux malentendus.

Aussi, si l'on danse partout, depuis la nuit des temps et dans toutes les sociétés humaines, on ne danse pas n'importe où, ni n'importe comment. Et l'on se demande aussi, ce qui explique ici et là, des restrictions formelles ou circonstanciées dans la pratique de cette activité artistique. C'est ainsi qu'Aïssatou Bangoura signale pour la dénoncer, la tendance à rattacher, dans la société wolof, la pratique de la danse à l'appartenance à certaines catégories sociales dévalorisées. Elle rappelle à juste titre la place et le rôle de la danse dans toutes les couches de la société sénégalaise, tout au long du cycle de vie, de la naissance à la mort.

Rigoureuse, elle refuse de céder aux poncifs nés de quelques clichés sur le caractère inné de la danse chez les Noirs, qui l'auraient dans le sang.

Méthodique, elle démontre que cette assertion, qui charrie des stéréotypes de l'idéologie coloniale, perdure aussi parce qu'elle flatte la fragile autosatisfaction que s'arrogent avec délectation et quelque légèreté, certains Africains sensibles à de hâtives et superficielles comparaisons avec les autres.

Il nous est loisible de vérifier la pertinence des hypothèses de travail examinées dans cet ouvrage, en nous référant à trois adages que consacre la sagesse populaire de la communauté wolof, choisie comme domaine d'intervention.

1. "Peccum liir bu neexee, ndey jaa japp ca mbàgg ya" : "La danse d'un bébé n'est appréciée que si la maman lui tient les épaules".

Sans nul doute, cet adage situe la danse dans un processus normé de formation, dès le bas âge, sous l'encadrement de la première éducatrice qu'est la mère.

2. "Njuli Njaay, tey nga mana feec, mba nga dee, mba tànk yi damm" : "Jeune initié, tu sauras danser aujourd'hui, sinon tu mourras ou tu auras les jambes brisées".

L'initiation est une étape décisive dans la socialisation de l'individu, et la formation qui y est dispensée constitue un des fondements de la société.

Il est significatif que dans ce rite crucial, le chant et la danse fassent partie du programme, avec des séances de démonstration appelées "*kassak*". Durant ces veillées, des devinettes sont posées et de nombreux jeux d'esprit sont proposés aux jeunes initiés, afin de stimuler et de tester leurs aptitudes intellectuelles. Mais en même temps, l'apprentissage du chant et de la danse fait partie de la formation, et des épreuves de restitution et de démonstration sont prévues dans des évaluations régulières.

Dans l'adage examiné, c'est parce que la danse est assimilée à la vie, que ne pas savoir danser équivaut à être handicapé (jambes brisées), ou pire, se retrouver hors de la vie sociale (tu mourras).

3. "Ku Yalla taacu, boo feecul, doo too feec ba mukk": "Si Dieu daigne t'applaudir, danse jusqu'à l'épuisement. Sinon, jamais plus tu n'auras la chance de danser dans ta vie".

Dans la mythologie, on imagine que L'ÊTRE SUPRÊME, créateur du monde et de tous les êtres vivants, manifeste sa satisfaction ou accorde le meilleur de ses bienfaits à l'homme, en l'invitant par des applaudissements à danser, pour témoigner de sa reconnaissance.

Aucune autre activité humaine que la danse n'a été jusqu'ici évoquée, pour symboliser cette connexion sublime entre le divin et l'humain. C'est dire l'importance de la danse au Sénégal.

Une fois que l'auteure nous a fait cerner ce que représente la danse, il me semble que tout lecteur gagnerait à la suivre, dans sa quête de solutions pour la professionnalisation de cette activité artistique.

Parce qu'il est établi que la formation prime sur l'origine familiale des artistes, Aïssatou Bangoura interpelle l'État qui conçoit et met en œuvre les politiques culturelles, et valide les curricula des établissements scolaires. Et à n'en pas douter, l'université, où d'autres disciplines ont acquis des lettres de noblesse, pourrait être d'un apport significatif.

Somme toute, le plaidoyer se justifie, si l'on prend conscience que la danse, au-delà de la réjouissance, célèbre l'humain et ce qu'il a de plus précieux : la VIE dans toutes ses facettes.

Introduction

L'Afrique a changé la danse dans le monde entier.
Mais elle a possédé un autre domaine de danse,
sa danse séculaire ou sacrée. Elle est en train de mourir,
et il appartient aux gouvernants africains de la sauver.

André Malraux, *Discours de Dakar, 30 mars 1966*
au Premier Festival mondial des Arts nègres

Comme on le constate, aujourd'hui encore, en Afrique,
la danse se caractérise, non seulement par la variété
de ses mouvements, mais surtout par leur signification
dans un monde où tout est signifiant : la couleur, la ligne,
la forme et, encore plus, le mouvement,
qui est toujours geste, c'est-à-dire langage de l'âme.

Léopold Sédar Senghor, *Discours à l'inauguration*
de Mudra-Afrique, le 17 novembre 1977, à Dakar

L'Afrique est connue et reconnue pour être le continent de la danse. Elle a rayonné sur tous les continents. Le rythme africain se retrouve dans la musique, les chants et danses des Noirs américains et latino-américains, de Cuba, du Brésil, sans oublier les Caraïbes. S'il est vrai que l'on danse dans tous les pays, que chaque civilisation possède ses propres danses, ses propres systèmes liés à une culture, en Afrique particulièrement, tout le monde danse, la danse est partout. Le chorégraphe ivoirien Alphonse Tiérou, qui a beaucoup étudié la danse africaine, insiste sur cette particularité africaine : « Elle est présente dans tous les événements de la vie, elle accompagne nos états d'âme, nos peines et nos joies », ce qu'exprime aussi très clairement Senghor.

Ces états d'âme sont causés par le cours de la vie et s'expriment dans un contexte social. Bourdieu a bien montré l'interdépendance de l'individu et de la société et souligné que l'agent social ou l'individu ne sont pas coupés de la société, ce qui assure à la danse sa dimension sociale. Elle est le moyen par lequel dans la société, l'individu exprime ses sentiments les plus intimes, les plus profonds. Un moyen d'expression spécifique, parce que symbolique. Elle est un langage, le plus complet, dit Senghor : il met en œuvre tout le corps. Avec Tiérou, on peut dire que « c'est un moyen d'expression, mais un moyen d'expression plus fort que le geste ».

Le Premier Festival mondial des Arts Nègres, qui s'est tenu à Dakar du 1er au 24 avril 1966, a été l'occasion exceptionnelle pour les invités du gouvernement sénégalais et la population sénégalaise, celle de Dakar en particulier, et aussi pour le monde entier, d'apprécier la diversité et la richesse, la fécondité de la danse africaine et d'inspiration africaine. Les pays d'Afrique représentés, l'Amérique, la Caraïbe et la Diaspora, ont envoyé à Dakar leurs meilleurs troupes de danseurs et danseuses, leurs meilleurs chorégraphes. Était également présente la compagnie de danse moderne « *American Negro Dance Company* », dirigée par le chorégraphe Alvin Ailey, et la danseuse Judith Jamison, danseuse-interprète vedette de la compagnie. Près d'une cinquantaine de spectacles de ballets se sont succédés, dont ceux du ballet du Mali, du Burundi, de l'Éthiopie, du Congo Brazzaville, de Haïti, du Maroc, de la République Arabe d'Égypte [1].

La danse était à l'honneur. Elle était partout, autant sur scène, au Théâtre national Daniel Sorano [2] qui avait été construit à cet effet, que dans les rues de la capitale. Les personnalités invitées – intellectuels, écrivains et artistes – étaient accueillis à leur arrivée à l'aéroport de Dakar, qui reçut par la suite le nom de Léopold Sédar Senghor, par des chants et danses, rituel de bienvenue que la plupart des pays africains venant d'accéder à la souveraineté internationale avaient inscrit dans le protocole d'accueil des hôtes de marque « en visite officielle ». Dès leur arrivée à l'aéroport, et généralement sur tout le parcours du cortège de voitures officielles, des troupes de danseurs et danseuses se produisaient pour souhaiter la bienvenue à l'hôte étranger. Le Premier Festival mondial a ainsi démontré la dimension universelle de la danse africaine, avec les caractéristiques propres à chaque pays où elle s'est développée. Dans son unité, elle est rythme et émotion, diversité des mouvements, tantôt lents, tantôt rapides, par moments acrobatiques, fusion du corps et de l'esprit, danse totale, chaque chorégraphe, chaque pays apportant sa touche propre. Il n'est donc pas étonnant que l'on retrouve dans toute l'Afrique et dans la Diaspora, malgré les frontières héritées du colonialisme,

---

1 Voir la brochure comportant le programme des spectacles, qui montre la place accordée à la danse lors du Festival mondial de 1966 (Anonyme, 1966, *Premier Festival mondial des Arts Nègres*).

2 Daniel Sorano, parrain du premier théâtre national du Sénégal, est un homme de théâtre possédant une belle voix lyrique qui va choisir l'art dramatique ; il est né de parents métis sénégalais et a passé sa tendre enfance au Sénégal. L'inauguration du théâtre portant son nom eut lieu le 19 juillet 1965.

les mêmes danses, les mêmes mouvements, les mêmes pas de danse. Fodéba Keïta avait donc bien raison de dire que l'unité de l'Afrique, c'est la danse.

Il ne faut pas s'étonner, dès lors, que des ethnies aussi différentes que les Socés, les Soninkés, les Malinkés, les Bambaras, les Peuls que l'on rencontre au Sénégal, au Mali, en Côte d'Ivoire, en Guinée, partagent les mêmes pratiques en termes de chants, de danses, de rites cultuels. On retrouve aussi des caractéristiques identiques dans les créations chorégraphiques du Mali, du Sénégal, de la Guinée.

Au sein du continent africain, unité et diversité des danses se répondent. Chaque ethnie est riche de ses chants et danses : danses traditionnelles, danses profanes, danses sacrées, danses de divertissement, de rituel ou de spectacle. Ne sont-elles pas, comme le souligne Fodéba Keïta, « l'expression d'un besoin vital ? » Les danses de divertissement, comme le *sabar* chez les Wolof, peuvent être transformées en spectacle populaire. Les danses à caractère sacré sont souvent accompagnées d'accessoires comme les masques. On en rencontre par exemple chez les Joola ou dans le pays bassari. Le masque est sacré et représente l'âme des ancêtres et des esprits. Ce ne sont pas seulement les masques qui apparaissent avec les danses. Il y a aussi les instruments de musique. Le plus lié à la danse est le tam-tam, qui donne le rythme et crée l'émotion qui lui est inséparable. L'improvisation, la spontanéité et la répétition sont des caractéristiques des danses africaines qui, par ailleurs, se distinguent des danses occidentales par la façon de bouger le corps, qui sera soulignée par les Européens colonisateurs et racistes, au XIXe siècle, considérant que l'aptitude à la danse est un don que le Noir a reçu de la nature, un don inné, pour compenser son infériorité intellectuelle. C'est précisément ce préjugé et l'idéologie de l'inégalité qui l'anime que cette étude veut combattre.

Depuis son origine, la danse n'a cessé d'être une des expressions artistiques les plus pratiquées par l'homme. Elle concerne tout l'homme. Senghor la définit en ces termes :

> La danse à l'origine – il en est encore ainsi en Afrique noire – est langage, le langage le plus complet. Il met en œuvre tout le corps. Je dis tout l'homme : tête et buste, bras et jambes. Tous les arts : poésie, chant et musique, peinture, sculpture et – naturellement – danse [1].

Professionnelle de danse, ayant enseigné pendant plusieurs années cette discipline, ancienne pensionnaire de Mudra-Afrique, célèbre école de danse qui fut créée par Maurice Béjart et Léopold Sédar Senghor, mon intérêt pour la danse remonte à mes années d'études. Je l'ai choisie comme sujet de ma

---

1 Léopold Sédar Senghor, « Les Ballets Africains de Fodéba Keïta » dans *Liberté I, Négritude et humanisme*, 1964, p. 288.

thèse, en concentrant ma recherche sur le Sénégal. J'avais intitulé mon travail « La danse au Sénégal. Représentations, formation et pratique ».

Le Sénégal est, en effet, un pays où la culture, particulièrement l'expression artistique, occupe une place de choix. Cet intérêt pour la culture le singularise parmi les pays francophones d'Afrique. L'on y observe que la musique, le chant et la danse ont toujours accompagné l'évolution des populations dans leur lutte pour l'indépendance, pour la reconnaissance et l'appropriation de leurs identités culturelles et ancestrales, en marche vers le développement. Il a produit des artistes célèbres, parmi lesquels des danseuses de renommée nationale et internationale telles Coura Thiaw, Ndèye Khady Niang, spécialisées en danse traditionnelle, et Germaine Acogny qui a créé une technique portant son nom et inspirée de la danse traditionnelle.

Ces artistes ont toutes été accompagnées par des virtuoses du rythme comme Bouna Basse Guéye, mais surtout Doudou Ndiaye Coumba Rose, le tambour major, le plus illustre des musiciens, virtuose du tam-tam, honoré en 2006 par l'UNESCO, qui l'a reconnu « Trésor humain vivant », avant sa mort à Dakar, en août 2015. Joséphine Baker, célèbre danseuse et chanteuse, a reconnu son talent en lui disant lors de leur rencontre en 1959 : « tu seras un grand batteur ». Il créa une quantité impressionnante de rythmes et apporta une innovation de taille en ajoutant deux tam-tams à la batterie de l'orchestre *sabar* composée initialement de cinq pièces. Nommé professeur de rythme à l'Institut national des Arts de Dakar où il s'est initié au solfège, il est au même moment chef tambour major du Ballet national. Son talent sera remarqué par beaucoup de célébrités : c'est ainsi que Maurice Béjart fera appel à lui pour accompagner Germaine Acogny dans sa nouvelle aventure de Mudra-Afrique. Il y côtoiera Julien Jouga, directeur du chœur sénégalais, avec lequel il va accompagner le chant choral de percussions. En 1989, il est invité à tenir une place de choix en défilant avec son groupe sur les Champs Élysées lors de la commémoration du Bicentenaire de la Révolution française de 1789. Il a donné une nouvelle dimension au rythme du tam-tam qu'il a rendu accessible à des femmes devenues à leur tour des virtuoses du rythme. Il a aujourd'hui son nom gravé sur le fronton du Grand théâtre national [1].

Cette éclosion d'artistes et cet engouement populaire pour la culture et la danse sont le produit de la politique culturelle conçue et mise en œuvre par le Président Senghor. Elle a pour fondement le binôme enracinement et ouverture. Sous son régime, diverses structures de formation et de représentation de la danse vont voir le jour : le Ballet national « *La Linguère* », orienté vers la danse traditionnelle, et sa sœur, la troupe *Sira Badral*, qui servait de vivier à la première. Elle donnait des représentations lorsque *la Linguère* effectuait des tournées internationales à travers le monde, qui

---

1 Il serait important de disposer d'une biographie complète de Doudou Ndiaye Coumba Rose, pour souligner l'ampleur de son œuvre et ses multiples talents.

pouvaient durer deux ans. C'est également sous Senghor que fut créé *Mudra-Afrique* [1], symbiose des danses africaine et moderne, qui eut pour première directrice Germaine Acogny. Soucieux de l'importance capitale d'une bonne formation dans la carrière du danseur et de l'ouverture à d'autres techniques et formes de danse, comme par exemple la danse moderne et la danse contemporaine, Senghor créa l'Institut national des Arts, aujourd'hui l'École des Arts, qui va compter en son sein une section danse où de nouvelles techniques vont être enseignées en même temps que les danses traditionnelles sénégalaises. Les danses urbaines qui apparaissent bien plus tard, vers les années 1990, y trouvent aujourd'hui leur place. Ainsi, toutes ces structures de formation et de représentation – les Ballets et les Écoles – vont aider à développer et encourager la pratique de la danse auprès de la jeunesse, mais surtout à poser les jalons d'une professionnalisation de la discipline.

Nous trouvons donc ainsi pratiquée au Sénégal une diversité de formes de danse dont certaines, comme le *sabar,* de l'ethnie wolof, qui était à l'origine une danse exclusivement féminine, est aujourd'hui pratiquée de plus en plus par des hommes. Parmi eux, certains se sont rendus célèbres par le fait de participer à des séances de *sabar*. Je citerai par exemple Abdou Baba Ly et Bassirou Sarr. Selon Pape Doudou Ndiaye, ces danseurs n'avaient rien à envier aux danseuses, tant par l'exactitude des pas de danse que par la grâce et l'élégance de leur gestuelle. Dans les années 1980, c'est Alla Seck, un maitre de la danse, qui inspira plus tard aux responsables des orchestres locaux d'inviter les danseurs sur leurs scènes. Pape Moussa Sonko en est un exemple au sein du même orchestre : le Super Étoile de Dakar. Ce groupe de musique dakarois, sous la direction de Youssou Ndour, artiste mondialement connu, va puiser dans le patrimoine culturel, tout en introduisant des instruments de musique traditionnelle, ce qui va créer de nouvelles sonorités tirées de la tradition : le *mbalax* invitant à la danse. Comme le dit le professeur Gora Mbodj, « avec Alla Seck, Youssou Ndour réussit le pari de faire danser hommes, femmes, enfants et vieux, au rythme endiablé de son *Mbalax* ». Ainsi, *le tama*, petit instrument de percussion que l'on tient sous l'aisselle, ou *le sabar*, qui signifie aussi bien le rythme que la danse, instruments de musique traditionnelle, désormais utilisés par les orchestres locaux, font redécouvrir au public le rythme wolof. De nouveaux pas de danse sont créés. L'on assiste dès lors à un transfert ou un changement d'espace de danse, qui était jadis sur la place du village, vers un espace clos, fermé : le *dancing*. Ces orchestres jouent la plupart du temps dans les *night-clubs* ou boites de nuit, dont l'accès est payant, contrairement à la place du village, espace libre et ouvert au public. L'espace de danse va subir des mutations. L'on introduit *le géew*, un nouvel espace, circulaire, dans lequel évoluent les danseurs, individuellement, à chacun de mettre en évidence son talent et sa créativité,

1 Centre Africain de Recherche et de Perfectionnement de l'Interprète.

contrairement aux danses de couple (un homme et une femme), venues d'Europe ou de Cuba, qui demandent un espace que plusieurs couples peuvent occuper en même temps.

Le développement des moyens de communication et d'information, l'évolution, voire les changements de mentalités observés au Sénégal dans ces années après l'indépendance, ont favorisé une intense créativité dans le domaine de la danse, ce qui a eu pour effet de rendre la danse plus attractive auprès de la jeunesse. La danse acquiert, dès lors, en plus de sa dimension sportive représentée lors des compétitions, des concours ou séances de *Battle* dans les danses urbaines, ludique et culturelle comme lors d'événements familiaux ou rituels, une dimension économique en ce sens que les jeunes danseurs s'y engagent pour en faire un métier.

Les années 1980 vont marquer la fin de ce que j'appellerai le mécénat d'État sous le régime du Président Senghor. Protecteur des Arts et Lettres, lié à sa fonction de chef de l'État, Senghor, brillant homme de culture, a joué son rôle avec générosité auprès des artistes et de leur art. Aucune discipline artistique n'a été négligée. S'il a donné l'impression d'avoir une préférence pour les arts plastiques, notamment la peinture, dont les meilleures productions ont servi de modèles aux plus belles tapisseries des Manufactures de Thiès, qui figuraient parmi les cadeaux présidentiels lors des voyages officiels du chef de l'État à l'étranger, l'organisation du Premier Festival mondial des Arts nègres en 1966, à Dakar, a montré qu'il s'intéressait aussi au théâtre, à la sculpture, à la musique, et surtout à la danse. Il suffit de se reporter au programme de ce Festival pour constater le nombre d'artistes célèbres invités dans tous les arts, particulièrement celui de la danse. Son départ volontaire du pouvoir coïncide avec la période difficile, pour la plupart des pays africains, des ajustements structurels imposés par le Fonds monétaire international (FMI). Désormais, Il faut faire face à la dure réalité économique. Se créent et se développent alors des industries culturelles, avec des enjeux économiques importants, qui doivent encourager la créativité.

Les artistes, notamment les danseurs, vont s'organiser et se prendre en charge pour sauver leur discipline ; c'est le début de l'informel dans ce monde des arts, avec la naissance d'initiatives nouvelles, collectives ou individuelles, privées ou corporatistes, de groupes de danse, de théâtre ou de musique. Les industries du spectacle et des loisirs se mettent en place, en offrant aux artistes une meilleure visibilité par la réalisation de « *clips* » musicaux, et par la participation à des festivals de danse, dont celui dénommé *Kay Fecc* qui est né en 2003, *Dalifort Dance*, qui a fêté sa huitième édition en 2021, ou *Duo Solo* à Saint-Louis, le Festival *Kadior Battle*, etc., qui sont de précieux espaces d'échanges entre chorégraphes et danseurs, au plan national et international, sur tout le continent.

Ainsi au Sénégal, des espaces et des compagnies de danse vont se créer, intéressant de plus en plus les jeunes gens. Cela va de la danse traditionnelle, exécutée dans les troupes que l'on appelle « Ballets », comme *Sunumew*, *Bakalama*, aux danses urbaines pratiquées par les jeunes, en passant par la danse contemporaine. La première à voir le jour au Sénégal a été dénommée *5ème Dimension*, créée et dirigée par Jean Tamba. Suivit la *Compagnie 1er Temps*, avec Fatou Cissé. L'Institut culturel français de Dakar a accompagné avec efficacité des initiatives artistiques et culturelles, en inscrivant dans son programme les manifestations de nos artistes ainsi que d'autres groupes venant d'Europe et d'Afrique. Des centres culturels d'autres pays étrangers contribuent aussi à l'effort de promotion de la danse en proposant des résidences, des subventions, des formations et des compétitions. Le centre culturel allemand « Goethe Institut » a clôturé au Théâtre national Daniel Sorano la finale de *Sunu Talent*, concours de danse, théâtre et musique ouvert aux jeunes talents de toutes les régions du Sénégal sauf Dakar ; ce choix volontaire d'exclure la région de Dakar repose sur l'idée que les acteurs de cette région bénéficient d'avantages réels du fait de la concentration de nombre d'activités dans la capitale. Cependant cet avis n'est pas partagé par beaucoup d'acteurs culturels, qui estiment que la capitale regorge de talents disposant de peu ou d'aucun moyen pour éclore.

J'ai vécu cette période de transition marquée par les contraintes imposées aux pays africains par les institutions de Bretton Woods. Je fais partie de ces artistes qui ont eu à prendre des initiatives dans le domaine de la danse dans un contexte défavorable. J'ai donc créé mon studio de formation en danse « Atelier Danse du Point E », principalement pour les enfants et adolescents. Les rares écoles de danse étaient à l'époque dirigées par des expatriées et leur clientèle était surtout non sénégalaise, pour des raisons économiques. La question financière a été un réel obstacle au développement de ces formations, mais il y avait aussi d'autres raisons. Je n'ai pu renverser la tendance pour autant en accueillant plus d'Africaines. Une mère dont la fille voulait apprendre la danse, et de surcroît la danse classique, a dû renoncer au projet face au refus catégorique du père, qui prétextait que « la danse ne s'apprend pas chez nous en classe ! »

J'ai pu constater à partir de mon expérience professionnelle que, malgré cette floraison de pratiques dansées par les jeunes, subsistait encore au Sénégal aussi bien chez les novices que dans le milieu des artistes, cette idée que la danse ne s'apprend pas, qu'elle est naturelle, qu'elle est dans le sang. En interrogeant certains praticiens sur leur parcours et sur l'origine de leur passion pour la danse, l'explication qui m'était généralement donnée faisait référence à cette même idée : la danse est dans le sang. Cette idée fait l'objet de débats et surtout de combats depuis fort longtemps. L'anthropologue et danseuse Katherine Dunham déplorait, en le constatant déjà en 1938 : « combien ce préjugé imprègne aussi bien les représentations des Blancs que celle des Noirs. Ainsi voit-elle des danseurs afro-américains quitter prématurément ses cours, étant persuadés qu'ils sont des « danseurs-nés » et qu'approfondir une technique ne ferait que gâcher leur talent naturel » [1]. Ce qui signifie, par conséquent, qu'elle est propre à certaines catégories raciales : les Noirs, tout comme dans l'ethnie wolof du Sénégal qui a produit un système de castes, dont l'une, celle des griots, est perçue comme impure et se distingue par la danse et le chant, héritage ancestral, don inné de la nature. Pour Valentim Fernandes, dont la thèse est évoquée par Abdoulaye Bara Diop, les griots baignent dans une situation ou dans une culture qui porte la marque de l'impureté.

Nous sommes en présence de deux imaginaires qui ont chacun leur source propre. L'un, l'imaginaire autour du danseur africain, fait irruption dans une Europe colonialiste, lors des expositions coloniales et universelles européennes. Il est nourri des récits des explorateurs et ethnologues, à l'époque du colonialisme et du « primitivisme », et tend à faire croire que la danse est innée, un don de la nature reçu à la naissance, ce qui n'est en réalité qu'un préjugé, inspiré par une idéologie, celle de l'inégalité des races, de la hiérarchisation des peuples, une idée reçue stéréotypée, qui a survécu jusqu'à nos jours, particulièrement vivace chez les jeunes passionnés de danse. Je me suis alors demandé si cette représentation du Noir dansant n'est pas un frein, un obstacle à tout effort d'apprentissage et de modernisation de la danse ?

L'autre, spécifique au système des castes au Sénégal, selon lequel les catégories sociales inférieures, notamment celle des griots, ont reçu, par hérédité, comme don de la nature, donc innés, la danse et le chant. Les membres de cette catégorie considèrent eux-mêmes qu'il leur revient, de par la nature, de pratiquer la danse et le chant, d'en faire naturellement un élément de leur identité, comme une faculté innée, d'en faire leur profession. Cette classification renvoie de plus à une image peu glorifiante de la pratique de la danse, qui dissuade tous ceux qui n'appartiendraient pas à cette catégorie sociale, mais seraient intéressés par la danse et souhaiteraient s'y engager. En quoi elle serait aussi un frein, un obstacle majeur à l'épanouissement de la danse. Nombre de danseurs m'ont parlé du refus catégorique de leurs parents de les voir s'engager dans une carrière de danseur professionnel, pour de telles raisons.

Ces deux imaginaires, de deux sources différentes, se nourrissent d'une seule et même idéologie : la domination, par la hiérarchisation des peuples, l'inégalité des races et des hommes. Contrairement à ce qu'enseigne l'idéologie, la danse est le résultat d'une socialisation et d'un apprentissage. En effet, elle reste une forme artistique, une pratique sociale et culturelle. Elle s'apprend avec un maître et se transmet aux futures générations. J'insiste sur le rôle irremplaçable de la formation, de l'apprentissage. Nous pouvons évoquer, pour illustrer cette affirmation, ces propos de Katherine Dunham,

---

1 Katherine Dunham, citée par Annie Suquet, *L'éveil des modernités une histoire culturelle de la danse* (1870-1945), Centre national de la danse, 2012, p. 547.

selon laquelle le Noir n'est pas plus naturellement doué pour la danse que le Blanc et que, s'il se trouve prédisposé à certaines formes de danse en particulier, c'est pour des raisons culturelles et non pas physiologiques [1].

Lorsque Senghor parle de l'émotion et du rythme chez le Négro-Africain, il s'agit pour lui de dons que tout artiste a reçus. Si donc l'artiste ou le danseur africain les a développés plus que les autres, il le doit à son éducation, sa famille, ses traditions ancestrales, à son histoire, par le processus de socialisation qui est propre à sa société, donc à son milieu, à son environnement culturel. C'est cette référence à la formation, à l'apprentissage, à la culture qui va donc constituer le noyau dur de notre recherche, le cœur de notre travail dont l'objectif est de combattre ces stéréotypes qui me semblent constituer un obstacle au développement de la danse, et qui, par conséquent, privent la jeunesse non seulement des plaisirs qu'offre la pratique de la danse, mais encore de l'apprentissage d'un métier, d'une profession pouvant contribuer à son propre épanouissement. Je me suis donc engagée dans la rédaction d'une thèse par passion pour la danse et par souci de la formation des artistes.

La problématique que je développe, c'est celle de la critique d'un imaginaire social de l'Autre avec son double rapport aux expositions coloniales européennes et au système des castes de la société wolof du Sénégal. L'analyse de ce stéréotype montrera comment il joue un rôle, positif ou négatif, dans le développement de la danse. En d'autres termes, notre question principale va donc se poser à partir de la considération d'une part de la représentation stéréotypée du Noir qui a reçu dans ses gênes une faculté innée pour la danse, et d'autre part, de l'idée véhiculée par le système des castes, que la pratique de la danse est impure et déshonorante.

Dans le premier cas, je m'efforcerai de montrer comment et pourquoi cet imaginaire du Noir s'est construit avec l'idée que la danse est innée chez les Noirs. Dans le second cas, il s'agira de savoir comment et pourquoi les représentations relatives aux castes, stratifications sociales propres à la société wolof, font de l'impureté un attribut de la caste des griots, indissociable de la pratique de la danse et du chant qui leur est rattachée par essence, non glorifiante, pour les individus des autres castes dites supérieures, comme celle des *géér* ? Qu'est ce qui l'explique ? Comment ne pas voir qu'il a là un obstacle à la formation qui détourne ceux qui désireraient s'engager dans l'apprentissage de la danse ?

Le système des castes se compose de deux groupes : un groupe auquel appartiennent les *géér* et le groupe où se retrouvent les *ñeeño*. Ces derniers sont constitués, à leur tour, en castes et sous-castes reposant essentiellement

1 Annie Suquet, *L'éveil des modernités. Une histoire culturelle de la danse (1870-1945)*, Centre national de la danse, 2012, p. 547.

sur les activités professionnelles. On note ainsi les *jëf lekk*, les *sab lekk*. Les *sab lekk* ou griots sont désignés ainsi comme étant ceux qui vivent de leurs chants. Ils sont dépositaires de la tradition et constituent la frange de la population à qui revient, de droit, la pratique de la danse et du chant. Si, à l'origine de cette stratification sociale, l'attribut professionnel est la marque distinctive de l'appartenance à une caste, d'où vient que l'activité professionnelle exercée par les membres de l'une des castes, en l'occurrence la caste des griots, soit considérée comme impure ?

Tel que posé, le problème qu'il s'agit d'examiner est bien celui de l'inné et de l'acquis. Mais, n'est-ce pas un débat dépassé ? Est-ce que ce que nous appelons inné, faculté innée, don de la nature, n'est pas déjà de l'acquis ? Nous savons désormais que la transmission se fait par la mère et par l'environnement culturel et social de l'enfant, par imprégnation ou osmose, et par l'apprentissage. Quel est donc l'intérêt de revenir sur ce problème ? Le monde d'aujourd'hui, dominé par la science et la technologie moderne, a soif de culture, d'un « supplément d'âme ». Une recherche sur la danse ne peut avoir comme ambition que de remettre la culture au cœur de nos vies, au centre de nos préoccupations. C'est le retour à l'humain. Parce que la danse concerne tout l'homme, corps et âme, intimement unis, elle est un facteur efficace de diffusion de la culture, avec sa dimension spirituelle.

Nous aurons donc à aborder plusieurs questions, à savoir : qu'est ce qui définit un danseur ? Qui peut le devenir ? Comment est perçu le danseur dans la société sénégalaise ? Pour apporter un éclairage sur ces questions, j'ai réalisé des entretiens avec des danseurs, des chorégraphes et maîtres à danser, mais également avec des responsables de troupes ou ballets, compagnies de danse et des organisateurs d'événements culturels qui accordent à la danse une place de choix.

Avant d'aller plus loin, il n'est pas inutile de rappeler que la danse n'a pas toujours été une discipline que les chercheurs et l'Université ont trouvée digne d'intérêt. L'histoire de la danse est aussi celle d'un combat pour la reconnaissance. Dans cet ouvrage il s'agira de la danse africaine, ces danses des « contrées lointaines » que l'Europe des Expositions coloniales, de la fin du XIXe siècle et du début du XXe et de l'entre-deux-guerres, a qualifiées d'exotiques, d'ethniques, de sauvages. Ces danses n'ont pas intéressé la recherche. Mais, d'une manière générale, la danse elle-même n'a pas attiré les chercheurs. À l'exception cependant des ethnologues qui ont laissé de précieuses descriptions de nos danses. Ce n'est que récemment qu'elle fait son entrée à l'Université. C'est le résultat d'un long combat que Christophe Apprill (2005 ; 2013) et Annie Suquet (2012) ont décrit dans leurs ouvrages. Ce sont les anthropologues anglo-saxons, qui se sont mis les premiers à l'étude de la danse. Ils sont considérés comme les fondateurs de l'anthropologie de la danse. Ils ont marqué la discipline en distinguant :

- les danses que l'on peut appeler de représentation, qui regroupent la danse classique, la danse moderne et contemporaine, qui ont un contenu artistique et se donnent en spectacle, se mettent en scène, devant un public ;

- les autres danses, dont les danses de divertissement, danses folkloriques, danses de salon, etc.

Ils ont été inspirés par Franz Boas (1858-1942), héritier lui-même du concept allemand de *Kultur*, pour qui la culture est un ensemble de croyances, de coutumes et d'institutions sociales qui caractérisent et individualisent les différentes sociétés. Boas est le père du relativisme culturel : il dissocie l'étude des races de celle des cultures, en affirmant qu'aucune culture n'est plus développée qu'une autre. Il traite chaque culture comme une synthèse originale, dotée d'un « style », qui s'exprime à travers la langue, les croyances, les coutumes, l'art, et constitue un tout. Il est l'auteur de *Primitive Art,* publié en 1927. Parmi les auteurs qui ont contribué à la reconnaissance de la danse, l'on peut citer Evans-Pritchard et Margaret Mead, Gertrude Kurath, A Kaeppler. Les approches seront différentes et souvent en opposition. Il y a ceux qui suivent la tendance de l'époque et ceux qui lui résistent. Parmi ces auteurs, on trouve des partisans de la supériorité des danses européennes sur les danses tribales, ethniques et ceux qui, au contraire, dénoncent la hiérarchisation des danses, l'incohérence de leur discours et les préjugés sur lesquels il repose : parmi ceux-ci on remarque Johanna Kepler et Joann Wheeler Kealiinohomoku.

Si, aujourd'hui, en France, la danse est devenue un sujet de recherche, une discipline qui s'enseigne dans les Universités, il reste, néanmoins, qu'elle est toujours considérée comme un art mineur qui peine à trouver sa place dans la recherche. Elle est « le parent pauvre de la recherche ». Des auteurs comme Donnat, Marcel Mauss, Yvon Guilcher ont déploré cet état de fait. Christophe Apprill porte pour sa part un jugement éclairant sur la situation de la danse.

Contrairement aux pays anglo-saxons, la rencontre des sciences sociales et de la danse paraît difficile, pis, il semblerait qu'un ensemble de résistances dissuade de se consacrer à un tel objet. Ce désintérêt résonne étrangement quand partout ailleurs la danse est célébrée dans une multiplicité de lieux de pratique et d'apprentissage et sur la scène des plus petits aux plus grands des théâtres [1]. Pour illustrer cette situation paradoxale de la danse, Christophe Apprill prend l'exemple de Pierre Bourdieu qui s'est intéressé à la danse, en 1962, analysant la fonction sociale de la danse dans ses premières recherches sur le célibat des hommes dans la société rurale. Bourdieu reviendra sur le thème de la danse, en 1987, à l'occasion d'une conférence *« Programme pour une sociologie du sport ».* Il y centre son intervention sur l'instrumentalisation et « la manipulation réglée des corps » et des esprits par les régimes totalitaires et les

1 Christophe Appril, *Sociologie des danses de couple...*, 2005, p. 34.

institutions comme l'armée et l'école. De telles institutions étaient persuadées de parvenir à obtenir l'adhésion des esprits plus aisément par la manipulation du corps. Dès lors, pour Bourdieu, les pratiques corporelles vont être considérées comme aliénantes, soumises, à l'insu de la conscience, à une instrumentalisation, une domestication, une manipulation.

Mais, ce qu'il convient de souligner, c'est la disparition de la danse des travaux ultérieurs de Bourdieu. D'où la question de savoir pourquoi ce manque d'intérêt de la part d'un sociologue dont les travaux ont marqué l'évolution de sa discipline ? La question mérite d'être posée tout en reconnaissant, par ailleurs, la liberté du chercheur.

Si nous portons maintenant le regard vers l'Afrique, plus particulièrement, sur le Sénégal, qui est le terrain de recherche qui nous intéresse plus spécifiquement, nous ne serons pas plus comblés. Ici, les études sur la danse sont très rares. On observe cependant, ces derniers temps, que des chorégraphes et chercheurs africains se tournent de plus en plus vers la discipline avec des projets d'étude. Nous pouvons citer les thèses de Helene Neveu Kringelbach soutenue à Oxford en 2009, intitulé « *Encircling the Dance : Social Mobility Through the Transformation of Performance in Urban Senegal* » suivi de l'ouvrage *Dance Circles : Movement, Morality and Self-Fashioning in Urban Senegal* paru en 2013 à Oxford. Patrick Acogny de Souza a également soutenu en 2010 une thèse de doctorat intitulée « Les techniques des danses africaines et leur expansion en France : transmission et genèse de corporéités interculturelles ».

De plus en plus des sociologues s'intéressent à la danse, mais souvent c'est en partant de sa relation avec la musique et particulièrement la musique *hip hop ;* C'est ainsi que l'historien Ndiouga Adrien Benga, dans un article sur les groupes de musique "moderne" des jeunes Africains de Dakar et de Saint Louis, de 1946 à 1960 a montré l'engagement des jeunes dans la production culturelle en danse et en musique.

Toutes ces questions font l'objet de notre recherche qui s'articule en trois parties.

• La première, *Danse et culture*, interroge divers auteurs sur les conceptions de la danse, la représentation, l'imaginaire. Nous questionnerons en particulier des sociologues et des anthropologues comme Marcel Mauss, Pierre Bourdieu, Abdoulaye Bara Diop, Claude Lévi-Strauss. Ralph Linton, des chorégraphes comme Fodéba Keïta, des critiques d'art dont André Malraux, Léopold Sédar Senghor, Aimé Césaire.

• La deuxième, *Les espaces de l'imaginaire*, s'intéresse d'une part aux représentations de la danse lors des expositions coloniales et universelles et d'autre part au système des castes propres à la société wolof du Sénégal. Elle présente également les espaces de danse, les lieux de formation de pratique et de représentation, ainsi que les catégories et la typologie des danses au Sénégal.

• La troisième, *L'enquête : analyse et interprétation,* donne les résultats des analyses et l'interprétation des résultats de l'enquête, qui servent à proposer une conclusion générale et à évoquer quelques récits de vie de danseurs et de chorégraphes.

Première partie

Danse et culture

I. La danse africaine : valeur sociale et culturelle

En Afrique, plus particulièrement au Sénégal qui est notre terrain de recherche, les études sur la danse sont rares. Nous observons cependant, ces derniers temps, que des chercheurs africains, des chorégraphes, des praticiens, s'intéressent de plus en plus à l'étude de cette discipline. Ils empruntent la voie ouverte par leurs aînés, dont Fodéba Keïta, le pionner et le plus célèbre, mais aussi par les africanistes, c'est-à-dire celle de l'écriture. En effet, la danse en Afrique est ancrée dans la tradition orale. La transmission de nos danses n'a pas été faite comme ailleurs. Ce n'est que récemment que de jeunes chercheurs, dont ceux du laboratoire “Unité de recherche en ingénierie culturelle et en anthropologie” (URICA) à l'IFAN-UCAD, ont organisé un séminaire pour soumettre à la réflexion académique des thèmes ou des questions d'ordre artistique.

Ainsi, le fossé entre pratique et théorie va être comblé. Le peu d'écrits sur la danse n'empêche pas la danse africaine d'être présente, d'exister et de se transmettre de génération en génération par des voies diverses : les rites d'initiation, les mythes et légendes, l'imprégnation, le mimétisme, l'apprentissage. Nos danses existent accompagnées souvent par la musique, les chants mais aussi avec des masques. Elles ont été souvent décrites par les africanistes qui ont été parmi les premiers ethnologues, sociologues et anthropologues. On trouve aussi des descriptions dans les récits des explorateurs, des chroniqueurs de l'entre-deux guerres, dans les écrits et mémoires des missionnaires et des administrateurs. Parmi les écrivains africains du courant de la Négritude, quelques-uns nous ont laissé leurs réflexions. Parmi eux, on peut citer Léopold Sédar Senghor, Aimé Césaire, Birago Diop. C'est en critique d'art qu'ils interviennent lorsqu'ils analysent nos danses. Leur approche se distingue de celle, par exemple, des ethnologues comme, Geneviève Calame-Griaule et Michel Leiris, qui ont participé à la *Mission ethnologique et linguistique Dakar – Djibouti* (1931-1933), conduite par Marcel Griaule, dont les travaux ont porté sur les cultures et traditions des Dogons. Parmi les travaux des missionnaires, je citerai ceux de l'abbé Boilat et de Henry Gravrand, qui ont résidé au Sénégal et étudié respectivement la société seereer et wolof. Ce que nous apprennent ces auteurs c'est la diversité et la richesse de nos danses, leur caractère sacré et symbolique.

1. La danse : un langage plastique véritablement symbolique

Dans son ouvrage *Ethnologie et langage. La parole chez les Dogon*, Geneviève Calame-Griaule consacre un chapitre sur *la parole et les expressions non verbales,* ce qui la conduit à décrire « le langage de la danse ».

La danse est langage. Il ne s'agit pas du langage humain ordinaire, celui dont nous nous servons dans la vie de tous les jours pour exprimer nos besoins : le langage utilitaire. Ici, celui que nous décrit Geneviève Calame-Griaule, « l'homme revêtu du masque et du costume de danse devient muet » : il n'a plus le droit de parler comme les hommes vivants, car il est entré dans le domaine de la mort. Il s'agit d'un autre homme. S'il a un langage, il le traduit par des gestes, des mouvements physiques, corporels. Comme le Renard, il ne peut s'exprimer que par cris (c'est le cri spécial des masques) et par gestes. Le Renard parle au moyen de ses pattes et des traces qu'elles lisent sur la table de divination. Cet univers dans lequel le fait pénétrer le masque, c'est celui de la mort, qui n'est pas ici une fin, un terme, la fin du voyage, mais plutôt un passage, un pont, un lien avec l'être représenté par le masque. L'homme qui danse fait corps avec le masque, il incarne l'identité du masque : « le Renard » : « Le masque a à sa disposition un langage plastique richement symbolique : la danse » [1].

Le masque nous fait rentrer dans un autre univers où l'on ne parle pas la langue des vivants, mais celui des Ancêtres qui prennent la forme du Renard. Il en sera de même lorsqu'il s'agira de la danse du masque « femme peule ». La fonction du masque, qui est un signe, un symbole, nous fait passer du monde visible, sensible, concret, au monde invisible, celui de l'esprit. Le lien avec le sacré est bien montré. Le langage du masque est celui de la divination. Geneviève Calame-Griaule fait bien remarquer la particularité de l'univers dogon qui se distingue de son propre univers d'européenne.

Tout Européen qui a vu danser le masque « femme peul » a interprété sa danse comme exprimant la grâce, l'élégance, la coquetterie, voire une certaine minauderie, et la mise en rapport avec la beauté et le charme des femmes de cette race. Le spectateur dogon y voit tout autre chose : une moquerie (*jayre*) dirigée contre la paresse si caractéristique (à leurs yeux) des Peuls en général et de leurs femmes en particulier. Et personne ne s'y trompe, car cette danse « amuse les Dogons, fâche les Peuls » ; c'est une parole facile à comprendre, comme toute moquerie qui n'a de portée que si elle est accessible [2].

Alors que dans la société dogon la danse se présente dans sa fonction sociale moralisatrice, dans sa relation avec les Ancêtres, le sacré, le spirituel, dans la société européenne nous sommes plutôt dans l'univers esthétique du Beau. D'où les expressions qui renvoient à l'art, à la dimension esthétique de

---

1 Geneviève Calame-Griaule, *Ethnologie et langage…*, 1987, p. 523.

2 *Ibid.,* p. 524.

la danse : « la grâce », « l'élégance », « la beauté », « le charme ». Avec les Dogons nous sommes dans le social, l'éthique d'où les expressions « moquerie », « paresse », la communication entre les hommes : « "cette danse amuse les Dogons, fâche les Peuls" : c'est une parole facile à comprendre, comme toute moquerie qui n'a de portée que si elle est accessible ».

Il s'agit de la danse du masque « femme peule ». Chaque mouvement dansé est interprété, a une signification, un sens qu'il s'agit de comprendre et de saisir. Les gestes et mouvements de cette danse sont en rapport avec l'idée de paresse de la femme peule : lorsqu'elle se laisse tomber sur le sol on comprendra aussitôt qu'elle a la paresse de danser, il faudra donc la relever, lui frotter le dos comme pour l'encourager à continuer. Quand elle saute, pliant la jambe en arrière, il faut comprendre qu'elle « recule » devant le travail, et refuse de faire l'effort. Quand elle saute d'un pied sur l'autre, elle exprime par là qu'elle veut « divorcer », sortir de cette culture et s'en aller ailleurs.

Dans ce même chapitre, Calame-Griaule décrypte le sens des mouvements dansés du masque « chasseur », avec une description toujours bien détaillée. Les éléments qui constituent le langage symbolique de la danse ce sont les gestes, les mouvements corporels. Elle va plus loin et admet qu'en eux-mêmes les costumes de danse et les masques sont déjà des « paroles ».

« La danse est donc une "parole", plus ou moins énigmatique, plus ou moins ésotérique. Son langage, comme toute expression symbolique, s'exprime sur plusieurs registres à la fois » [1], ce qui exige une initiation pour être compris. Mais ce qui est essentiel à retenir, c'est que cette « parole » s'exprime au moyen de tout le corps.

2. Les danses, chants, musiques et masques

Michel Leiris, comme Geneviève Calame-Griaule, a lui aussi décrit les danses observées au cours de la mission Dakar-Djibouti dans *L'Afrique fantôme,* qu'il publie au retour de cette expédition scientifique ethnographique. Il reconnaît que c'était son premier voyage en Afrique, qu'il ne connaissait « guère que sous son éclairage de légende » [2]. Dans ses notes, il décrit des danses qu'il a pu observer dans le pays dogon. Il décrit une « fête d'après funérailles ». La défunte était une des femmes les plus vieilles du village. Les villages se regroupent et constituent des ensembles dont les populations partagent les mêmes événements heureux et malheureux qui scandent leur vie, elles tissent entre elles des relations de solidarité, elles s'invitent mutuellement à prendre part aux événements qui surviennent dans chacun des villages. Compte tenu du grand âge de la défunte, la tradition veut que soit organisée une fête, accompagnée de chants et de danses avec la

1 Geneviève Calame-Griaule, *Ethnologie et langage...,* 1987, p. 526.
2 Michel Leiris, *L'Afrique fantôme*, 1981, p. 7.

participation de toutes les composantes de la population en deuil et de celle des villages environnants. La fête doit être totale, une occasion de réjouissances pour les jeunes, les adultes, les femmes et les hommes de tous âges. Dans son récit, l'ethnologue décrit l'affluence des familles entières venues de plusieurs villages voisins : « les hommes les plus âgés brandissant leurs armes devant l'exposition des richesses de la morte ... les plus jeunes de la famille exécutant, et chaque famille à son tour une sorte de ballet et les cauris pleuvant à pleines poignées et circulant partout, de familles à danseurs, de danseurs à musiciens ... car il faut qu'on s'amuse bien. Une personne jeune serait morte, on eût pleuré » [1].

Les danses sont associées à la musique, aux chants, aux masques. Pour les danses auxquelles il a pu assister et dont il a laissé une description bien détaillée, il a observé la participation de tous, des familles, des populations de plusieurs villages. Le rituel prévoit, quand les chants et les danses atteignent le niveau supérieur d'excitation, l'intervention du chef des masques ou du plus « vieux », qui fait son discours en « langue secrète », pour annoncer la fin de la fête. En une autre occasion, lors de la commémoration de la mort d'un homme survenue dans un des villages des environs, il constate que les masques sont invités à danser par « l'un des vieux » qui les appelle aussi en « langue secrète ». Les voici qui gagnent le village, montent sur la maison du mort et dansent sur la terrasse. La mère du défunt danse également, en bas, levant les bras vers les masques. Il y a plusieurs catégories de danseurs qui portent les masques : les jeunes, les plus âgés, les jeunes récemment initiés. Les mouvements et les gestes des danses sont variés et ne sont jamais identiques. Ainsi, par exemple, la danse des « masques filles », est caractérisée par les mouvements lascifs, torsions du buste et du bas-ventre. La danse des « masques à grands croix » se caractérise par des mouvements différents consistant principalement en « un brusque mouvement de tête qui fait décrire par l'extrémité de la croix qui surmonte le casque un cercle presque vertical tangent au sol en son point le plus bas de sorte que le bout de la croix gratte à terre violemment, avec un bruit de raclement qui fait penser à un cheval piaffant – brutal tournoiement d'Antée voulant reprendre vite contact avec le sol... » [2].

La danse que l'ethnologue trouve la plus admirable est celle du « masque à étages ». Ici, le danseur marche d'abord en faisant onduler sa coiffure, ainsi qu'un long serpent dressé. Encore une fois, ici aussi, les vieillards vont interpeler le danseur en « langue secrète », et l'un d'eux, enthousiaste, danse en même temps que lui. Le mouvement est lent, le danseur incline le masque jusqu'à ce qu'il touche le sol, et recule aussitôt, en trainant le masque avec douceur et lentement. Il se place en face des masques, se met à genoux : « Les

---

1 Michel Leiris, *L'Afrique fantôme*, 1981, p. 122.
2 *Ibid.*, p. 127.

bras croisés au dos il touche le sol de sa cime en avant et en arrière alternativement, tout cela majestueusement. Chaque fois qu'il se redresse, c'est une verge qui rebande après avoir molli. Il tourne enfin sur lui-même, la tête inclinée de manière que l'extrémité de son long casque décrive un cercle sur un plan horizontal à la vitesse d'une fronde – au milieu des hurlements… »[1].

Toutes ces danses répertoriées et analysées par Geneviève Calame-Griaule et Michel Leiris appartiennent au patrimoine des Dogons. Elles sont un langage, non pas le langage ordinaire de tous les jours, mais un langage symbolique. Elles sont sacrées en ce sens qu'elles ont été créées par les ancêtres qui nous parlent à travers elles. Elles sont accompagnées par les chants, la musique, avec des masques. Certaines danses des masques exécutées lors des cérémonies funèbres s'intègrent au culte des morts. La danse des masques décrite par Leiris est ici intégrée au culte de morts, qui est le culte des ancêtres, en quoi consistent nos religions traditionnelles. Ce rapport à la transcendance, à cet univers au-delà de la mort, est renforcé par l'usage d'une « langue secrète » qui est le privilège réservé aux vieillards, parce qu'ils sont censés détenir la sagesse et connaître la signification de ces danses : un problème d'initiation, d'interprétation, de compréhension des symboles, ce qui laisse entendre qu'il faut être initié, il faut recourir à l'initiation. Nous avons remarqué que, parmi les porteurs des masques, on compte des « jeunes récents initiés ». Il y a donc un passage obligé par l'apprentissage. La danse n'est pas conçue, ici, comme un don, quelque chose d'inné, reçu à la naissance qui serait dans le « sang ». Elle est de l'ordre de la culture et non du biologique, elle est acquise par initiation, apprentissage, éducation. Comme ces danses ont lieu avec la participation de toutes les catégories d'âges, on peut admettre que la transmission puisse se faire par imprégnation ou par imitation. L'homme « revêtu du masque et du costume de danse » non seulement est muet, et nous savons pourquoi, mais encore il ne danse jamais seul. C'est la dimension communautaire de la danse africaine.

Les travaux du Père Henry Gravrand, qui fut missionnaire au Sénégal, décrivent ce qu'est la danse initiatique en milieu seereer, une ethnie du Sénégal, dont il parlait parfaitement la langue pour y avoir vécu pendant des années. Ses deux ouvrages sur la civilisation seereer – *La civilisation seereer*, *Cosaan (Origines)* (tome 1) ; *Pangool* (tome 2) contiennent de précieuses informations. C'est le second volume qui retient notre attention. En effet, Gravrand y décrit les danses qui accompagnent les rites d'initiation, dans le chapitre intitulé « Le *Woong*. Danse des futurs circoncis ». Il présente les différentes étapes de la cérémonie d'initiation et les activités qui en dépendent, depuis la préparation jusqu'au jour du sacrifice. La danse y occupe une place importante. La cérémonie de circoncision commence la veille :

1 Michel Leiris, *L'Afrique fantôme*, 1981, p. 128.

> toute la journée est occupée par les danses du *Ngoomar* et du *Woong*…. Les gens viennent de loin et vont d'une famille à l'autre. Les deux danses ne coïncident pas. Le *Ngoomar* est dansé par un couple de garçons, le *Selbé* et son circoncis. Au contraire, le *Woong* est dansé par le circoncis, seul. Le *Goomar* est donc un test qui permet de vérifier si le futur circoncis sera capable de danser seul le *Woong*, en public, avec la maîtrise que cette prestation exige. Car on peut très bien le danser entre jeunes correctement et être incapable de se produire le grand jour… Pour cette raison la coutume a prévu le *Ngoomar* à deux personnes. Le *Selbé* danse le premier le *Woong*. Le jeune danse après lui. S'il n'est pas capable de danser seul, il sera circoncis le vendredi matin sans avoir dansé véritablement le *Woong*. Si au contraire sa prestation est convenable, il sera circoncis le vendredi soir. En fait, tout cela dépend de l'éducation des jeunes et du rang social de leurs familles… Le *Ngoomar* ou danse du *Xatt* (le non-circoncis), débute dans la nuit après le souper, dans la cour de la maison. Au milieu de la nuit, il se poursuit devant la maison, sur la place publique, jusqu'au chant du coq [1].

L'observation de Gravrand est intéressante, car elle montre bien la manière dont la danse traditionnelle se transmet, par imitation, auprès d'un mentor, ici, désigné comme le *Selbé*. Il ne s'agit pas d'une imitation passive, mais active ou même interactive, car l'adolescent n'est pas laissé à lui-même. Le *Selbé* est comme son maître à danser. Il y a de l'apprentissage. Cette transmission se fait à l'occasion de la cérémonie de l'initiation, un rituel sacré, un rite de passage du monde de l'adolescence au monde des adultes. L'importance de ce rituel est telle que c'est le village tout entier qui se sent concerné, ainsi que les autres villages voisins. Comme chez les Dogons, il y a là aussi une solidarité entre les villages dont les populations partagent et participent ensemble aux mêmes événements de la vie. C'est donc un exemple qui milite en faveur de l'idée qu'il existe entre les ethnies, en Afrique, un fondement culturel commun. Cheikh Anta Diop a consacré un ouvrage à ce thème.

Gravrand met l'accent sur l'importance et la place qu'occupe la danse dans la société traditionnelle africaine, où la référence à l'éducation et à la famille montre bien le rôle de l'apprentissage, de la socialisation. Il est préoccupé par la question de l'éducation, de la transmission des valeurs de la société, du rôle et de la place des familles dans cette éducation à l'humain. De ce point de vue, le Père Gravrand apporte un éclairage qui permet de consolider l'orientation donnée à cet ouvrage, selon lequel la danse est un fait social, qui relève de la culture et s'acquiert par l'apprentissage, l'éducation qui va de la prime enfance jusqu'à l'adolescence. En effet, si, dans les sociétés africaines, c'est le cas au Sénégal, la danse s'invite dans les rites d'initiation

---

1 Henry Gravrand, *La civilisation seereer. Pangol…*, 1990, p. 49.

qui sont organisés à l'adolescence, on ne devrait plus s'étonner que l'Africain ait le sens du rythme. C'est par la danse qu'il rentre dans le monde des adultes.

Les travaux d'Henry Gravrand comme ceux de Geneviève Calame-Griaule et de Michel Leiris, relèvent de l'ethnologie. La danse est un langage, « langage plastique richement symbolique », qui s'exprime au moyen de tout le corps et mérite d'être interprété parce que porteur de sens et de signification. Elle se transmet par initiation, par apprentissage. Dès lors la danse échappe au biologique, au « sang », à « la physiologie ». Elle est symbolique, culturelle et sociale. Quelle que soit donc la représentation qu'on se fait de la danse africaine, celle-ci ne peut être que culturelle.

L'approche ethnologique des danses africaines a permis de découvrir quelques-unes de leurs caractéristiques : elles sont un langage symbolique, elles sont accompagnées par des chants, la musique et ses instruments, et avec des masques. En ce sens, elles sont sociales et revêtent un caractère sacré. Ces danses ont été représentées et caricaturées lors des expositions coloniales européennes à la fin du XIXe et au début du XXe siècle qui ont fasciné l'imaginaire des populations, des visiteurs des expositions et des villages ethniques, et de ceux qui fréquentaient déjà les cabarets. Ils se représentaient les danses africaines sans être jamais venus en Afrique. Le témoignage de Leiris qui reconnaît qu'au moment de la Mission Dakar Djibouti, il ne connaissait guère l'Afrique que « sous son éclairage de légende » peut être partagé par beaucoup d'Européens de cette époque. Aussi, pour renforcer le rapport de la danse à la culture, que l'approche ethnologique a mis en évidence, j'ai choisi une confrontation entre des auteurs qui ont de l'Afrique l'expérience et la connaissance théorique autrement que « sous son éclairage de légende ». André Malraux, Aimé Césaire, Léopold Sédar Senghor, Fodéba Keïta, parmi les rares critiques qui se sont intéressés à la danse africaine, ont laissé une réflexion propre et originale, parfois polémique, sans pour autant reposer sur un profond désaccord. Se contentent-ils des descriptions des ethnologues ? Que disent-ils de plus sur la danse qui puisse renforcer son rapport à la culture ? Nous les suivrons dans l'ordre.

II. Trois différentes approches de la danse africaine

1. L'approche senghorienne

Léopold Sédar Senghor, poète et académicien, militant et théoricien de la Négritude a consacré plusieurs études à la danse, dont nous retiendrons celle qu'il a faite sur les Ballets africains du chorégraphe guinéen Fodéba Keïta, qui lui-même a publié, dans la revue *Présence Africaine* de juin-septembre 1957, une étude intitulée *« La danse africaine et la scène »* dans laquelle il identifie cette danse et soutient que les danses africaines sont des ballets, donc de l'art. C'est la même conception que défend Senghor, dont nous commençons par présenter l'approche avant d'évoquer celle de Fodéba Keïta.

Parmi ses nombreuses préfaces, celle qu'il a publiée dans Béjart. *Danser le XXe siècle* renseigne également sur sa conception de la danse. Dans ses poèmes et ses écrits, rassemblés dans les cinq volumes des *Liberté*, Senghor livre quelques réflexions sur la danse. Dans *Liberté 1*, il écrit : « danser, c'est créer, surtout lorsque la danse est danse d'amour. C'est, en tout cas, le meilleur mode de connaissance » [1]. Dans *Éthiopiques*, ses Épitres à la Princesse disent encore que danser c'est vivre, vivre c'est vivre avec : « Car comment vivre sinon dans l'Autre au fil de l'Autre Et pourquoi vivre si l'on ne danse l'Autre ? » [2] Dans *Chants d'ombre* et le poème *« Prière aux Masques »,* Senghor revient sur sa définition de notre identité par la danse :

> Ils nous disent les hommes du coton du café de l'huile / Ils nous disent les hommes de la mort
>
> Nous sommes les hommes de la danse, dont les pieds reprennent vigueur en frappant le sol dur [3].

Sa pensée de la danse est profondément liée à sa théorie de la Négritude. Pour lui, la danse est inséparable du chant, de l'émotion, du rythme, de la poésie. Cet académicien est un poète et il le revendique, mais, aussi, un

---

1 Léopold Sédar Senghor, *Liberté 1 Négritude et Humanisme*, 1964, p. 259.

2 Léopold Sédar Senghor, « Épitres à la princesse », *Éthiopiques, Œuvre poétiques*, 1990, p. 144.

3 Léopold Sédar Senghor, « Prière aux masques » *Chants d'ombre, Œuvre poétique*, 1990, p. 23.

militant de la Négritude qu'il a contribué à développer avec quelques-uns de ses amis, Léon-Gontran Damas, Aimé Césaire, Alioune Diop. C'est un poète qui s'est beaucoup intéressé aux sciences sociales, notamment à l'ethnologie, à la linguistique, à la géographie, à l'histoire. Il a suivi les enseignements de Marcel Mauss qu'il cite parmi ses maîtres. Dans « Les fondements de l'Africanité ou Négritude et Arabité », publié dans *Liberté 3*, à propos de la magie en Afrique, il fait référence explicitement à ses maîtres : « Au demeurant, mon ancien maître, Marcel Mauss, insistait sur ce caractère pratique, “technique”, de la magie [1] ». Visiblement, Senghor fait allusion aux « techniques du corps » développées par Mauss, mais aussi à ses écrits sur la magie, textes qu'il devait donc connaître. Dans un autre contexte, dans son *Discours de réception à l'Académie des sciences morales et politiques*, à Paris, faisant l'éloge du chancelier allemand Konrad Adenauer, voulant expliquer son « rationalisme qui se fortifie de l'intuition » et son « humanisme », par les « traits caractéristiques du Rhénan », il fait appel à l'autorité de ses maîtres : « Je serais, je le sais, assez mal venu d'expliquer Adenauer par la “race”. Mais je le voudrais par l'ethnie, comme disaient Marcel Mauss et Paul Rivet, mes maîtres à l'Institut d'ethnologie de Paris. L'ethnologie c'est un ensemble de vertus physiques, intellectuelles, morales qui tiennent, bien sûr, de la race – au demeurant, presque toujours mêlée – mais tout aussi bien de la géographie et de l'histoire. Le Rhénan nous en offre, précisément, un exemple typique » [2].

Il n'est pas inutile d'apporter ici quelques éclaircissements. Marqué par Paul Rivet, « qui avait le don, précise Senghor, de découvrir, avec le sang, l'esprit nègre sur les cinq continents », Senghor reste sensible à l'argument biologique, lorsqu'il s'agit du métissage. Il fait bien la différence, cependant, entre ce qui relève de la culture et ce qui s'explique par le sang, l'argument biologique ou génétique. Dans la *Lettre à trois poètes de l'Hexagone*, il déclare sans ambiguïté : « Encore que je sois culturellement enraciné dans la sérérité, mon père, seereer, était de lointaine origine malinké, avec un nom et, probablement, une goutte de sang portugais, tandis que ma mère, seereer, était d'origine peule » [3].

C'est encore Marcel Mauss et Paul Rivet qu'il cite dans cet écrit. Senghor a souvent fait le rapprochement de son nom « Senghor » avec le mot portugais « *senior* » qui, par déformation, serait, pense-t-il, l'origine de son nom. La

1 Léopold Sédar Senghor, « Les fondements de l'africanité ou Négritude et Arabité », dans *Liberté 3, Négritude et civilisation de l'universel*, 1977, p. 134.

2 Léopold Sédar Senghor, « Konrad Adenauer. Discours de réception à l'Académie des Sciences sociales et morales et politiques 16 décembre 1969 », dans *Liberté 3*, 1977, p. 200.

3 Léopold Sédar Senghor, « Lettre à trois poètes de l'hexagone » dans *Œuvres poétiques*, 1990, p. 370.

référence au « sang » renvoie à la question de l'origine, du « métissage biologique ». Mais quand il parle de culture, Senghor se réfère plutôt à Marcel Mauss, aux ethnologues et anthropologues. On peut voir, dans le même écrit, l'influence de Mauss quand il décrit le symbolisme de la mystique négro-africaine qui, affirme-t-il, « n'est pas seulement objet de connaissance, mais encore objet de pratique [1] ». À nouveau ce recours à la « pratique ». Il y a, en effet, les cérémonies du rituel avec leurs paroles, poèmes et chants, gestes et danses masquées, mais, il y a, surtout, qu'il imprègne la vie des initiés « qui vivent leur symbolisme, chacun dans son esprit, bien sûr, encore plus dans son corps et dans son âme – en se transformant, se « convertissant » en un dieu, plus exactement, en Dieu ».

Marcel Mauss a beaucoup insisté sur le caractère pratique, qu'il reconnaît à la magie, qu'il étend à l'acte religieux, symbolique, à la fois traditionnel et efficace. Il paraît donc nécessaire de ne pas perdre de vue, chez Senghor, cette distinction, toute en nuance, entre ce qui relève de la culture et ce qui s'explique par l'argument du « sang », ou biologique. Il est, dès lors, important pour éviter les erreurs d'interprétation de le comprendre par rapport aux auteurs dont il aime se réclamer. Cette distinction est bien marquée dans son exposé au colloque sur le métissage organisé à l'université d'Evora, au Portugal, publié dans *Liberté V*, sous le titre : « Du métissage biologique au métissage culturel ».

Si nous insistons sur la place des sciences sociales dans l'itinéraire intellectuel de Senghor, c'est parce qu'il nous a semblé que sa conception de la danse renferme des éléments qui lui sont venus de l'influence de l'enseignement de ses maîtres, particulièrement, comme je viens de l'exposer, de l'enseignement de Mauss. Quel est donc cette conception et que nous apprend-elle de la danse africaine ? Quelle réponse apporte-t-elle à celui qui pense que « le Noir a le rythme dans le sang », ou qui estime que le chant et la danse portent la marque de l'impureté, et dont la pratique est exclusivement et naturellement reconnue à la seule caste inférieure des griots, dans le système wolof de la société sénégalaise ?

Commençons donc par présenter sa définition de la danse en privilégiant ici, celle qui se trouve dans « Les Ballets africains de Fodéba Keïta » :

> La danse à l'origine – il en est encore ainsi en Afrique noire – est langage, le langage le plus complet. Il met en œuvre tout le corps, je dis tout l'homme : tête et buste, bras et jambes. Tous les arts : poésie, chant et musique, peinture, sculpture et – naturellement – danse. Il s'agit d'exprimer une idée ou un sentiment plastiquement et musicalement en même temps, par l'image visuelle et l'image sonore, intimement liées [2].

---

1 Léopold Sédar Senghor, « Konrad Adenauer… », *ibid.*, p. 200.

2 Léopold Sédar Senghor, « Les ballets africains », dans *Liberté 1, Négritude et Humanisme*, 1964, p. 288.

Dans l'hommage qu'il rend au « Maître des Ballets » guinéen, il la présente comme une composante fondamentale du génie négro-africain, d'une « *poesis* » dans laquelle corps et âme sont confondus, où est aboli le dualisme entre l'esprit et le corps.

De quelle origine parle Senghor ? S'agirait-il de l'origine primordiale, celle de l'humanité ? La danse serait donc une pratique ancienne. Elle a toujours existé. Elle était présente à l'origine de l'humanité. Elle est en Afrique comme elle était à l'origine. La danse en Afrique est sacrée et séculaire. Elle est danse ancestrale. C'est la danse traditionnelle. Si donc nous voulons savoir ce qu'elle était à l'origine, au commencement, il suffit de considérer ce qu'elle est en Afrique : le *langage le plus complet*.

André Malraux a insisté sur le caractère *« séculaire ou sacré »* de la danse africaine en précisant que « la danse sacrée est l'une des expressions les plus nobles de l'Afrique, comme de toutes les cultures de haute époque… » Geneviève Calame-Griaule a décrit le « langage plastique richement symbolique » de la danse. Avec Senghor, l'une des premières caractéristiques de la danse est donc d'être un langage, mais « le langage le plus complet ». En quel sens est-il le plus complet ? Senghor répond : en ce sens « qu'il met en œuvre tout le corps, je dis tout l'homme : tête et buste, bras et jambes ». Que l'on observe, ici, le passage du « corps » à « l'homme ». Senghor marque l'identité du corps et de l'homme. L'homme est son corps. « Je suis mon corps ». On pourrait dire que le corps est l'essence de l'homme, ou, avec plus de nuance, que son corps fait partie de son essence. C'est cette définition que lui donnait Spinoza en opposition à celle de Descartes. Cette opposition à Descartes Senghor l'exprime très nettement à propos de la théorie de la connaissance : « Je pense donc je suis », écrivait Descartes… Le Négro-africain pourrait dire : « je sens l'Autre, je danse l'Autre, donc je suis ». Or danser, c'est créer, surtout lorsque la danse est danse d'amour. C'est, en tout cas, le meilleur mode de connaissance » [1].

Senghor fait intervenir la danse dans un champ qui est celui de la connaissance qui n'est pas celui de l'art proprement dit. Il propose comme point de départ sûr et assuré de la connaissance, la danse, « surtout lorsque la danse est danse d'amour ». Sa conception est ici d'inspiration plutôt augustinienne et pascalienne, contrairement à Descartes qui a choisi la pensée pure, rationnelle, le « *Cogito* ». Pour Senghor la connaissance n'est pas synonyme du savoir spéculatif, théorique, abstrait, intellectuel, celui qui procède par division, par distinction, par analyse, oppose le sujet et l'objet. La connaissance pour lui signifie *« naître avec »* l'autre. La danse nous ouvre, ici, à l'altérité, à l'Autre.

---

1 Léopold Sédar Senghor, *Liberté 1 Négritude et Humanisme*, 1964, p. 259.

L'homme, dont il s'agit, ici, dans la définition de la danse comme « langage le plus complet », est considéré en tant qu'être concret, un être de désir, comme chez Spinoza, un être un, total. Bien que le terme « âme » ou « esprit » ou « pensée » n'est pas, ici, explicitement énoncé, la chose qu'il désigne n'en est pas moins présente dans la définition même. Par la danse nous prenons conscience de l'unité du composé humain. Par elle, nous savons que l'esprit ou l'âme est incarné dans un corps pour ne faire qu'un avec lui.

Par définition, le corps, c'est le corps humain, l'homme concret et sensible, l'homme total. C'est l'unité de l'être humain qui nous est révélée. Mais comment ? Cela ne peut se faire que par la sensibilité. C'est par elle que nous nous éveillons au monde. Si la danse existe, à l'origine, l'origine primordiale, c'est bien parce que le monde dans lequel nous vivons, qui nous entoure, ne nous laisse pas indifférents. Il nous touche en premier, nous affecte, provoque nos sens, affecte nos émotions. C'est par notre corps et avec notre corps que nous réagissons aux actions qui nous viennent du monde extérieur, c'est avec notre corps que nous sommes en contact direct avec le monde dans lequel nous sommes, avant même que de chercher à découvrir ses lois. Mais cela n'est pas suffisant pour que ce langage soit vraiment complet. Il faut qu'il mette aussi en œuvre « tous les arts ; poésie, chant et musique, peinture, sculpture et – naturellement – danse. Il s'agit d'exprimer une idée ou un sentiment plastiquement et musicalement en même temps, par l'image visuelle et l'image sonore, intimement liées [1] ».

Dans l'ordre des arts, la danse est première. En effet, s'agissant des autres arts, la poésie, le chant, la musique, la peinture, la sculpture, il me faut une technique pour les produire ou les apprendre. Or, dans cette situation originaire, absolument première, je n'ai pas besoin d'une technique autre que mon corps pour apprendre à danser. II suffit de se référer à Marcel Mauss. Son influence, ici, sur Senghor est très nette. Tous les autres arts énumérés dans cette définition sont des techniques du corps dansant, ont un rapport de dépendance au corps. Ils sont ainsi concernés par ce langage. Il y a une unité des arts comme il y a une unité de l'homme dont l'essence, on peut le dire, ici, est le corps. Tous les arts énumérés ici concourent donc à ce que le langage, celui de la danse, exprime complètement, sans défaillance, sans perte de sens, ce qu'il a à exprimer. C'est le langage de l'art, un langage symbolique qui se distingue du langage ordinaire, le langage des signes, celui que nous utilisons tous les jours pour communiquer aux autres nos pensées, exprimer nos besoins vitaux. Le langage des signes est *discursif,* il *dit* les choses, mais en surface, le langage symbolique, *celui de l'art, évoque l'intime réalité des choses,* mais ne dit rien.

Le langage ordinaire est un système de signes sensibles qui servent à signifier nos pensées. Il sert à la communication avec autrui, au dialogue.

---

1 Léopold Sédar Senghor, *Liberté 1 Négritude et Humanisme*, 1964, p. 288.

C'est le langage humain proprement humain, par opposition à ce que l'on pourrait appeler le langage animal, ou langage artificiel des machines, des robots. Il se distingue du langage symbolique, en ce sens qu'il est moins riche. Qu'est-ce que cela veut dire ? Le langage ordinaire, parlé ou écrit, est incapable de saisir la totalité de la réalité, la réalité intime des choses. Il ne parvient pas à dire parfaitement les choses, à exprimer nos pensées les plus intimes. C'est ce qui explique les incompréhensions, les malentendus, les équivoques, obstacles à la communication parfaite, transparente, à la compréhension mutuelle. Bergson et Rousseau ont analysé cette réalité humaine avec beaucoup d'intensité et de profondeur. C'est ce qui fait dire à Senghor que l'écrit tue la poésie ; il la dénature « quand il faudrait, pour donner seulement l'idée exacte de tel poème, en noter le rythme de base, celui du tam-tam en même temps que les paroles ».

Ainsi donc, la danse est un « langage, le plus complet » avec le concours de tous les arts : poésie, chant et musique, peinture, sculpture et, naturellement, danse. Mais n'est-ce pas ce qui caractérise, précisément, la danse africaine, danse traditionnelle, ancestrale, sacrée et séculaire, d'être tous ces arts en même temps ? C'est bien ce que Senghor essaie de montrer en analysant les ballets de la troupe de Fodéba Keïta. Quand on observe ces danseurs, ils sont à la fois « acteurs », allusion au théâtre, « chanteurs », allusion à la musique, ils ont le corps ou le visage « peint », allusion à la peinture, ils portent des « masques », allusion à la sculpture, qui sont également peints et sont accompagnés par les tam-tams, instruments qui rythment les chants et danses. Tous ces arts concourent en même temps et transforment les mouvements du corps en danse. Ils ne font qu'un avec le corps dansant. Comment transforment-ils le mouvement du corps en danse ? Comment passe-t-on du mouvement physique à la danse, du quantitatif au qualitatif, à la danse ? C'est la « métamorphose » comme le dit Malraux. Dans cette transformation métamorphosée, le mouvement physique cède la place au « temps vivant », à ce que Bergson appelle la « durée créatrice ». Ce qui fait la danse, ce sont les gestes, les pas, les déplacements des formes, le mouvement, plus exactement, le rythme qui n'est rien d'autre que l'expression du mouvement. Mais le rythme seul, ne crée pas la danse. Il lui faut l'émotion et réciproquement et la conscience. Dans sa Postface « Comme les Lamantins vont boire à la source », à son recueil de poèmes *Éthiopiques*, Senghor s'explique sur le rythme et l'émotion : « Nombril même du poème, le rythme, qui naît de l'émotion, engendre à son tour l'émotion [1] ». Il convient de noter que pour Senghor, tout art est poésie.

C'est ce que Senghor appelle : « le temps vivant que, par définition, la photographie ne peut fixer, car il est, en son essence, mouvement imprévisible ».

---

1 Léopold Sédar Senghor, « Postface. Comme les Lamantins vont boire à la source », dans *Éthiopiques, Œuvre poétique*, 1990, p. 164.

Mais, c'est cette imprévisibilité du mouvement dans la danse qui caractérise la danse africaine et la distingue de la danse classique, européenne. Qu'est-ce à dire ? Pour illustrer cette particularité de la danse africaine par rapport à celle d'Europe, nous choisirons comme exemple la chorégraphie de Maurice Béjart que Senghor a analysée. Il la trouve différente de la danse classique européenne.

Dans celle-ci, tout est mesuré et symétriquement équilibré, où, par une attitude, un pas, un geste, on peut décrire, en tout cas prévoir la suite, c'est-à-dire l'ensemble de la danse, réduit au microcosme d'un geste. Chez Béjart, au contraire, les gestes d'un pas et l'ensemble des pas d'une figure sont imprévisibles, sinon leur style. Avec lui, la danse est remontée à ses origines extra européennes, très précisément négroïdes [1].

Il ne fait pas de doute que Senghor pense à l'Afrique-Mère, origine de l'humanité. Il suffit de se rendre en Afrique ou d'assister à un spectacle de danses africaines, de voir les ballets africains ou des danseurs africains, ce qui, au premier abord, retient l'attention, c'est bien l'imprévisibilité des gestes, des mouvements, caractérisés par la richesse des improvisations, une impression de désordre alterne avec un sentiment de répétition du même. Nous sommes simplement en présence d'une inspiration débordante, d'une créativité vivace, flamboyante. Ce que nous prenons pour des répétitions ne sont pas des répétitions ou plus exactement, pour respecter la pensée de Senghor, « ce sont des répétitions qui ne se répètent pas ». C'est aussi ce qu'il appelle le charme du rythme.

En revenant à Maurice Béjart, le prenant comme exemple, l'explication sera encore plus claire. Si l'on peut rattacher sa danse à la danse africaine, ce que fait Senghor, c'est qu'elle porte avec elle les traces de la danse africaine, qui lui ont été inculquées par son milieu familial. Ici, point de recours au « sang », à l'argument biologique, à l'hérédité génétique. Il faut remonter jusqu'à la naissance de Béjart, jusqu'à sa famille. Ainsi, sommeillent en lui-même « les vieilles images archétypes, surtout les vieux rythmes de la mémoire ancestrale ». La transmission se fait par l'apprentissage, par imprégnation, par l'éducation. Comment dissocier la mémoire du corps, le souvenir de ses images d'enfance ? Notre imaginaire est ancré dans notre corps. Si les mouvements de la danse classique sont prévisibles, l'imprévisibilité de la danse africaine traduit ce que Senghor appelle le « parallélisme asymétrique » :

Que le danseur soit seul, qu'il s'agisse de pas de deux, de pas de trois ou des évolutions de tout le corps de ballet, les mouvements sont, en général, faits de parallélismes asymétriques, où la science et l'intuition s'équilibrent. Je parle d'un équilibre dynamique et partant imprévisible [2].

---

1 Léopold Sédar Senghor, *Béjart, Danser le XXe siècle*, 1977, p. 13.

2 Léopold Sédar Senghor, *Béjart, Danser le XXe siècle*, 1977, p. 14.

L'intuition, ici, c'est l'émotion inséparable du rythme, qui constituent, l'un et l'autre la spécificité de la danse africaine : selon la formule d'Aimé Césaire : « elle est dans l'homme, dans l'émotion de l'homme [1] ». C'est aussi ce qui la distingue de la danse européenne. Senghor insiste sur cette spécificité de la danse africaine qui influence aussi le danseur négro-africain. Ce qu'il reproche à l'Europe, c'est son intellectualisme, qui évacue la sensibilité, la sensualité, avec comme conséquence la perte de l'unité de l'homme :

> La danse est pour le Négro-africain, le moyen le plus naturel d'exprimer une idée, une émotion. Que l'émotion le saisisse – joie ou tristesse, gratitude ou indignation – le Négro-africain danse. Danse si différente du ballet européen. Rien d'intellectuel. Ni pointes, ni lignes droites, ni savantes arabesques ou entrechats. Ce sont des danses telluriques, pieds nus posés à plat sur le sol, martelant le sol sans fatigue ni répit. Pourtant ces corps noirs sont capables de bonds prodigieux comme des félins. Ils sont élancés et musclés, souples et légers. Leur seul secret est de s'abandonner au rythme, cires dociles, de se laisser saisir et agir par l'Archétype, de vivre – non de jouer – leur personnage avec la vérité vraie de l'émotion [2].

Sur ce point Senghor est en accord avec l'un des pionniers de la danse moderne, Ted Shawn, dont Roger Garaudy expose la pensée dans son livre *Danser la vie.* Selon Garaudy « toute danse, pour Ruth Saint-Denis comme pour Ted Shawn, est essentiellement religieuse : en elle s'abolit la division du corps et de l'esprit, de l'art et de la religion [3] ». Comment parvenir à l'unité de l'homme ? Ce n'est pas par construction intellectuelle. C'est le rythme qui assure l'unité, c'est le rythme qui se conjugue avec l'émotion.

Seul le rythme peut assurer l'unité de l'homme et bâtir une personnalité harmonieuse et forte. La musique et le théâtre ne connaîtront une véritable renaissance qu'en s'intégrant à la recherche des danseurs. La danse ainsi conçue est à la fois morale et religion, car elle est la plus haute expression de l'être tout entier dans sa responsabilité à l'égard des autres : plus nous avons de vie, plus nous pouvons en communiquer aux autres [4].

Quel contraste avec la représentation d'une danse marquée par l'impureté, dont la pratique peut être dévalorisante, avec celle qui la réduit au biologique, au déterminisme ! Vivre c'est vivre avec les autres.

> La plus grande faiblesse de la civilisation occidentale est d'avoir creusé le dualisme de l'âme et du corps au lieu de réaliser la grande intégration de l'homme dans sa totalité et son unité [5].

---

1 Aimé Césaire, Discours, *op. cit.,* 2000, p. 25.

2 Léopold Sédar Senghor, *Liberté 1, Négritude et Humanisme*, 1964, p. 289.

3 Roger Garaudy, *Danser sa vie*, 1973, p. 79.

4 *Idem*, p. 78.

5 Roger Garaudy, *Danser sa vie*, 1973, p. 79.

Cette dimension éthique de la danse n'a pas échappé à Senghor. Elle s'exprime dans sa propre définition de la danse : celle-ci est donc née en Afrique, contemporaine de l'humanité, en même temps que la poésie qui est, dit-il, « le premier et fondamental art de l'homme ». Tout commencement est poésie et chez nous, dira-t-il, en Afrique noire, la poésie est chantée et dansée.

Dans son étude sur les ballets africains de Fodéba Keïta, donnant en même temps ses impressions sur le spectacle auquel il venait d'assister, il remarque parmi les danseurs *l'Homme-Lion* opposé à *la Femme-Panthère*, l'un incarnant la Force noble, l'autre la grâce féline. Il s'agit là, tient-il à préciser, d'une représentation, d'une création du chorégraphe, Fodéba Keïta. C'est son idée. La chorégraphie qu'il met en place, qu'il met en scène, c'est son écriture, le spectacle, qu'il monte, est aussi de lui. Mais, ce qui est important pour notre compréhension de la danse africaine, c'est de bien voir que cette représentation a été montée à partir de danses « vécues ». Si l'idée, la chorégraphie, le spectacle sont de l'auteur, par contre « les pas, les gestes, les rythmes des tam-tams sont de l'Afrique éternelle. Nous les avons vus, nous les avons entendus ailleurs ». Comme pour Béjart. Cet héritage ancestral est sacré, magique et religieux, présent en nous dans la mémoire ancestrale, appelé à être transmis. Cet héritage qui est un trésor, il est en nous, c'est notre patrimoine qu'il faut aller chercher et transmettre.

La danse traditionnelle, les ballets africains, dont les pas et mouvements ont été fixés par la tradition, par les ancêtres, appartiennent donc au même univers que ces objets d'art, ces statuettes, produits dans un univers magico-religieux, et destinés principalement au culte. La vision de Senghor ne semble ici pas éloignée de celle d'André Malraux et d'Aimé Césaire. Répondant à la question de la survie et de la vitalité de l'art africain, Aimé Césaire recommande à l'homme africain de ne pas se couper de ses racines ancestrales, de rester près de ses sources : « Il périra s'il se coupe de ses racines, de ses sucs nourriciers, de ses réserves millénaires, de son passé, de ses légendes, de sa sagesse ». Mais, si au contraire il est resté près de ses sources, ses racines ancestrales, en clair de sa culture, « non pas pour s'isoler ou pour bouder, mais au contraire pour accueillir le monde, alors l'art africain continuera. Bien sûr il aura évolué… Il se sera transformé, mais c'est tant mieux ».

En choisissant d'interroger les textes de Senghor sur la danse, nous avions souhaité pouvoir trouver chez lui une confirmation solide de l'orientation que nous avons voulu donner à nos recherches en même temps que des réponses aux questions que nous nous sommes posées relativement au stéréotype « le Noir a le rythme dans le sang » et au critère d'« impureté » par quoi l'on caractérise la pratique du chant et de la danse, dont la caste des griots a le monopole. Il ressort de notre lecture de Senghor que la danse est un phénomène social et culturel, qu'elle est transmise dès la naissance, par le milieu familial et par l'environnement social.

L'avantage qu'offre ici la lecture de Senghor, c'est de pouvoir le suivre dans sa propre expérience. Il suffit de se référer à son « Royaume d'enfance », à son vécu, qui est fait, dit-il, de bonheur et d'innocence. Il y connaît la douceur maternelle, les veillées, le soir, au foyer à écouter les contes, il est au contact des Esprits. Au Royaume d'enfance, il découvre les danses et les jeux, en même temps que les poèmes gymniques. C'est dans cet univers qu'il découvre les corps des lutteurs associés aux danses et aux poèmes. Ce climat de transparence et d'authenticité de l'enfance est restitué par ses poèmes, dont on pourrait citer quelques-uns. Dans *Chants d'ombre*, le poème « Joal » est l'évocation de ses souvenirs du Royaume d'enfance :

> Joal !
> Je me rappelle les signares à l'ombre verte des vérandas
> Les signares aux yeux surréels comme un clair de lune sur la grève
> Je me rappelle les fastes du Couchant
> Où Koumba N'Dofène voulait faire tailler son manteau royal
> Du bruit des querelles, des rhapsodies des griots
> Je me rappelle la danse des filles nubiles
> Les chœurs de lutte – oh ! La danse finale des jeunes hommes, buste
> Penché élancé et le pur cri d'amour des femmes - Kor Siga !
> Je me rappelle, je me rappelle......
> Ma tête rythmant
> Quelle marche lasse le long des jours d'Europe où parfois
> Apparaît un jazz orphelin qui sanglotte sanglotte sanglotte.

Le Royaume d'enfance est un univers de culture où s'éduque la sensibilité de l'enfant, où il apprend à s'ouvrir aux choses et aux êtres, à s'émouvoir, où il apprend le respect des anciens, le sens du sacré, où se fait son éducation, par imprégnation, inculcation des valeurs de la société. Quand il doit s'expliquer sur ses poèmes, Senghor renvoie au Royaume d'enfance : « Je confesserai encore que presque tous les êtres et choses qu'ils évoquent sont de mon canton... Il me suffit de les nommer pour revivre le Royaume d'enfance ». Dans cet apprentissage, on perçoit nettement le rôle de la famille, le père, la mère, l'oncle, mais également les enfants de la même classe d'âge :

> J'y ai vécu, jadis, poursuit-il, avec les bergers et paysans. Mon père me battait, souvent, le soir, me reprochant mes vagabondages, et il finit pour me punir et me « dresser », par m'envoyer à l'École des Blancs, au grand désespoir de ma mère, qui vitupérait, qu'à sept ans, c'était trop tôt. J'ai donc vécu en ce royaume, vu de mes yeux, de mes oreilles entendu les êtres fabuleux par-delà les choses : les *kouss* dans les tamariniers, les crocodiles, gardiens des fontaines, les Lamantins, qui chantaient dans la rivière, Les Morts du village et les Ancêtres, qui me parlaient, m'initiant aux vérités alternées de la nuit et du midi [1].

---

1 Léopold Sédar Senghor, « Postface. Comme les Lamantins vont boire à la source », dans *Œuvre poétique*, 1990, p. 161.

Initiation et « dressage » sont des moments de la socialisation avant l'École des Blancs, une autre étape. Sa conception de la danse se nourrit du Royaume d'enfance, c'est-à-dire de son univers sensible, transparent, où se fait l'apprentissage de la culture. Le lien entre le corps et la danse, le chant et la poésie et la culture que nous trouvons dans la définition de la danse, il en a fait l'expérience au Royaume d'enfance, il l'a vécu auparavant. Le stéréotype « le noir a le rythme dans le sang », rien ne le justifie, ni ne lui correspond au « Royaume d'enfance ». La danse n'est pas innée. Il nous faut aussi rappeler que Senghor se trouvait en France, lors de l'exposition coloniale de 1931, organisée à Paris. Il avait refusé d'y participer. Les intellectuels africains et antillais s'étaient opposés au projet, dénonçant l'idéologie impérialiste et colonialiste qui était derrière cette manifestation dont l'objectif était de « montrer au monde la grandeur et le faste de l'empire français ». Senghor et ses camarades ont préféré participer à la contre-exposition organisée par le parti communiste français, soutenu par les surréalistes. Or, nous savons que c'est de ces expositions que le stéréotype « le noir a le rythme dans le sang » a été créé et diffusé à travers toute l'Europe, qui n'est pas sans rapport avec les travaux des scientifiques, ethnologues, anthropologues de l'époque qui, suivant la voie tracée par Gobineau qui a estimé dans son *Essai sur l'inégalité des races,* que « les particularités biologiques se traduisent par des capacités et un destin propres à chaque race », ont prétendu que le sens du rythme qu'ils observaient chez les noirs était inné, du fait de leur proximité avec l'état de nature. En contrepartie ils étaient intellectuellement inférieurs. L'explication de l'inégalité des races reposait donc sur le « sang ». Nous y reviendrons. Il ne pouvait donc pas adhérer à cette idéologie. Lui qui a consacré un poème célèbre en réaction contre cet événement et sait la fonction dévalorisante d'un stéréotype :

De plus, comment pouvait-il ne pas considérer comme un mythe la représentation que véhicule le système des castes de la société wolof du Sénégal à propos de la danse et des griots ? C'est avec une certaine sérénité et une claire conscience qu'il reconnaît s'être souvent inspiré d'un chant de griot : « En effet, dit-il, un chant de GRIOT – c'est notre troubadour d'Afrique – m'a, maintes fois, inspiré tout ou partie d'un poème, et j'écris de plus en plus souvent, en vivant, en pensant un chant ou une danse [1] ». C'est ainsi qu'il s'exprime dans sa préface de *Béjart Danser le XXe siècle.* C'est un comportement qui repose, dans son rapport aux deux « imaginaires », sur sa conviction de l'égalité entre les hommes.

La référence à l'histoire personnelle de Senghor, au Royaume d'enfance, enrichit l'analyse par l'expérience vécue d'où il ressort que la danse n'est pas innée, un don, mais produit de l'éducation. Penser autrement, c'est être

---

1 Léopold Sédar Senghor, « Préface », dans *Béjart. Danser le XXe siècle*, 1977, p. 13.

victime d'une illusion, c'est notre sentiment, dont on n'a pas conscience comme le décrit Bourdieu dans l'amour *de l'art :*

> Le mythe d'un goût inné, qui ne devrait rien aux contraintes des apprentissages ou aux hasards des influences puisqu'il serait donné tout entier dès la naissance, n'est qu'une des expressions de l'illusion récurrente d'une nature cultivée qui préexisterait à l'éducation, illusion nécessairement inscrite dans l'éducation comme imposition d'un arbitraire capable d'imposer l'oubli de l'arbitraire des significations imposées et de la manière de l'imposer [1].

Il ne nous parait pas étonnant d'évoquer ici Bourdieu et sa théorie de l'*habitus*, héritée de Marcel Mauss que Senghor reconnaît avoir eu comme maître à l'Institut d'ethnologie de Paris. Dans un cas comme dans l'autre, c'est-à-dire s'agissant du stéréotype issu des expositions coloniales universelles et de l'imaginaire issu des castes, il y a illusion ou mythe. C'est à ce constat que conduit la rencontre chez Senghor de Mauss et de Bourdieu qui, sur la question de la nature et de la culture, de l'inné et de l'acquis, ont influencé sa doctrine de la danse. Pour lui, la danse a une haute fonction sociale, religieuse et morale. Aussi parce que nous sommes « les hommes de la danse », nous avons une mission presque surnaturelle que nous rappelle son poème :

> Que nous répondions présents à la renaissance du Monde
> Ainsi le levain qui est nécessaire à la farine blanche.
> Car qui apprendrait le rythme au monde défunt des machines et des canons ?
> Qui pousserait le cri de joie pour réveiller morts et orphelins à l'aurore ?
> Dites qui rendrait la mémoire de vie à l'homme aux espoirs éventrés ? [2]
> Ils nous disent les hommes du coton du café de l'huile
> Ils nous disent les hommes de la mort
> Nous sommes les hommes de la danse, dont les pieds reprennent vigueur en frappant le sol dur [3].

Le texte de Senghor à partir duquel nous venons d'exposer sa conception de la danse africaine lui a été inspiré par les spectacles des Ballets africains de Fodéba Keïta. Occasion pour lui de faire l'éloge du chorégraphe guinéen, dont il faut exposer le point de vue.

Comment le point de vue du chorégraphe, créateur et artiste, renforce-t-il celui de Senghor et, par rapport à notre problème, quel éclairage nous apporte-t-il ?

---

1 P. Bourdieu, A. Darbel, *L'amour de l'art, les musées d'art...*, 1969, p. 162.
2 Léopold Sédar Senghor, « Prière aux masques », *Chant d'ombre...*, 1990, p. 23.
3 *ibid.*

2. L'approche de Fodéba Keïta

Fodéba Keïta est un écrivain, danseur, dramaturge, compositeur et homme politique guinéen. En 1948 à Paris (France), il fonde, avec le chanteur camerounais Albert Mouangué et le guitariste guinéen Kanté Facelli, l'Ensemble Fodéba-Facelli-Mouangué qui deviendra le Théâtre Africain de Fodéba Keïta en 1949, puis Les Ballets Africains de Fodéba Keïta en 1950, et Les Ballets Africains de la République de Guinée après l'indépendance du pays, le 2 octobre 1958.

Au cours de notre recherche bibliographique, nous avons pu retenir particulièrement un article de Fodéba Keïta, publié dans la revue *Présence Africaine*, de juin-septembre 1957, et intitulé « La danse africaine et la scène ». Le chorégraphe guinéen y expose sa conception de la danse africaine. Il est préoccupé de répondre à ceux qui continuent à penser que les danses africaines ne sont pas de l'art, qu'elles relèvent du folklore. Ils vont même plus loin en considérant que ce qu'ils prennent pour du folklore, traduit sur scène, manque d'authenticité, de vérité. C'est la question centrale qui va mobiliser la réflexion de Fodéba Keïta sur la danse africaine. Il commence par rappeler l'unité de l'Afrique dans sa diversité. C'est une affirmation forte, presque une profession de foi, dans le contexte de l'époque. Ce qui nous avertit sur le caractère polémique de son analyse. Il est dans une confrontation avec des critiques qui ne reconnaissent pas les qualités artistiques de ses spectacles. Affirmer l'unité de l'Afrique dans sa diversité, c'est une conviction partagée, à l'époque, par l'ensemble des leaders africains, les intellectuels et artistes, d'Afrique et de la diaspora. Quand il écrit son article, le combat pour l'indépendance était déjà engagé. Il occupait à la fois le champ politique et le champ culturel.

En ce qui nous concerne, dit-il, nous Noirs d'Afrique, il est évident, quel que soit le degré d'assimilation de cultures étrangères à travers nos divers dépaysements, qu'il est encore historiquement tôt pour que nous perdions toutes nos caractéristiques ethniques africaines. Nos frères transplantés ont été généralement placés dans des conditions politiques, morales et matérielles telles qu'en se repliant souvent sur eux-mêmes, ils ne pouvaient que raffermir leurs attaches psychiques avec notre continent [1].

Le lien ombilical avec l'Afrique n'est jamais coupé. Il insiste sur ce lien qui unit les Africains entre eux, lien de fraternité qui s'étend au-delà du continent, jusqu'en Amérique, aux Antilles. Ce même lien les unit à l'Afrique que le temps et les épreuves n'ont pas réussi à briser. Cette fibre africaine continue à vibrer, à battre dans le cœur de chaque Africain qu'il soit en Afrique ou de la diaspora. Fodéba Keïta pense, bien sûr, à la diaspora américaine,

---

1 Fodéba Keïta, « La danse africaine et la scène », 1957, p. 202.

mieux, à celle des Antilles dont l'attachement au continent d'origine, mieux, à leurs frères d'Afrique, n'est pas un mythe, mais une réalité que le temps et les épreuves ne font que raffermir. L'expression de cette unité dans la diversité, Fodéba Keïta la trouve dans la danse. Il le dit très clairement :

> Pour faire connaître l'Afrique et sa diversité, nous avons choisi la danse non seulement en tant qu'excellent moyen d'expression universelle, mais parce qu'elle s'apparente chez nous à tous les autres arts. En effet, la danse africaine, loin d'être cet art autonome qu'elle est en Europe, est avant tout union du rythme et du mouvement. Phénomène caractéristique de notre vie, elle devient : rite, magie, envoûtement, exorcisme, expression de liberté, de morale et de sentiments divers... parce qu'elle sait toucher aux instincts, aux puissances subconscientes et réaliser totalement l'homme [1].

C'est donc à la culture que l'Afrique doit son unité, c'est-à-dire à sa conception de l'homme. Ce n'est pas sans raison que Fodéba Keïta montre le lien entre la danse et l'unité de l'Afrique Car cette unité est en péril, elle est en danger. C'est par la culture que l'Afrique peut retrouver et consolider son unité. Ce n'est pas non plus sans raison qu'il marque la différence entre ce qu'est la danse en Europe, un « art autonome », élevé « au rang de ballet », mais coupée, détachée de la vie des populations, alors qu'en Afrique elle est « le souffle » spontané de la « vie populaire » [2]. On peut voir dans cette remarque l'opposition entre un art savant et l'art populaire, en mettant la vie du côté de l'art populaire. Car c'est bien cette Europe qui a nié que l'Afrique avait une culture, une histoire, un art.

Des rencontres internationales des intellectuels et écrivains de l'Afrique et de la diaspora furent organisées, la première s'étant tenue à Paris, à la Sorbonne, en 1956, la seconde à Rome, en 1959, à la veille des indépendances. Remarquons que Fodéba Keïta publie son article en 1957, un an après ce premier Congrès et que Senghor publie son texte en 1959, quelques mois après le second. Ce n'est pas hasard. Il y a donc lieu de penser que les deux interventions sont en dialogue et en lien avec les discussions qui ont animé les deux Congrès, dont les discussions étaient à la fois politiques et culturelles. Mais entre ces deux publications, il y eut un événement majeur, le référendum de 1958 proposé par le général De Gaulle.

C'était la première fois, en effet, que les intellectuels et écrivains noirs d'Afrique et d'Amérique se réunissaient pour débattre des problèmes qui leur étaient communs. Elles ont été organisées par Alioune Diop, le fondateur de Présence Africaine et de la Société africaine de Culture, la SAC. La période coloniale fut dure, difficile. Durant cette période, nos cultures ont été agressées en permanence, niées, méprisées, déconsidérées : elles n'étaient pas porteuses

---

1 Fodéba Keïta, « La danse africaine et la scène », 1957, p. 203.
2 *Ibid*, p. 203.

de civilisation, donc pas de modernité, ni de développement. L'on peut comprendre, dès lors, pourquoi la culture a pris une place importante dans la lutte contre la colonisation.

Si au premier Congrès réuni à la Sorbonne, on n'avait pas mentionné, dans le titre, la participation des artistes, cela fut réparé au Congrès de Rome qui fut celui des intellectuels, écrivains et artistes africains. Alioune Diop, qui présentait les objectifs du Congrès, mit l'accent sur l'unité culturelle :

Il s'agit d'unité et de solidarités culturelles. Nous sommes éparpillés à travers le monde, tels que le colonialisme, l'esclavage et le racisme occidentaux ont dû nous répartir. Nous vivons sous des régimes politico-économiques variés et nous nous réclamons de nationalités distinctes. Nous sommes insérés dans des cultures (arabe, portugaise, française, anglaise…) très diverses entre elles et différentes des cultures traditionnelles de l'Afrique noire. Néanmoins, nous avons assez de traits communs dans nos aspirations, nos situations et dans nos souvenirs pour que se justifie la revendication d'une unité de la culture noire [1].

Cheikh Anta Diop, l'égyptologue sénégalais, qui était au Congrès ne dit pas autre chose. Fodéba Keïta partage la même conviction. Il ne privilégie pas la danse, comme expression de l'unité de l'Afrique dans sa diversité, pour des raisons exclusivement politiques, ce qui serait de l'instrumentalisation de la culture dans une stratégie de lutte, dont l'utilité disparaît une fois atteint l'objectif. Mais, c'est essentiellement par conviction : telle est la vocation de la danse. Dans cette lutte politique, il y a aussi une revendication pour reconnaître les danses africaines comme arts, comme culture. Ce mouvement d'affirmation et de reconnaissance de la danse africaine comme art se poursuivra bien après l'indépendance.

Le chorégraphe ivoirien Alphonse Tiérou décrit, dans son livre *Si sa danse bouge l'Afrique bougera* [2], ce lien des ballets nationaux et des politiques au lendemain des indépendances. Ils ont sillonné le monde entier avec comme objectifs de valoriser la culture ancestrale, de montrer, à travers les ballets nationaux, l'ensemble des différentes danses spécifiques de chaque ethnie des différents pays. C'est ce que reconnaît Fodéba Keïta dans son article :

> La tendance actuelle d'une compagnie folklorique comme la nôtre doit être d'informer le monde entier des valeurs de ces deux Afriques : l'Afrique traditionnelle et précoloniale de nos ancêtres et l'Afrique d'aujourd'hui qui, peu à peu s'empreint de la civilisation occidentale [3].

---

1 Alioune Diop, cité par Philipe Verdin, *Alioune Diop le Socrate noir*, 2010, p. 287.

2 Alphonse Tiérou, *Si sa danse bouge, l'Afrique bougera*, 2001, p. 44-46.

3 Fodéba Keïta, « La danse africaine et la scène », 1957, p. 206.

Nous reviendrons précisément sur la portée de ces deux Afriques mentionnées, ici, par Fodéba Keïta. La mission de ces ballets nationaux qui auront sillonné le monde sera-t-elle suivie d'effet ? Il semble bien que, selon le chorégraphe Ivoirien, les politiques n'aient jamais pris sérieusement en compte la création chorégraphique. Il énumère les champs qui auraient mérité une attention plus grande des politiques :

> L'esthétique, la structure, la pédagogie, la méthodologie, la réflexion, la formation, le développement du langage du corps, la composition, enfin tous ces éléments qui restent déterminants dans le métier de danseur, de chorégraphe et dans la mise en forme d'un spectacle de danse sortant des sentiers battus des danses traditionnelles, ont été négligés et n'ont presque jamais figuré au programme des ballets ou des instituts nationaux des arts mis en place après les indépendances. L'absence de recherche et de théorie ont nui à la reconnaissance de la danse africaine en tant que danse savante, acte de création, et composante majeure de la culture africaine [1].

Mais, revenons à la danse, objet de notre réflexion, à partir du texte de Fodéba Keïta. Le chorégraphe Guinéen a bien tenu à marquer la différence entre la conception européenne de la danse et la conception africaine. Il ne se contente pas seulement de montrer cette différenciation. Il va plus loin pour soutenir que les danses africaines sont des ballets, donc de l'art : Si le ballet, dit-il, est un fait d'art et de culture, élaboré par l'homme dans sa quête sans fin de nouveaux moyens d'expression, dans son aspiration à créer des formes se renouvelant sans cesse d'après son génie et ses facultés, la danse africaine, en tant que moyen d'expression et d'extériorisation peut s'identifier au ballet [2].

Cette citation-ci montre que le Ballet est la danse dans toute sa dimension artistique, dans sa forme la plus achevée.

C'est la raison pour laquelle il n'a pas hésité à appeler sa troupe, Compagnie des Ballets africains. Nous pouvons dire que les Ballets africains de Fodéba Keïta n'ont rien à voir avec la danse européenne. En Europe, elle est « autonome », coupée de la vie des populations. En Afrique, elle est populaire, collective, elle a un lien avec la magie, donc la religion, avec la morale et le symbolisme. Allons plus loin encore dans l'énumération des différences. Cette fois, c'est Senghor, son meilleur critique, qui nous livre ses observations. Il vient d'assister comme il le dit lui-même, au Théâtre fédéral du Palais, à un spectacle des Ballets africains. Il livre ses impressions sur les danseurs. Il observe d'abord, que les danseurs de Fodéba Keïta sont des danseurs négro-africains. Ce sont, en plus, des acteurs, décontractés, qui ne sont pas crispés, stressés, qui montrent une certaine assurance. Ce qui explique

---

1 Alphonse Tiérou, *Si sa danse, bouge l'Afrique bougera*, 2001, p. 45.

2 Fodéba Keïta, « La danse africaine et la scène », 1957, p. 203.

que leur jeu est comme naturel, spontané, parce que, dans le fond d'eux-mêmes, ils ne jouent pas, ils vivent leur rôle. Il n'y a pas de scission intérieure entre l'acteur et le personnage. Ils se laissent prendre au jeu. Les acteurs vivent leur rôle « avec leur bouche ... avec leurs yeux, mais surtout avec leurs pieds, leurs bras, leurs mains » [1]. C'est sur le corps qu'insiste Senghor. On danse avec le corps, avec les mains, avec les pieds. Il se méfie de l'intellectualisme, de l'académisme. Quant aux pieds, ils nous renvoient à la terre, à la Terre-Mère, Source de vie, d'énergie, l'élan vital, l'Afrique Mère. C'est ce qui lui fait dire que les danses africaines sont des danses telluriques, les pieds nus posés à plat sur le sol, martelant le sol sans fatigue ni répit. Pourtant ces corps noirs sont capables de bonds prodigieux comme des félins. Ils sont élancés et musclés, souples et légers. Leur seul secret est de s'abandonner au rythme, cires dociles, de se laisser saisir et agir par l'Archétype, de vivre – non de jouer leur personnage avec la vérité vraie de l'émotion [2].

Il y a là quelque chose de comparable à une expérience mystique, surréelle, spirituelle, semblable à une contemplation esthétique, non pas intellectuelle, comme chez Kant, mais avec l'émotion, quelque chose que l'on sent, qui est fusion sensible, sensuelle, pour être plus concret, dans laquelle on s'abandonne à l'Archétype, l'Absolu. Senghor ne le nomme pas. Les danseurs que Senghor prétend nous décrire sont bien cependant ceux des Ballets africains de Fodéba Keïta. Qu'il a vu sur scène. Ils existent, ils ne sont pas imaginaires, fictifs. Ce sont des danseurs en chair et en os :

> Parce qu'ils vivent un drame, nos danseurs ne reproduisent pas une combinaison de figures savamment élaborées et agencées, mais la vie même de l'Archétype, exprimée en une série de gestes sensuels stylisés : gestes du Lion, de la Panthère, du Sorcier, du Semeur. Nulle crainte qu'ils ne tombent dans l'académisme des figures stéréotypées [3].

Fodéba Keïta est préoccupé par le problème de l'authenticité des danses africaines, lorsqu'elles sont portées sur scène. Déjà Senghor avait eu à faire une mise au point à des critiques qui déploraient le manque d'authenticité des Ballets africains de Fodéba Keïta, parce que, pour eux, ils ne correspondaient pas à leur représentation des danses africaines identifiées aux folklores négro-africains. Ces critiques confondaient art et folklore. La distinction faite, ici, par Senghor est importante. Elle s'accompagne d'une critique implicite de l'usage du mot folklore, qui véhicule un sens péjoratif dans un contexte qui n'est pas encore libéré des préjugés issus du primitivisme et de l'exotisme. La place du village, rappelle-t-il, où habituellement ont lieu les danses, n'est pas une scène de théâtre :

---

1 Léopold Sédar Senghor, « Les Ballets africains », dans *Liberté 1,* 1964, p. 289.

2 Léopold Sédar Senghor, « Les Ballets africains », dans *Liberté 1,* 1964, p. 289.

3 Léopold Sédar Senghor, « Les Ballets africains », dans *Liberté 1,* 1964, p. 289.

> Celle-ci exige une optique particulière et une stylisation qui retient, du folklore, le style plus que les formes, le rythme plus que les figures. C'est un autre espace et un autre temps. Il n'est pas question de reproduire exactement – de photographier – les danses populaires. Il est question de créer des œuvres nouvelles en partant des danses populaires, en en gardant l'esprit [1].

La scène, les décors, la chorégraphie elle-même relèvent de la création, de l'inspiration et du génie du chorégraphe, par contre l'authenticité de la danse africaine, danses populaires, réside dans *le style, le rythme et l'esprit*. Fodéba Keïta dit la même chose, mais autrement, en prenant la peine de définir ce qu'est une danse folklorique authentique :

> Un spectacle folklorique authentique est celui qui représente fidèlement les aspects les plus caractéristiques de la vie qu'il veut faire revivre sur scène. Donc pour apprécier ce degré d'authenticité, il importe de connaître tant soit peu la vie dont le spectacle est issu. En affublant a priori les Africains de mentalité prélogique, il est incontestable qu'on ne saurait discerner dans leurs chants et danses l'intense humanité que ceux-ci recèlent [2].

On peut conclure notre présentation des Ballets africains de Fodéba Keïta en nous arrêtant sur cette dernière phrase. En effet, l'allusion à la mentalité prélogique ramène à considérer de nouveau l'origine du stéréotype « le Noir a le rythme dans le sang ». Il s'est construit sur les théories du primitivisme et de l'exotisme, diffusé à travers toute l'Europe lors des expositions coloniales. Si, comme le dit, ici, Fodéba Keïta, pour discerner la noblesse et l'intense humanité des chants et danses de l'Afrique, il est nécessaire de connaître les cultures et traditions africaines, c'est faire preuve d'une ignorance totale que de prétendre expliquer l'habileté du Noir à la danse par le sang. C'est par la culture qu'il faut l'expliquer et non par le « sang » ou la biologie. Ce qui exige une ouverture à l'Autre. Un des apports importants de son analyse est de confirmer le rôle des traditions, de la culture, mais aussi des conditions économiques, sociales et matérielles. Il expose clairement sa pensée sur ce dernier point :

> Quand le stade économique est essentiellement agraire et n'engendre, en conséquence, que peu de besoins et de soucis matériels, pourquoi ne pas évoluer comme l'oiseau, ramper comme le serpent, s'épanouir comme la fleur et communier ainsi avec la nature et les forces mystérieuses qui la peuplent et l'animent ? Si l'on tient compte de ces circonstances, on voit aisément qu'il était pour ainsi dire fatal que les Africains fussent les véritables hommes de la danse [3].

---

1 Léopold Sédar Senghor, « Les Ballets africains », dans *Liberté 1,* 1964, p. 287.
2 Fodéba Keïta, « La danse africaine et la scène », 1957, p. 206.
3 Fodéba Keïta, « La danse africaine et la scène », 1957, p. 204.

Le recours aux conditions économiques et sociales met plutôt l'accent sur l'histoire, sur l'organisation sociale et sur la culture pour rendre compte de la danse. Elle ne s'explique pas autrement. L'explication d'inspiration marxiste est très éclairante et rend inutile le recours à une explication biologique ou physiologique. Si donc cette fusion avec la nature, – on pourrait trouver l'équivalent dans la formule de Senghor « s'abandonner au rythme, cires dociles, se laisser saisir et agir par l'Archétype...avec la vérité vraie de l'émotion » – est un besoin primordial, alors on n'a pas à utiliser l'argument de l'origine biologique pour expliquer pourquoi les Africains sont les « véritables hommes de la danse ». C'est dire que la danse est un besoin primordial. Elle existe en tant que telle à l'origine. Elle est dans l'homme, non pas dans le sang, mais dans l'émotion. On est renvoyé aux études des anthropologues et ethnologues sur la culture.

Cette manière d'aborder la danse a apporté un éclairage qui permet de rejeter le stéréotype « le Noir a le rythme dans le sang », en le présentant comme un mythe. Il en est de même du critère d'impureté attribué à la danse et au chant, activité perçue comme dégradante, exclusivité professionnelle de la caste des griots. Car si la danse est impure dans son essence, comment comprendre qu'elle puisse être à l'origine de tous les arts, poésie, chant, musique, peinture, sculpture, sans leur transmettre ce qu'elle a d'impur ? Tout art est poésie. La danse est poésie en ce sens qu'elle est création, elle est vie. L'unité des arts interdit de valider le critère d'impureté qui empêche, incontestablement, si on continue à y croire, de découvrir la noblesse et l'intense humanité que recèlent nos chants et danses. Ce critère d'impureté est à mettre au compte du mythe, de l'idéologie. Senghor et Fodéba Keïta nous semblent avoir adopté la même démarche dans leur présentation des Ballets africains, chants et danses africaines. Ils ont très nettement critiqué les préjugés issus du primitivisme et de l'exotisme auxquels se rattachent le stéréotype caricatural et raciste du Noir. Leurs textes sont une réfutation de ces critiques européens encore sous l'emprise de ces préjugés, qui, comme le dit Fodéba Keïta, attribuent aux Africains une mentalité prélogique, qui s'arcboutent sur « l'unique conception qu'ils se sont faite de l'Afrique, après avoir assisté à une conférence ou à une projection de film ». Nous aurons l'occasion, dans la deuxième partie de notre recherche de revenir sur l'esprit de l'époque des expositions coloniales européennes qui ont véhiculé ces stéréotypes à travers toute l'Europe. Nous aurons également à examiner le contexte propre au système des castes de la société wolof du Sénégal, qui est lui aussi source de stéréotypes.

Cette conception définie par Fodéba Keïta et Léopold Sédar Senghor, qui fait de la danse un art, une culture par excellence, la danse dans son achèvement, a fait l'objet d'un débat rendu célèbre entre Aimé Césaire et André Malraux lors du Festival mondial des Arts nègres en 1966.

3. André Malraux et Aimé Césaire au Premier Festival mondial des Arts nègres

Dans son discours prononcé à l'ouverture du colloque inaugural du Premier Festival mondial des Arts Nègres, organisé à Dakar en 1966, André Malraux choisit de traiter le thème de "la survie et la vitalité de l'art africain".

L'Afrique, dit-il, a changé la danse dans le monde entier. Mais elle a possédé un autre domaine de danse, sa danse séculaire ou sacrée. Elle est en train de mourir et il appartient aux gouvernants africains de la sauver [1].

André Malraux était alors ministre d'État chargé des Affaires culturelles dans le gouvernement du général De Gaulle. Il représentait la France au Premier Festival mondial des Arts nègres, qui avait attiré à Dakar des intellectuels, écrivains et artistes de haut niveau, venus d'Afrique, de la diaspora, des Caraïbes, des Amériques et des invités venus d'Europe… Avant d'aller plus loin dans l'étude des rapports entre Malraux et l'art africain, commençons par rappeler le contexte dans lequel a été organisé ce Premier Festival mondial des Arts nègres, qui donne, de notre point de vue, le ton du discours de Malraux. Nous nous interrogerons, par la suite, sur sa vraie relation avec l'Afrique et l'art africain, en particulier, avec la danse.

Vitalité et survie de la danse africaine

Lorsque le Président Senghor accepta d'organiser le Premier Festival mondial des Arts Nègres à Dakar, la plupart des pays africains, réunis au sein des fédérations de l'Afrique occidentale française (AOF) et de l'Afrique équatoriale française (AEF) avaient accédé à la souveraineté internationale. Ce Premier Festival mondial a été un événement que l'on peut qualifier d'historique. Il marque, en effet, définitivement, la rupture avec l'idéologie colonialiste qui, pendant des siècles, a dénié à l'Afrique sa culture, son art, son histoire, sa civilisation. D'où la place de la culture dans la lutte pour l'indépendance de l'Afrique. Le Premier Festival mondial des Arts nègres est, dans ce contexte et sans conteste, l'illustration la plus éclatante de la créativité africaine, du génie africain dans le domaine des arts et de la culture. Nous pouvons le considérer comme la réponse de tout un continent, de l'Afrique et de la diaspora, c'est-à-dire des Caraïbes, de l'océan Indien, de Madagascar, des Amériques, aux diverses expositions « coloniales » organisées en Europe à la fin du XIXe siècle et dans la première moitié du XXe. Pendant trois semaines, le monde entier a vécu au rythme du Festival. Avec fierté et dignité, l'Afrique libérée de tout complexe, dans un contexte nouveau, celui de la

---

1 André Malraux, Discours prononcé à Dakar à la séance d'ouverture du colloque organisé à l'occasion du Premier Festival mondial des Arts nègres le 30 mars 1966, dans *La politique, la culture*, 1996, p. 331.

souveraineté, a démontré qu'elle a été et qu'elle est encore un continent de culture, exigeant et obtenant par la qualité exceptionnelle de ses productions culturelles et artistiques une reconnaissance mondiale. Ce qui a été montré à Dakar est loin de l'exotisme, des curiosités, recherchés lors des expositions coloniales européennes. À travers le Festival l'Afrique fait don d'elle-même, de son humanité, de ce qu'elle a de meilleur, au reste du monde. Au banquet du « donner et du recevoir », selon l'expression de Césaire, reprise par Senghor, elle ne vient pas les mains vides. Avec ce Premier Festival mondial des Arts nègres, c'est le triomphe de l'intelligence et du cœur, de l'art, donc de l'amour sur la haine raciale et l'oppression, sur l'exclusion et la violence, qui ont caractérisé pendant des siècles les relations de l'Occident avec les autres peuples et qui dure encore de nos jours.

Le Premier Festival mondial des Arts nègres, qui se tient à Dakar au printemps 1966, a témoigné amplement de cette volonté de faire de la danse le spectacle vivant le plus représentatif de l'Afrique noire. « Ensembles nationaux de ballets » du Sénégal, du Mali et de la Côte d'Ivoire, « danses folkloriques » du Niger et de la Zambie, « African Dances » du Ghana, « Musique et danse » du Gabon, « Danses ethnographiques par l'ensemble national du Cameroun » occupent ainsi les scènes du Théâtre national Daniel Sorano et des stades dakarois du 1er au 24 avril 1966

C'est donc dans un contexte de décolonisation et de guerre froide entre l'Est et l'Ouest ou entre le monde communiste et le monde capitaliste, en même temps, qu'a eu lieu cet événement culturel majeur, au cours duquel l'Afrique a présenté son patrimoine artistique dans sa double relation au passé et à l'avenir, relation à l'Antiquité et à la création. Il est le résultat de rencontres internationales organisées par les intellectuels et écrivains africains, engagés dans la lutte contre le colonialisme, mais de courants politiques différents. Alioune Diop, le fondateur de Présence Africaine et de la Société africaine de Culture, la SAC, en était le principal organisateur. Ces rencontres internationales étaient essentiellement centrées sur la culture, ce qui n'a pas empêché le politique de s'insinuer dans les débats. C'était inévitable, car ce sont les mêmes qui, dans la lutte contre le colonialisme, s'étaient opposés sur l'efficacité des moyens. Ils allaient se retrouver en 1956, à Paris, puis en 1959, à Rome [1].

En 1956, les intellectuels et écrivains noirs d'Afrique et d'Amérique se réunissaient pour débattre des problèmes qui leur étaient communs. Le premier Congrès de Paris s'est tenu du 19 au 22 septembre 1956. L'ouverture eut lieu dans l'amphithéâtre Descartes à la Sorbonne sous la présidence de Jean Price-Mars, pionnier de la Négritude et chantre du Panafricanisme.

---

1 Les actes de ces rencontres internationales ont été publiés dans la revue *Présence Africaine*, en 1956 et en 1959.

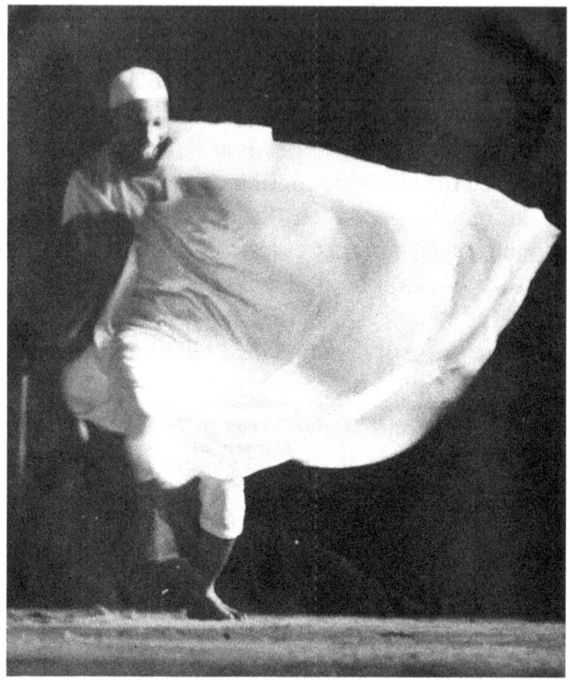

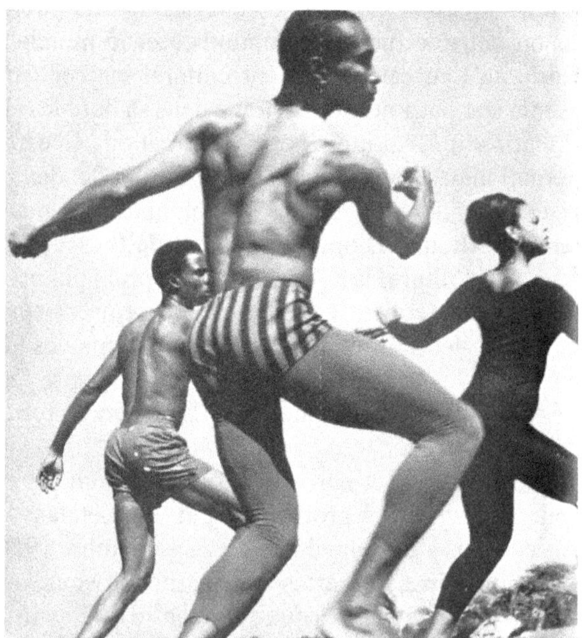

Illustrations tirées de Anonyme, 1966, *Premier Festival mondial des arts nègres. Dakar, 1/24 avril 1966*, comportant le programme des spectacles.

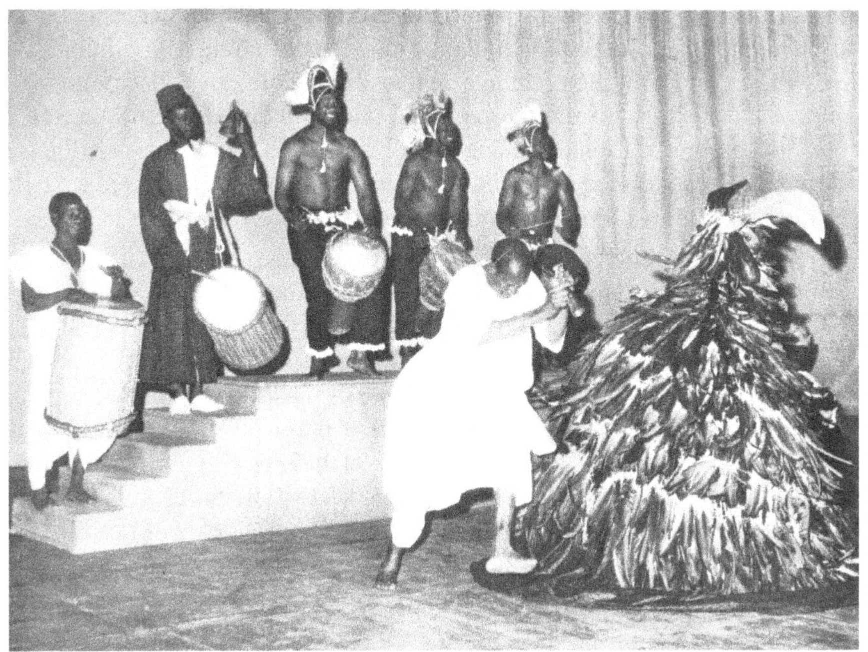

L'ensemble national du Mali

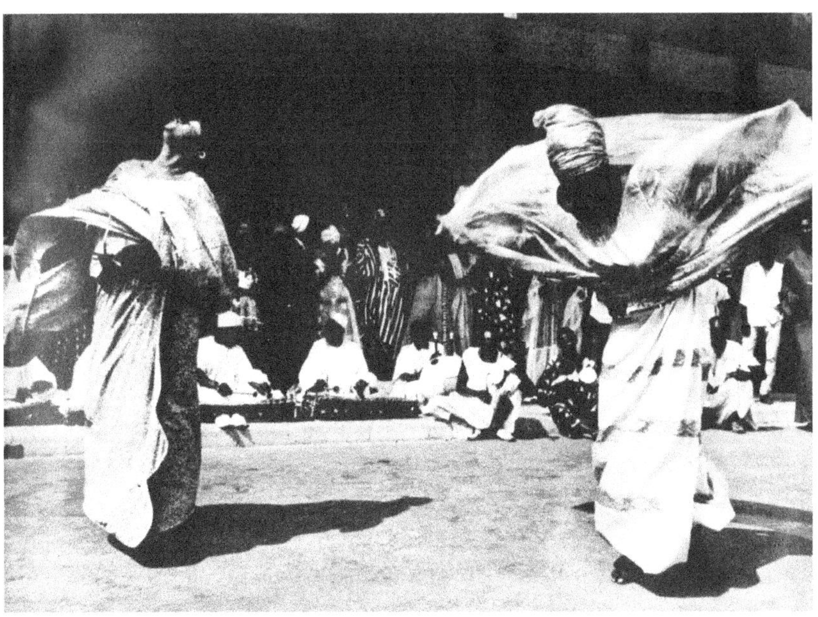

Dès l'arrivée, le charme et la grâce des femmes du Sénégal.

Illustrations tirées de Anonyme, 1966, *Premier Festival mondial des arts nègres. Dakar, 1/24 avril 1966*, comportant le programme des spectacles.

Les différents intervenants, dont Aimé Césaire, Jacques Rabemananjara, Frantz Fanon, Léopold Sédar Senghor, tout en affirmant le rôle primordial de la culture, prennent en même temps des positions politiques. Ils continuent le combat contre la colonisation, à partir de leur situation de nègres colonisés. Ainsi, la communication de Senghor s'inscrit dans ce courant. Elle sera centrée sur la renaissance de la culture nègre. Son obsession est que l'Afrique ne soit pas absente au « rendez-vous du donner et du recevoir ».

Pour lui, en effet, l'avenir du continent passe par la créativité artistique. La politique lui est subordonnée. « La libération culturelle, dit-il, est la condition *sine qua non* de la libération politique » [1]. Il illustre sa pensée en prenant l'exemple de l'Amérique. Les Américains furent prêts à accepter d'accorder aux Noirs Américains les mêmes droits que les Blancs lorsqu'ils ont pris clairement conscience de l'identité forte et revendiquée des Nègres par la musique, la danse, la littérature et le théâtre. Ces arts d'inspiration négro-africaine sont des arts engagés. À son tour, il invite les artistes nègres, qu'ils soient africains ou américains, à ne jamais tourner le dos à la civilisation africaine. « Dans la mesure où les artistes et écrivains nègres tournent le dos à l'Afrique mère, précise-t-il, ils dégénèrent et s'affaiblissent » [2].

Ce premier Congrès sera suivi, en 1959, d'un second qui se tiendra à Rome, quelques mois après l'adoption, par référendum, de la nouvelle Constitution française du général de Gaulle, qui ouvre la voie de la décolonisation de l'Afrique, en même temps que de sa « balkanisation », et qui a été aussi celle du « Non » de la Guinée. Le Congrès de Rome n'échappera pas au débat politique. De nouveaux acteurs vont apparaître avec l'intention de le politiser. Il a lieu, en 1959, à Pâques, sur invitation des autorités politiques italiennes – le gouvernement, le maire de Rome – et avec la participation de l'Institut italien pour l'Afrique et de l'Association des écrivains italiens. Entre le Congrès de Paris et celui de Rome, l'environnement a effectivement changé. Le thème du Congrès était « Unité et responsabilités de la culture négro-africaine ». La culture reste donc, encore une fois, au centre des préoccupations. Mais contrairement au précédent Congrès, la dimension politique sera clairement et officiellement admise aux débats. Ainsi, définissant les objectifs de la réunion, Alioune Diop, l'organisateur principal, admet que la politique puisse avoir sa place dans les débats :

> Il s'agit d'unité et de solidarités culturelles. Nous sommes éparpillés à travers le monde, tels que le colonialisme, l'esclavage et le racisme occidentaux ont dû nous répartir. Nous vivons sous des régimes politico-économiques variés et nous nous réclamons de nationalités distinctes. Nous

---

1 Léopold Sédar SENGHOR, « L'esprit de la civilisation ou les lois de la culture négro-africaine », 1956, p. 51.

2 Léopold Sédar Senghor, « L'esprit de la civilisation ou les lois de la culture négro-africaine », 1956, p. 65.

> sommes insérés dans des cultures (arabe, portugaise, française, anglaise...) très diverses entre elles et différentes des cultures traditionnelles de l'Afrique noire. Néanmoins, nous avons assez de traits communs dans nos aspirations, nos situations et dans nos souvenirs pour que se justifie la revendication d'une unité de la culture noire [1].

Cette rencontre va donc se dérouler dans un contexte politique nouveau marqué par l'adhésion au communisme d'une partie importante des élites africaines, qui se disent révolutionnaires. C'est à l'issue de celle-ci que les participants ont décidé de tenir leur prochain Congrès en terre africaine. La résolution finale recommande, de façon très nette, le projet d'un Festival mondial des Arts nègres.

Ce festival se déroulera malgré l'absence de certains pays, visiblement, pour des raisons politiques. Il s'agit de l'Algérie, de Cuba, de la Guinée-Conakry. Mais aussi de quelques personnalités du monde des arts, dont Myriam Makéba, citoyenne d'honneur de la République de Guinée. Ces absences n'ont pas empêché, cependant, de nombreux pays à envoyer leurs représentants à Dakar, pour participer au premier Festival exclusivement consacré aux arts nègres, parmi lesquels la danse a été magistralement représentée par des chorégraphes, danseurs et danseuses des ballets africains et des troupes venus des Amériques et des Caraïbes : en danse traditionnelle, les danseurs et danseuses des ensembles nationaux de la plupart des pays invités, en chorégraphie moderne, les danseurs et danseuses de la Troupe d'Alvin Ailey. Des spectacles de danse, des ballets, se déroulaient dans les rues. Parmi les personnalités du monde des arts, particulièrement de la danse on peut noter la présence de Katherine Dunham anthropologue chorégraphe conseillère artistique et présidente de la commission "Danse" qui a fait une communication sur « Les arts de la représentation en Afrique » ; le célèbre chorégraphe afro-américain Alvin Ailey qui dirigeait la compagnie de danse moderne : l'American Negro Dance Company dans laquelle figurait la danseuse Judith Jamison. On remarque également la présence en musique de Marion Williams, le roi de la Soul music, et de Joséphine Baker.

La danse était à l'honneur, ce qui correspond bien à la place centrale qu'elle occupe dans la vie quotidienne des populations africaines, comme le fait à nouveau remarquer Senghor :

> La danse est, pour le Négro-africain, écrit Senghor, le moyen le plus naturel d'exprimer une idée, une émotion. Que l'émotion le saisisse – joie ou tristesse, gratitude ou indignation – le Négro-africain danse [2].

---

1 Alioune Diop cité par Philipe Verdin, *Alioune Diop, le Socrate noir*, 2010, p. 287.

2 Léopold Sédar Senghor, « Les Ballets africains de Fodéba Keïta », *Liberté 1. Négritude et Humanisme*, 1964, p. 289.

Ce lien qu'établit Senghor entre notre identité et la danse, entre la danse et la vie, nous le retrouvons exprimé dans ses Épitres à la Princesse, dans *Éthiopiques* :

> Comme le riz l'igname la palme et le palétuvier, l'ancêtre
> Lamentin l'ancêtre Crocodile
> Et Lilanga ma sœur. Elle danse elle vit.
> Car comment vivre sinon dans l'Autre au fil de l'Autre,
> Comme l'arbre déraciné par la tornade et les rêves des îles Flottantes
> Et pourquoi vivre si l'on ne danse l'Autre ? [1]

Dans un autre passage consacré à la connaissance, qui s'inspire de Claudel, il marque sa distance par rapport à Descartes en substituant la danse au « je pense » cartésien, au fameux « *cogito* ».

Nous évoquerons deux autres témoignages. D'abord, celui d'Alphonse Tiérou, chorégraphe ivoirien, qui, dans son livre *Si sa danse bouge, l'Afrique bougera,* estime que « Les Africains ont une culture de la danse. Tout leur univers est imprégné de danse. Tout leur environnement déborde de rythmes… » [2]. Les multiples fonctions de la danse qu'il décrit par la suite ont souvent été étudiées par les africanistes et ethnologues : « elle est prière, séduction, passion, thérapie et divertissement. Elle se confond avec les travaux des champs ». Elle accompagne la chasse, la guerre, la mort, l'amour, la récitation des mythes, les cérémonies rituelles, les rites d'initiation… Elle est exécutée avec des chants et le Tam-Tam. Elle semble jouir d'un privilège ancestral qui la placerait au-dessus des autres arts. Ce statut spécial de la danse est reconnu par le Maître de Ballets, Fodéba Keïta qui estime que, « loin d'être cet art autonome qu'elle est en Europe, la danse en Afrique est avant tout union du rythme et du mouvement. Phénomène caractéristique de notre vie, elle devient rite, magie, envoûtement, exorcisme, expression de liberté, de morale et de sentiments divers… parce qu'elle sait toucher aux instincts, aux puissances subconscientes et réaliser totalement l'homme » [3].

Elle est l'art qui exprime le mieux à la fois notre diversité et notre unité. Elle s'apparente chez nous à tous les autres arts. C'est avec le même regard que le critique sénégalais, Lamine Diakhaté, qui fut un expert au Premier Festival mondial des Arts nègres, décrit ce statut spécifique de la danse [4] Dans le programme du Festival, il ne manque pas de préparer le public à la diversité de ces spectacles chorégraphiques. Reprenant les thèses du « poète-président », il rappelle que « la danse en Afrique noire est plus qu'un

---

1 Léopold Sédar Senghor, « Épitres à la Princesse », *Éthiopiques, Œuvre poétique*, 1964, 1964, p. 144.
2 Alphonse Tiérou, *Si sa danse bouge, l'Afrique bougera*, 2001, p. 27.
3 Fodéba Keïta, « La danse africaine et la scène », 1957, p. 203.
4 Lamine Diakhaté, « La danse en Afrique », 1966, p. 86 et 92.

conglomérat de gestes et de mimiques. Elle a valeur d'éthique, elle a sens d'activité. Elle constitue l'un des multiples relais entre Dieu et l'Homme (…). Le Négro-africain, fils de l'unité, a empli l'art de dimensions toutes nouvelles ». Au centre de cet art, il a nommé la danse.

Il n'est donc pas étonnant que le Premier Festival mondial des Arts Nègres accorde à la danse la place royale qui correspond à son rang dans la société africaine elle-même. Aussi, en choisissant la danse pour aborder le problème de la survie et de la vitalité de l'art africain, Malraux sait ce que la danse représente dans la culture et la tradition africaine. Pourquoi interpeler aussi directement avec une certaine assurance, les gouvernants, les intellectuels, écrivains et artistes africains sur leur responsabilité ?

Par ailleurs, il était également bien informé des divisions idéologiques internes du milieu des intellectuels, écrivains et artistes africains. C'est ce contexte qui donne le ton de son discours.

Au moment où il prend la parole, le Ministre du général de Gaulle sait qu'il va au combat et que son discours est attendu. Dès ses premiers mots, en hommage au chef de l'État sénégalais qui le reçoit, on comprend qu'il a pris parti contre ceux qui se réclament de Moscou :

> Nous voici donc dans l'histoire. Pour la première fois, un chef d'État prend en ses mains périssables le destin spirituel d'un continent. Jamais il n'était arrivé, ni en Europe, ni en Asie, ni en Amérique, qu'un Chef d'État dise de l'avenir de l'esprit : nous allons, ensemble, tenter de le fixer [1].

C'est dans ce climat politique, combiné de décolonisation et de guerre froide, qu'il faut comprendre les provocations politiques et intentionnelles du discours de Malraux. Si l'on veut en saisir la portée et en apprécier les effets pratiques, on doit se référer à ce contexte.

Au moment où Senghor et Césaire arrivent à Paris, dans les années 1930, pour suivre leurs études au lycée Louis-le-Grand, André Malraux, à en croire son biographe Jean Lacouture, qui inspire ces lignes que nous lui consacrons, était un personnage, un auteur, écrivain célèbre, connu et considéré dans le milieu des arts et lettres. *La Condition humaine*, qu'il publia suite à son voyage en Chine, obtint le Prix Goncourt en 1933. Il a la réputation d'être un dandy, rat de bibliothèque, qui aime flâner dans les galeries et les musées, attiré par les merveilles des temples d'Angkor et l'art khmer [2]. Sa passion pour les cultures de l'Orient le conduisit à fréquenter, sans jamais s'y inscrire, l'École des langues orientales, rue de Lille, à Paris, à étudier le chinois et le persan. Dans le domaine de l'art, à l'époque, en France, en Angleterre, en

---

1 André Malraux, Discours prononcé à Dakar à la séance d'ouverture du colloque organisé à l'occasion du Premier Festival mondial des Arts nègres le 30 mars 1966, dans *La Politique, la Culture*, 1996, p. 330.

2 Jean Lacouture, *Malraux. Une vie dans le siècle*, 1976, p. 23.

Allemagne et aux États Unis, l'orientalisme était à la mode et attirait de nombreux amateurs de l'art, des collectionneurs, vendeurs et acheteurs. Malraux avait des relations dans ce milieu. Il se rendra deux fois en Indochine, en compagnie de Clara, son épouse, en 1923 et en 1924. Le premier, à la recherche de temples inconnus des Européens, le conduit au Cambodge où il se heurte à la justice, accusé d'avoir voulu dérober des objets d'art protégés par la règlementation. Les motivations du second, en 1924, sont d'un autre ordre, il s'est, en effet, engagé à lutter contre l'administration coloniale. On le retrouve en Chine pour les mêmes raisons politiques et sociales qui lui inspire son célèbre roman qui lui vaut le Goncourt. Écrivain, il est également connu, en Europe, pour ses positions politiques contre l'oppression, la dictature : il est engagé dans la lutte contre l'hitlérisme, le nazisme, il se rendra, avec Gide, en Allemagne dans l'espoir de rencontrer Hitler, qui ne les recevra pas. Il ira également à Moscou. Il s'engage dans la guerre civile en Espagne contre le franquisme et prendra part au combat. Il rejoint le général de Gaulle et s'engage dans la Résistance, ce qui lui vaut l'honneur de prononcer son célèbre discours, lors du transfert des cendres de Jean Moulin au Panthéon, à Paris, le 19 décembre 1964.

À la décolonisation, il devient le ministre préféré de De Gaulle qui le nomme ministre d'État chargé des Affaires culturelles, en 1959. Il fut le premier ministre des Affaires culturelles d'une démocratie. De par sa célébrité en tant qu'écrivain et excellent connaisseur des arts, il est en contact avec les auteurs qui comptent dans le domaine des arts et des lettres, mais aussi dans le milieu politique. Il ne pouvait pas ignorer, dès lors, l'existence des objets d'art africain que détenaient certains collectionneurs ou entassés dans les salles du Trocadéro, à Paris, où il aimait se rendre pour voir « quelques pièces et témoignages plus ou moins authentiques de la civilisation khmère » [1]. Quel intérêt, quel regard portait-il sur les objets d'art africain, ces « fagots » [2], comme il les désigne ? N'était-il pas lui aussi nourri de l'idéologie de l'époque ? La France est alors, dans la première moitié du XXe siècle et de l'entre-deux-guerres, celle des expositions coloniales universelles, avec ses pavillons et ses « villages ethniques » reconstitués, donnant en spectacles la vie quotidienne des populations colonisées. La première exposition universelle européenne eut lieu à Londres, en 1851 et fut suivie par d'autres, organisées en France, en Belgique et en Russie. Dans les espaces affectés aux différents pavillons, la danse était une des activités les plus en vue.

Telle est la France de Malraux avec ses divers courants qui ne lui étaient pas étrangers. En contact avec les grands artistes, peintres et écrivains de l'époque, – Derain, Picasso, Tristan Tzara, les surréalistes, André Gide –, André Malraux était imprégné à la fois de la culture de son temps, celle des

---

1 Jean Lacouture, *Malraux…*, 1996, p. 41.
2 André Malraux, *op. cit.*, 1996, p. 341.

expositions coloniales, de l'exotisme et de l'orientalisme, mais aussi des progrès de la recherche dans le domaine des arts qui allait bientôt conduire au bouleversement du regard sur les productions culturelles et artistiques venues d'Afrique. Parmi ceux qui ont eu l'intuition de cette mutation, on peut citer un des amis de Malraux, André Gide, qui dans la préface du premier numéro de la revue *Présence Africaine*, après avoir rappelé ce qu'écrivait déjà Rabelais : « L'Afrique apporte toujours quelque chose de rare », s'est prononcé en ces termes sur ses mutations en cours : « Durant longtemps, les peuples dits civilisés n'ont guère prêté attention au monde noir de l'Afrique que pour l'exploiter. Il s'y mêlait parfois un peu de curiosité, de la part de certains, du moins, qui restent soucieux de l'étrange… » [1].

Un autre écrivain, Tristan Tzara, décrit avec précision la situation de la recherche à l'époque et le rôle de l'Afrique : « C'est l'Afrique qui a principalement influencé l'art moderne, au moment où les recherches d'ordre plastique devaient marquer une réaction contre le romantisme de la couleur par lequel les Fauves, en leur temps, s'étaient opposés aux Symbolistes maniérés et aux Impressionnistes attardés » [2]. Cette proximité avec le monde des arts et des lettres explique que dans son discours d'ouverture du Festival Senghor ait pu compter Malraux parmi les Européens qui ont découvert l'art nègre : « Ce sont les plus éminents des artistes et des écrivains européens qui l'ont défendu, de Pablo Picasso à André Malraux, dont je salue, ici, la présence comme un témoignage probant » [3].

Ce qui est troublant et qui peut poser problème, durant ces années 1930 très favorables à la découverte de l'art africain, c'est qu'on ne trouve pas trace de Malraux en Afrique noire. Cet écrivain de génie a pourtant beaucoup voyagé, avec souvent pour motif la découverte des arts. Écrivain célèbre, il voyage, en Europe, en Russie, aux États Unis, mais surtout en Asie, en Inde, en Indochine, on le voit aussi en Afrique, en Égypte, en Éthiopie, il ira aussi au Yémen. Cependant avant les indépendances africaines, point de traces des pas de Malraux en Afrique noire, à la découverte de l'art africain, plus spécifiquement des danses africaines ! C'est bien là que se situe notre incompréhension de cet homme de génie. Pouvait-il échapper à l'environnement fortement marqué par ce que l'on a qualifié de « racisme scientifique » [4], qui avait tant marqué les mentalités qu'il ne venait pas à l'esprit, selon l'observation de l'historien, Elikia M'Bokolo, une autre vision

---

1 André Gide, *Avant-propos Présence africaine*, 1947, p. 3.

2 Tristan Tzara, *Découverte des arts dits primitifs…*, 2006, p. 31.

3 Léopold Sédar Senghor, « Fonction et signification du 1er Festival mondial des Arts nègres », dans *Liberté 3*, 1966, p. 59.

4 Anne Decoret-Ahiha, *Les danses exotiques en France 1880-1940*, Recherches Centre National de la danse, 2004, p. 25.

du monde qu'une vision inégalitaire et chargée d'exotisme : le Noir, (le Nègre, comme on disait alors) était un être inférieur, primitif, fétichiste ?

Michel Leiris était présent à Dakar au Festival mondial des Arts nègres, où il a quelquefois fréquenté les cabarets de jazz à l'époque. Il exprime à sa manière comment ses contemporains et lui-même pouvaient se représenter l'Afrique, depuis la France ou l'Europe. Il écrit, en effet, dans *L'Afrique fantôme* que la Mission ethnographique et linguistique, Dakar Djibouti, 1931-1933,organisée par l'Institut d'ethnologie de l'Université de Paris et le Museum d'Histoire naturelle, conduite par Marcel Griaule, et dont il était lui-même un des membres, a été pour lui l'occasion de découvrir une autre Afrique qu'il n'avait connue jusque-là « que sous son éclairage de légende » [1], c'est-à-dire à travers les stéréotypes, les écrits des ethnologues, des explorateurs ou les rapports des administrateurs coloniaux. C'est Malraux lui-même, précise-t-il, qui lui suggéra le titre de l'ouvrage rassemblant ses notes de voyage. On peut alors se demander à quel moment Malraux a découvert les danses de l'Afrique.

À quel *moment* découvre-t-il donc l'autre Afrique, celle de la réalité, la vraie Afrique et ses danses ?

Malraux insistera sur le moment où l'art africain a été découvert par Picasso, Derain, Matisse, ce qu'il rappelle dans le discours de Dakar :

> Lorsque la sculpture africaine surgit dans le monde, lorsque quelques artistes commencent à pressentir qu'ils sont en face d'un grand art, le domaine de référence de la sculpture, quelle qu'elle soit, c'est l'art gréco-romain ; la sculpture se réfère à ce qu'on appelle alors la nature, soit par imitation, soit par idéalisation. Vous savez évidemment que la sculpture africaine ne se réfère pas à une imitation, moins encore à une idéalisation. Mais on sait moins bien qu'en s'imposant lentement et de façon décisive au monde entier la sculpture africaine a détruit le domaine de référence de l'art. Elle n'a pas imposé son propre domaine de référence ; le sculpteur qui avait créé ses masques n'a pas imposé sa magie. Mais l'art africain a détruit le système de référence qui le niait et il a puissamment contribué à substituer à l'Antiquité gréco-latine le domaine des hautes époques » [2].

Cette mutation, cette révolution dans la conception de l'art s'est produite lentement, avec Matisse, Picasso qui marque d'une touche africaine son fameux tableau « Les demoiselles d'Avignon ». Elle s'est faite de manière décisive et irréversible. Elle a conduit à l'abandon de l'Antiquité gréco-romaine comme référence dans le domaine de la sculpture, c'est-à-dire l'abandon de l'idée que l'art est imitation ou copie de la nature. Elle a fait reconnaître comme patrimoine de l'humanité, la grande sculpture de l'Inde, la grande sculpture de la Perse, la sculpture du bouddhisme, Sumer et les

1 Michel Leiris, *L'Afrique fantôme*, 1988, p. 7.

2 André Malraux, *op. cit.,* 1996, p. 334.

précolombiens. Tristan Tzara, un des grands collectionneurs d'art africain de l'époque, poète et fondateur du mouvement Dada, insiste sur l'importance de cette découverte :

> En ouvrant des voies nouvelles à la création artistique, cette découverte eut une influence certaine sur la démarche des idées. C'est le climat de sympathie créé par les artistes au début du siècle qui a permis d'étudier les formes de sensibilité propres aux arts de l'Afrique noire. Il ne s'agit plus désormais de regarder ces productions sous l'angle de la curiosité ou de l'exotisme, mais avec la même rigueur que lorsqu'on pénètre dans le monde de la statuaire égyptienne ou grecque archaïque [1].

Mais, la sculpture n'est pas la danse, au premier abord. Selon Gide, c'est d'abord la musique et la danse, dit-il, qui firent :

> irruption dans notre savante culture et bouscula soudain nos clefs de sol, nos modes, nos subtils et délicats moyens d'expression de l'âme par les sons. Triomphante sensualité ; jouvence. Le jazz ne s'adressait plus tant, ou plus du tout, à la seule intelligence, mais à notre machine entière, que les battements de son rythme exaltaient. Comme Antée reprenait vaillance dans son contact avec le sol, la communion avec une élémentaire et sauvage énergie régénérait nos forces déclinantes… Puis ce fut le tour des arts plastiques. On découvrit les masques, les statuettes, d'étranges figures sculptées et peintes. Elles cessèrent de paraître informes ou hideuses dès l'instant où l'on consentit à ne plus les comparer aux canons gréco-latins où nous avions jusqu'alors cantonné notre concept occidental et septentrional de la beauté » [2].

Le jazz est, en effet, musique et danse à la fois. La danse reconnue comme rythme et émotion, dans l'énumération de Gide elle vient en premier, ensuite ce fut le tour des arts plastiques puis des masques, des statuettes.

Pour Malraux, la danse est « l'une des expressions les plus nobles de l'Afrique, comme de toutes les cultures de haute époque » [3]. Il reconnaît par ailleurs que « c'est à travers sa sculpture que l'Afrique reprend sa place dans l'esprit des hommes ». À ce titre, elle est le plus grand des arts africains. L'Europe a d'abord reconnu la sculpture comme art, avant de s'intéresser à la danse. Cette reconnaissance, cet intérêt pour l'art est le résultat de la recherche des artistes de l'époque qui va conduire progressivement à la découverte de l'art africain. De ce point de vue, la sculpture, qui se compose entre autres des masques et des statuaires, est première. Ces sculptures – masques et statuaires – sont des symboles, des signes chargés d'émotion et créateurs d'émotion. Ce sont des œuvres créées dans un univers magique, c'est-à-dire

1 Tristan Tzara, *Découverte des arts dits primitifs…*, 2006, p. 62.
2 André Gide, *op. cit.*, *Présence Africaine*, *1*, 1947, p. 5.
3 André Malraux, *op. cit.*, Gallimard, 1996, p. 331.

religieux, et destinées à être des objets de culte. Elles ont leur utilité pratique, leur efficacité. Elles n'ont pas été créées pour être dans un musée, exposées au public, au regard esthétique, contemplatif et désintéressé. En tant que telles, elles ont en commun avec la danse le même univers magico-religieux, le monde ancestral.

Ce sur quoi Gide insiste, par contre, c'est sur l'élément déclencheur de cette mutation qui va conduire à cette reconnaissance : c'est le changement de regard, la découverte de cette façon nouvelle de bouger le corps, de vivre le rythme et d'avoir des émotions semblables à celles que provoque le jazz dont la musique ou le rythme est naturellement danse, comme l'expression corporelle est sensuelle, vie. Ce qui veut dire que, au moment où l'Occident découvre ou reconnaît l'art africain, il y était déjà préparé grâce à la danse et à la musique de jazz qui ont provoqué ce changement de regard.

Le voyage en Afrique noire va le mettre au contact des danses africaines au moment des Indépendances. Il a donc fallu attendre jusqu'à cette période, c'est-à-dire après 1958. Les occasions vont alors se présenter pour Malraux. Membre influent dans le gouvernement du général De Gaulle, il sera amené non seulement à rencontrer les hommes politiques africains qui allaient présider aux destinées de leurs pays, mais aussi à se rendre physiquement en Afrique et prendre contact ainsi avec les populations de ces pays, avec la réalité africaine. La proclamation des indépendances, dans les années 1960, sera fêtée dans chacun de ces pays par des populations en liesse, exprimant leur joie avec des chants et des danses, au rythme des tam-tams, des balafons et de la kora, dont la variété répondait à la diversité des ethnies qui composent la nation. La succession des visites officielles, ici et là, mobilisait des foules en fête, mêlant jeunes et adultes, hommes et femmes, accompagnant, tout au long de leurs interminables cortèges de voitures flambant neuf, les autorités et leurs invités. André Malraux, ministre d'État chargé des Affaires culturelles, dès 1959, y a quelquefois représenté le gouvernement français On est alors loin de l'ambiance des expositions coloniales. Il a ainsi pu visiter dans des conditions particulières et exceptionnelles, lors de ces festivités, les capitales africaines. Mais les festivités des indépendances n'étaient pas les seuls motifs des déplacements d'André Malraux en Afrique. Il y a eu aussi des raisons politiques ou diplomatiques.

Émile Biasini, que Malraux appelle à ses côtés, d'abord comme conseiller technique, en 1960, puis comme Directeur du Théâtre, de la Musique et de l'Action culturelle, en 1961, est l'un de ses proches collaborateurs qui a joué un rôle important dans la vision que Malraux a de la danse africaine. Sa mission a été, à la direction de l'Action culturelle, la mise en œuvre du projet majeur d'André Malraux, les Maisons de la Culture, conçu par Gaétan Picon, « la tête pensante du projet ». Il n'est pas exagéré de penser que Biasini lui a fait découvrir les danses africaines, qu'il redécouvrira, plus tard, dans leur diversité et leur vitalité, lors des festivités de l'indépendance, et qui seront à l'honneur au Premier Festival mondial des Arts nègres. À Dakar, il a eu droit lors du Festival, comme tous les autres invités, écrivains et artistes, à leur arrivée, d'être accueilli à l'aéroport par des danses. La danse sera de nouveau au rendez-vous au Tchad. En effet, invité à la célébration du premier anniversaire de l'Indépendance de ce pays, le 1er janvier 1961, à Fort Lamy, Malraux fera l'éloge de la danse dans son discours :

> Ce soir, disait-il, la plus puissante expression de l'Afrique, la danse millénaire, reprendra possession de la place – la même danse peut-être que la nuit de la naissance de Rome, que la nuit de la chute d'Athènes, que le soir du sacre de Napoléon. Si elle doit disparaître dans le musée d'alors où sont rassemblés les chefs d'œuvres de votre sculpture, on rêvera d'elle comme nous rêvons de la danse disparue de la foule antique quand nous lisons les chœurs d'Eschyle.

L'on entrevoit déjà, ici, les thèmes du discours de Dakar, le séculaire, le sacré, la mort, l'Antiquité et les musées. Lorsqu'il arrive à Dakar, au Premier Festival mondial des Arts nègres, il se montre discret à l'égard des danses africaines pourtant magistralement bien représentées par les artistes des pays africains, d'Amérique, des Caraïbes. Il semble plutôt intéressé par « l'exposition d'arts premiers » du Festival. Ici, il ne cache pas son admiration nettement affichée pour les masques dogons, les statues et les fétiches, les têtes de bronze d'Ife du Nigeria, datant du XIVe siècle et déjà signalées par Frobenius en 1911, le masque fang en bois prêté par le Gabon et qui bouleversa Vlaminck, Derain, Matisse, Picasso.

En 1966, à Dakar au 1er Festival mondial des Arts Nègres, il maîtrisait parfaitement son sujet, ce qui explique qu'il se soit permis de faire la leçon aux gouvernants africains donnant sa conception de la danse africaine qu'il considère comme danse sacrée ou ancestrale, tout en reconnaissant l'influence de l'Afrique dans le monde marqué par le rythme et l'émotion.

Il centre son discours sur la survie et la vitalité des danses africaines, provoquant ainsi ce qui représente la réponse d'Aimé Césaire, à savoir que « la danse est dans l'homme, dans l'émotion de l'homme ».

Quand, invité à tirer les conclusions du colloque, Césaire prit la parole, Malraux avait déjà quitté le Festival pour retourner en Europe. C'est donc en son absence qu'il a répondu à son discours.

Du discours de Malraux, Césaire retient deux points sur lesquels il va centrer sa réponse : d'une part que « la danse africaine, danse, séculaire ou sacrée, est en train de mourir », d'autre part sur ce que l'on a dit : « essayons de retrouver l'âme africaine qui conçut les masques : à travers elle nous atteindrons le peuple africain… Ce qui a fait jadis les masques, comme ce qui a fait jadis les cathédrales, est à jamais perdu ». Sur ces deux points que répondre à Malraux ? Césaire répondra qu'il se trompe et s'explique en ces termes : que le problème est mal posé et qu'il ne s'agit pas de refaire les masques, pas plus que pour l'Europe, il ne peut s'agir de refaire les cathédrales. Mais alors me dira-t-on que faut-il faire pour assurer à l'art africain – et non pas à l'art des Africains – une survie et une vitalité nouvelle dans un monde moderne pour lequel il n'a pas été fait et dont tous les éléments conspirent à sa disparition ? [1]

Ce discours est bien conçu par Césaire comme une réponse au ministre français. Césaire soulève une question de méthode. Malraux a mal posé le problème. Lorsqu'il le pose en termes d'art, il ne tient pas compte de la spécificité de l'art africain. Il aborde l'art sous l'angle des œuvres d'art, des productions artistiques, donc de la chose, ou de l'objet, de l'œuvre que l'on contemple au musée, dans les galeries d'art ou dans son *Musée imaginaire*. Ce n'est pas en termes d'art, c'est en termes humains qu'il faut poser le problème de l'art africain et c'est la considération même du caractère spécifique de l'art africain qui nous amène à adopter cette optique. En effet, dans l'art africain ce qui compte ce n'est pas l'art, c'est d'abord l'artiste, donc l'homme [2].

Il faut rappeler que pour les écrivains de la Négritude, dont fait partie Césaire en tant que co-fondateur de ce courant de pensée littéraire et culturelle, parler de l'art africain implique tous les arts : ils reconnaissent l'unité des arts. Pour illustrer cette conception, il suffit de se référer précisément aux masques pris comme exemple par Malraux et que Césaire reprend. Les masques, tout comme les statues nègres, sont avant tout utilitaires. Ils répondent à des besoins religieux et sociaux. L'univers auquel ils appartiennent, univers de la magie, confond vie sociale et religion. Ils représentent souvent des portraits d'ancêtres. Léopold Sédar Senghor les invoque dans ses poèmes. Il s'adresse aux ancêtres pour recueillir leur message il leur adresse ses prières comme dans ce poème de *Chants d'ombre*, « Prière aux Masques [3] », où il s'adresse à chacun de ses ancêtres représenté par un masque bien déterminé :

> Masques ! O Masques !
> Masque noir masque rouge, vous masque blanc et noir,
> Masques au quatre points d'où souffle l'Esprit
> Je vous salue dans le silence !
> Et pas toi le dernier, Ancêtre à tête de lion.

Le masque de l'« Ancêtre à tête de lion », évoque le père du poète. Les masques représentent des portraits d'anciens, comme des animaux. Ils servent souvent à des cérémonies d'initiation, des danses rituelles, ou simplement à des fêtes. Leur fonction est de faire passer de l'univers visible des vivants à l'univers invisible des ancêtres. Derrière les masques, il y a le spirituel, l'esprit

---

1 Annick Thébia-Melsan (dir.), *Aimé Césaire, pour regarder le siècle en face*, 2000, p. 24-25.

2 André Malraux, *op. cit.*, Gallimard, 1996, p. 25.

3 L. S. Senghor, « Prière aux masques », dans *Œuvre poétique*, 1990, p. 25.

des ancêtres. André Malraux l'a très bien vu, dans le même discours prononcé au Premier Festival mondial des Arts nègres : il ne doute nullement que les masques nous parlent, ils parlent à ceux à qui ils sont destinés. Il faut savoir les écouter.

Lorsque nous sillonnons les villages et observons nos danses, à bien regarder les masques, ils sont portés par des danseurs et sont souvent peints. Ceux qui les portent ont aussi souvent le corps peint. La danse elle-même est souvent accompagnée par les instruments de musique appropriés, le tam-tam étant l'instrument roi qui marque le rythme inséparable de l'émotion. Ces différents arts qui se retrouvent en dialogue, musique, danse, masque et sculpture, sont unis en leur essence par le rythme et l'émotion, ils ont une signification, ils sont symboles, « métalangage ».

En posant donc le problème en termes d'art, ce que lui reproche Césaire, Malraux peut, en effet, considérer comme inutile de rechercher l'âme africaine qui jadis a créé les masques, de même que l'âme qui fit les cathédrales. On ne les retrouvera plus jamais. Elles ont disparu avec le monde auquel elles appartiennent. C'est au Moyen Âge que furent construites les cathédrales que nous admirons encore aujourd'hui. Elles existent encore en tant qu'œuvres d'art, architecture gothique, marquée par le style scolastique, comme l'a bien montré Panovsky, sans que l'on se préoccupe de ceux qui les ont construites. Il en est de même des masques. Le monde de la magie auquel ils appartiennent n'est plus ou est en voie de disparaître.

Mais avec Césaire, en posant le problème autrement, particulièrement, concernant l'art africain, c'est une autre façon de considérer la survie et la vitalité de l'art africain qu'il nous propose. Quand il est question de l'art africain, ce qu'il faut considérer, c'est la dimension humaine, l'homme : l'artiste. Il faut donc se référer à l'identité de l'artiste, de l'homme, qui inclut non seulement la dimension psychologique, les rapports sociaux, mais aussi l'histoire, la culture en somme. Ainsi, l'art africain se distingue de l'art de l'Europe, en ce sens qu'il est dès l'origine et depuis toujours, « métalangage » et non imitation. Qu'est-ce à dire ?

L'imitation est une reproduction, une réduplication de ce qui est déjà là, en face du sujet, distant et distinct de lui. Elle n'est pas fusion ou symbiose, ni communication, ni vie. Elle introduit la distance entre le sujet et l'objet, elle est copie figée, pâle copie du réel, entité dégradée par rapport au réel. C'est une photographie. Elle n'est pas création. Il n'y a pas de mouvement. Qu'est-ce qui manque aux statues grecques, aux représentations d'Apollon, d'Athéna ? C'est la vie, la richesse de la vie. Ce sont des représentations stylisées, idéalisées. C'est tout le contraire s'agissant de l'art africain. Il n'a jamais été savoir-faire technique, car il n'a jamais été copie du réel, copie de l'objet ou copie de ce qu'il est convenu d'appeler le réel. Cela est vrai pour le meilleur de l'art européen moderne, mais cela a toujours été vrai pour l'art africain. Dans sa critique, Césaire ne manque pas de faire allusion à l'histoire de l'art et à la révolution que l'art africain a provoquée dans le milieu européen, une rupture avec la vision ancienne, la référence grecque. L'art européen a donc pu évoluer. Et l'art africain devient la nouvelle référence.

Avec cette façon neuve de concevoir les choses, il devient nécessaire de poser le problème fondamental de la survie et de la vitalité de l'art africain. Ce ne sera pas dans les mêmes termes que chez Malraux qui estime qu'« il appartient aux gouvernants africains » d'assurer la survie et la vitalité de cet art. C'est à l'artiste, réplique Césaire, qu'il faut s'adresser, au créateur des œuvres. L'argumentation de Césaire commence par une mise en garde à l'artiste africain qui voudrait imiter l'art européen ou même l'art africain. La tentation est grande, en effet, après tant d'années où l'art africain a été nié et n'a pas été reconnu, où particulièrement nos danses ont été considérées péjorativement comme ethniques, exotiques, primitives, et même comme obscènes, du fait de la nudité des danseurs et danseuses noirs, et de cette nouvelle façon de bouger le corps. Nos arts, et singulièrement nos danses, du fait de leur ancrage dans l'oralité, ont une histoire imparfaitement connue. Parce qu'elles ne sont pas écrites, elles ont été présentées comme n'ayant pas d'histoire, contrairement aux arts d'Europe dont on peut suivre, grâce à l'écriture, l'évolution progressive, et conclure de ce fait à leur supériorité. Pour éviter de tomber dans le piège de l'idéologie raciste et colonialiste de l'inégalité des races, la mise en garde d'Aimé Césaire paraît salvatrice.

Césaire est catégorique : dans un cas comme dans l'autre, l'imitation conduit à l'échec. Imiter même par souci d'authenticité ou de fidélité à ses racines est voué à l'échec. L'art africain ne peut même pas être copie de soi-même. Ce qui est passé est passé. Tristan Tzara est du même avis que Césaire :

> La conquête de l'Afrique noire par les Blancs a provoqué un dérèglement brusque des conditions de vie des peuples noirs que l'on peut considérer l'art ancien nègre comme une époque à tout jamais révolue. Ce n'est plus que dans de rares régions que la tradition des sculpteurs africains a été maintenue. Mais le souffle des artistes n'est plus capable comme auparavant d'animer leurs œuvres de l'esprit créateur et inventif. Celles-ci ne sont que les copies de modèles anciens. L'Afrique est en train de franchir une étape, il serait illusoire de croire à une continuité harmonieuse qui ferait le jeu de ceux qui préfèrent son immobilisme à la marche de l'histoire.

Avec Tzara, on saisit bien ce qui est en jeu : le développement de l'Afrique, sa dynamique, sa marche dans l'histoire. C'est faire, dit-il, « le jeu de ceux qui préfèrent son immobilisme à la marche de l'histoire » que de croire à une « continuité harmonieuse », que l'imitation, donc la répétition, peut seule assurer.

Ce qui fait donc la spécificité de l'art africain, c'est qu'elle est « recomposition de la nature », on pourrait dire une nouvelle création, celle dont l'auteur serait l'homme lui-même. Il ne s'agit pas ici d'une création *ex nihilo*, surnaturelle, qui appartient à la Toute-Puissance de Dieu. L'artiste qui crée est un homme *inspiré*. Il y a équivalence entre inspiration et création. Un artiste inspiré est un artiste qui crée, innove, renouvelle notre perception ou notre regard sur le monde. Dans son Discours, Césaire nous parle de « rythme », « profondément senti et vécu », donc de sensibilité, d'« émotion », de « vie », de « signification », donc de sens, de « communication » et de « langage symbolique », « métalangage » au-delà du langage ordinaire, du langage de tous les jours, celui des signes en usage pour exprimer nos besoins vitaux. L'art africain, tel qu'il est décrit par Césaire, est un langage avec le monde extérieur, avec l'objet. La communication est ici totale, elle s'instaure entre l'artiste et l'objet, et repose sur un langage symbolique « et non pas cette forme de communication appauvrie que constitue le langage ». Le langage symbolique de l'art est fusion.

Si nous revenons au problème que nous avons posé au début de notre étude, sur la place de l'inné dans la danse, le *Discours* de Césaire nous permet de clarifier nos deux imaginaires en nous ramenant à l'homme. Il apporte, en effet, cette précision importante pour notre propre thèse : « l'art africain comme tout grand art, ... en tout cas plus que tout autre et depuis longtemps, si ce n'est depuis toujours, est d'abord dans l'homme, dans l'émotion de l'homme, transmise aux choses par l'homme et sa société ».

Nous reconnaîtrons à partir de là que la danse n'est pas dans le sang, elle est dans l'homme mais dans l'émotion de l'homme. Or l'émotion, c'est la sensibilité, expression de l'union intime et substantielle de l'âme et du corps. Césaire montre bien que la survie et la vitalité de l'art africain dépendent des relations de l'homme africain avec sa culture propre. Il périra s'il se coupe de ses racines, de ses sucs nourriciers, de ses réserves millénaires, de son passé, de ses légendes, de sa sagesse. N'est-ce pas une façon de dire qu'il s'agit de la culture ? Il y a, disait Césaire, dans sa Lettre à Maurice Thorez : « deux façons de se perdre par ségrégation murée dans le particulier ou par dilution dans l'universel ». Il faut résister aux tentations nombreuses de la modernité, mais en même temps, il faut éviter de s'enfermer sur soi. D'où cette forte recommandation de Césaire :

> Si au contraire, l'homme africain conserve et préserve son assurance, sa générosité, son humour, son rire, sa danse, s'il se campe fièrement sur sa terre non pas pour s'isoler ou pour bouder mais au contraire pour accueillir le monde, alors l'art africain continuera. Bien sûr il aura évolué... Il se sera transformé mais c'est tant mieux...

Ce qui se nomme également « enracinement et ouverture ». Ces expressions ne sont pas le texte de Césaire. Ils ne sont pas en contradiction. C'est encore de l'homme dont il s'agit, analysé sous l'angle de la psychologie, de son comportement et des valeurs. Tous ces termes sont la marque d'un homme qui a confiance en soi, qui a le sens de la vie et le goût de vivre, qui a de l'humour. « Il y a un humour nègre, dit Senghor, qui est la réaction de la vie, par le rire, devant une situation inhumaine ». Un tel homme n'est pas fragilisé par le doute, un homme de caractère, qui a du cœur, un sens élevé de la solidarité, fier de son terroir, de sa culture, de son histoire, de son patrimoine. Mais, ces traits de caractère s'acquièrent par l'éducation, prioritairement dans la famille. Rien ici n'est donné, rien ne vient du « sang ».

Il devient alors clair que la danse africaine qui est restée près des sources, qui ne s'est pas coupée de ses racines ancestrales continuera d'exister comme le laisse entendre Aimé Césaire. Mais comment se nourrir de ses racines et ne pas être une reproduction, une répétition, une copie de la tradition ? Comment évoluer sans se couper de ses racines ? S'il y a évolution, il y a changement. S'agissant de la danse, la danse traditionnelle se distingue-t-elle de la danse africaine moderne et contemporaine ? Sur ces questions qui ont fait l'objet de discussions qui se poursuivent encore aujourd'hui dans le milieu des spécialistes et des chorégraphes, le *Discours sur l'art africain* d'Aimé Césaire apporte un éclairage qui permet de surmonter la difficulté.

En effet, si comme il le dit, l'art africain se trouve dans l'homme, il ajoute cette précision, « dans l'émotion de l'homme », celle-ci est intrinsèquement liée au rythme. Or, l'émotion de l'homme, c'est la sensibilité, c'est le corps, et l'on voit bien que ce qui permet d'identifier l'art africain ou la danse africaine, c'est bien cette *« émotion de l'homme »*, c'est-à-dire l'homme tel que la société africaine par l'éducation le produit, lui ayant inculqué, dès la naissance, par imprégnation, en agissant sur son corps, les schèmes de comportements et les valeurs qu'elle décide pour ses membres. Tout l'environnement culturel spécifique dans lequel baigne l'enfant africain dès la naissance, les contacts avec la mère et les membres de la famille, du village, du groupe vont influer sur la sensibilité de l'individu, dès lors au centre d'un réseau multiple de relations. Tant que subsiste ce souci de l'homme, ce sens de l'homme se définissant dans son rapport au monde, aux choses, aux autres hommes, sans oublier les ancêtres, pris en compte dans l'éducation dès la prime enfance, la spécificité de l'art africain sera assurée et compatible avec l'évolution, le changement. Il en sera ainsi de la danse africaine. La tradition n'est pas immobilisme elle est intrinsèquement liée à la transmission qui implique mouvement, changement, innovation et création.

Une dernière question se pose. André Malraux en appelle aux gouvernants africains pour garantir la survie et la vitalité de l'art africain, en particulier de la danse africaine. Aimé Césaire n'a pas recours aux gouvernants africains, mais plutôt à l'artiste. Est-ce à dire que Césaire sous-estime la capacité des dirigeants politiques ? Dès lors qu'il est reconnu que la survie et la vitalité de l'art africain dépendent des relations qu'entretient l'artiste avec sa culture, il devient clair que tout gouvernant africain qui a le souci du rayonnement de l'art africain doit élaborer une politique culturelle qui ne se coupe pas de ses sources.

Ces deux auteurs ne se rejoignent-ils pas, en fin de compte, sur ce point ?

III. La culture comme héritage social

1. Ralph Linton et le culturalisme

Il ressort des analyses précédentes que, comme tout phénomène social, l'art, et à plus forte raison la danse, n'est pas un don de la nature, mais un phénomène construit à travers l'histoire et les pratiques. Il est un moyen de communication sociale qui utilise les harmonies et les discordances des formes, de l'expression et des sons pour transmettre des émotions. L'activité artistique est un facteur d'organisation sociale permettant aux individus d'agir sur leur propre milieu. Après avoir montré dans les chapitres précédents, que la danse est une pratique culturelle socialisante, il faut maintenant expliciter la notion de culture à laquelle j'ai fait référence.

La question qui se pose immédiatement est : comment concilier la culture avec ces notions qui accompagnent tout art, particulièrement la danse, le génie, le talent, l'émotion et le rythme, l'inspiration ? En d'autres termes, quelle est la place du naturel dans la culture ? Qu'est-ce que la culture ? Cette question permet d'expliciter le choix du modèle théorique que j'ai privilégié : il s'agit du courant culturaliste des anthropologues américains, parmi lesquels Ralph Linton occupe une place capitale.

Il est intéressant de noter qu'au moment même où les anthropologues américains empruntaient dans leurs travaux de recherche la voie qui allait les mener au culturalisme, les Européens, dont Mauss, prenaient la même direction sans qu'on puisse parler d'influence des uns sur les autres. Il n'est pas rare dans l'histoire des sciences que des chercheurs, appartenant à la même époque, opérant en des lieux différents, s'ignorant presque, donc sans relations directes, sans s'influencer directement, se posant les mêmes questions, aboutissent à des résultats identiques. On peut citer le cas de Newton et de Leibniz au XVIIe siècle, s'agissant de la loi de l'attraction universelle. C'est cette même situation que l'on constate, dans les années 1930, s'agissant des travaux des anthropologues américains et de ceux des sociologues français.

L'homme est un être social et culturel. Les anthropologues américains vont approfondir ce concept de culture. Le courant culturaliste est, en effet, essentiellement constitué d'auteurs américains dont les plus souvent cités sont Ruth Benedict, Margaret Mead, Ralph Linton, Abram Kardiner. Comme nous l'avons indiqué dans l'introduction, ils ont été marqués par la personnalité et l'enseignement de Franz Boas qui leur a inculqué la recherche de la spécificité des cultures et le rejet de l'évolutionnisme. Dans la définition du culturalisme, l'accent est bien mis sur l'étude des caractéristiques d'une culture. C'est reconnaître l'existence de la diversité des cultures, qu'elles sont autonomes, particulières. Rechercher les caractéristiques d'une culture, c'est rechercher ce qui la distingue des autres, ce qui lui est propre, comme par exemple ses coutumes qui dictent des conduites, des comportements aux membres de la société. Les coutumes sont des conventions. Ainsi, chaque peuple à sa façon d'agir, de penser, de réagir. Chaque société a son mode de penser, ses manières d'être, ses manières de se comporter. C'est mettre l'accent sur le vécu, l'affectif. C'est donc considérer la société comme un individu dont on peut étudier la personnalité.

Nous sommes bien dans un rapport à la psychologie, à la psychanalyse. Identifier ici la culture et le vécu, c'est reconnaître en même temps que la culture est l'aspect humain du social, en d'autres termes que la culture consiste dans le comportement affectif de ses membres. Désormais les faits culturels peuvent être traités psychologiquement. Les culturalistes vont donc réintroduire dans l'étude du social, l'humain, afin de comprendre le social, non seulement comme ce qui se réalise à travers les hommes, mais comme ce qui est vécu et agi par eux.

Nous avons choisi de nous intéresser à Linton qui nous semble le plus représentatif de ce courant. Nous avons emprunté à ses biographes les éléments de bibliographie et de biographie qui ont servi pour cette brève présentation de sa pensée.

Linton a été professeur à Yale University, New York. Il a beaucoup publié. Il s'est intéressé à l'ethno-psychiatrie avec le projet de préparer un ouvrage de synthèse sur l'évolution de la culture. Anti-évolutionniste, pour rendre compte de sa pensée sur ce point, il utilise la métaphore de l'arbre, non pas celle qui a un tronc unique avec ses branches qui s'étalent. Mais plutôt celle du « *banian* », un arbre des Tropiques, dont les branches se croisent, fusionnent, redescendent sous forme de racines adventives aériennes, qui deviennent à leur tour des troncs de soutien. Malgré le fait que ses branches se croisent et s'étalent, grandissent au point de devenir une sorte de broussaille touffue, une espèce de jungle en miniature, le *banian* n'en reste pas moins une plante unique, avec un seul tronc, unique, le tronc principal. Cet arbre a inspiré des écrivains contemporains des Antilles qui s'en sont servi pour décrire la complexité de leur vécu culturel fait d'apports multiples et en même temps ouvert au monde, marqué à la fois par la diversité et l'ouverture au monde. Situation dont le terme « métisse » est, selon lui, incapable de rendre compte. La référence ici à cet arbre nous évoque Descartes, le père du rationalisme moderne qui, dans sa Lettre Préface aux *Principes de la Philosophie*, s'en est servi pour définir la philosophie : « toute la philosophie est comme un arbre dont les racines sont la métaphysique, le tronc est la physique, et les branches qui sortent de ce tronc sont toutes les autres sciences ».

Linton privilégie donc la métaphore du *banian*, qui renvoie à l'idée d'évolution, dans l'ouvrage de synthèse qu'il préparait mais ne publiera pas. Il meurt en décembre 1953. C'est Aline Linton, sa femme, qui a rassemblé les manuscrits inachevés de son mari, ainsi que ses cours publiés en 1948, et les notes prises par sa secrétaire, Claire Vernick, pour en faire la synthèse qu'elle publia sous le titre *The Tree of Culture*. L'évolution de la culture y est comparable au *banian*, en ce sens que, malgré sa diffusion, ses emprunts et son développement tous azimuts, on peut en suivre les traces jusqu'à ses origines préhistoriques. L'ouvrage comporte deux parties :

- La première traite du développement général de la culture : de la cueillette à l'agriculture – organisation tribale – accroissement des grands groupements locaux – apparition des villes…
- La seconde est consacrée à la croissance des civilisations. Il y est montré que toute culture est irrégulière. Il y a une diversité des cultures et chaque civilisation apporte sa contribution propre. Cette diversité et cette variété des contributions constituent un enrichissement, une richesse pour la culture mondiale.

Dans *Culture and Mental Disorders*, ensemble de notes consacrées aux influences culturelles dans les névroses et les psychoses, paru en 1956, publié par Georges Devereux, la première partie a pour titre « *Culture et personnalité* ». La culture y est définie comme un groupe organisé d'idées et de réponses apprises et partagées par les membres d'une société. Ce qu'il faut retenir ici, ce sont les idées d'organisation, d'apprentissage, de partage, de réponse qui renvoie à l'idée de besoin. Ces ouvrages posthumes de Linton montrent très nettement l'importance et la place centrale qu'occupe la culture dans ses écrits. Dès 1936, il présente sa conception de la culture comme « héritage social ». Ce concept de culture, dérivé du latin *Cultura* a été abondamment traité par les anglo-saxons, chacun avec sa définition propre. Nous rappellerons ici celle de E. B. Tylor, devenue classique, selon laquelle la culture est :

> La totalité des connaissances, des croyances, des arts, des valeurs, lois, coutumes et de toutes les autres capacités et habitudes acquises par l'homme en tant que membre de la société (1871).

La notion de culture englobe donc, selon cette définition, l'ensemble des traditions, des coutumes, des procédés, des représentations ou idées que possède une société humaine et qui la caractérise. Ce qui est important dans cette définition, c'est qu'elle identifie le fait culturel à l'acquis : c'est l'idée d'apprentissage. Tylor insiste sur le caractère acquis des faits culturels, rejetant, du même coup, ces explications avancées en Europe, qui attribuaient à la race, au biologique, les mœurs et les coutumes, fondées sur une idéologie qui a véhiculé, à travers toute l'Europe, l'idée de nations civilisées en l'opposant à l'idée de nations sauvages ou de peuples non civilisés, sans culture, sans histoire, de peuples primitifs. C'est à cette même idéologie que renvoie le stéréotype du noir dansant, « ayant le rythme dans le sang » largement diffusée à l'époque des expositions coloniales européennes, dont nous faisons ici la critique.

Tylor ouvre ainsi la voie à une anthropologie prenant la culture comme attribut commun à toute l'humanité. Au couple « race » et « coutume », va donc se substituer le couple « nature » et « culture », qui conduit à l'affirmation que l'homme est un être social et culturel.

Mais revenons à la définition de Linton. S'il partage avec ses collègues ces caractéristiques qu'ils attribuent à la culture, il va plus loin en refusant le débat historique entre nature et culture. Pour lui, la culture n'est ni simplement juxtaposée, ni simplement superposée à la vie : elle se substitue à la vie, elle l'utilise et la transforme pour l'apparition d'un ordre nouveau typiquement humain. C'est l'idée d'apprentissage avec ses semblables qui le conduit à cette conception. L'apprentissage est donc capital. En effet, la principale voie de transmission se fait dans le groupe social en partant des plus vieux aux plus jeunes, des parents aux enfants. L'homme est à la fois *homo sapiens* et *homo socius.* C'est cette double qualité humaine qui donne à la culture son existence et sa raison d'être, qui la fonde scientifiquement, logiquement et philosophiquement.

Nous retrouvons ainsi les concepts essentiels pour définir la culture : l'idée de configuration des comportements acquis, l'idée d'organisation, de modèle, l'idée de totalité organisée, c'est-à-dire construite. La configuration correspond à ce que Linton appelle par ailleurs « le mode de vie global d'une société ». En ce sens, toute société possède sa propre culture. La culture est donc cette totalité organique, organisation structurée de conduites apprises et transmises, la voie de transmission ayant lieu des plus anciens aux plus jeunes, des parents aux enfants, entre les membres de la même société. Ce qui se transmet des parents aux enfants, des plus vieux aux plus jeunes, c'est ce qu'il appelle « *l'héritage social* », propre à chaque société, diversifié donc, et spécifié. En tant que telle, la culture est une et multiple.

On peut aborder la culture sous deux aspects : dans son sens général, elle désigne l'héritage social de tout le genre humain ; dans son sens spécifique, elle désigne un type particulier d'héritage social. Ainsi, la culture dans son ensemble se compose d'un grand nombre de cultures particulières, dont chacune est caractéristique d'un certain groupe d'individus. Linton se montre sensible par là au caractère historique, à la continuité culturelle. L'homme est culturel dès l'origine jusqu'à nos jours. Il est dans la culture. Dans sa totalité la culture représente « l'héritage social » de notre espèce.

La prise en compte de la dimension historique de la culture permet ainsi à Linton d'envisager la culture sous un autre aspect aussi essentiel, celui de son dynamisme. Ce qui précède met en évidence le lien intrinsèque entre le fait culturel et l'humain. En d'autres termes, tout fait culturel est un fait humain. Tout fait est un fait construit, comme dans la science. L'homme est un être culturel et social. Il naît dans la culture. Toute culture est animée d'un dynamisme qu'il tient de l'histoire. C'est dire qu'il n'y a pas de culture figée, statique. Les cultures se croisent, se brassent entre elles, se font des emprunts mutuels de traits singuliers ou d'ensembles de traits.

Les sociétés ne sont pas statiques, elles subissent des changements, elles sont en mouvement, en évolution constante. Linton reconnaît à chaque société la capacité d'opérer des changements qui lui sont propres et à son propre rythme. Il rejette l'idée de sociétés primitives statiques, généralement défendue par les fonctionnalistes. Il est un adepte des changements culturels. Ce dynamisme observé entre cultures produit des changements à l'intérieur même d'une même culture. Aussi, le fait culturel doit être analysé, de son point de vue, dans son contenu, mais aussi en tenant compte de son aspect dynamique à l'origine de son évolution et de ses transformations, et qui donne ainsi aux cultures leur forme et leur contenu particulier. La notion d' « héritage social » est chez Linton ce qui garantit l'universalité de la culture humaine et le met à l'abri du risque d'un relativisme radical, excessif.

Pour conclure, nous avons annoncé au début de notre recherche que nous avions opté pour le modèle culturaliste, entendu au sens de Mauss, Bourdieu et Linton. Cette conception de la culture chez Linton, telle que nous venons de la rappeler, a nourri notre propre réflexion sur la place de la culture dans la « construction du danseur ». L'avantage avec Linton, c'est d'avoir refusé le débat historique entre nature et culture, en montrant que la culture n'est ni simplement juxtaposée, ni simplement superposée à la vie, à la nature, mais qu'elle se substitue à la vie, elle l'utilise et la transforme pour qu'advienne un ordre nouveau typiquement humain.

Dès lors, dans la construction du danseur, c'est l'apprentissage qui est primordial, donc l'éducation qui sera privilégiée. L'homme est culturel dès l'origine jusqu'à nos jours. Il est dans la culture. Le problème de l'inné que nous avons posé dès le départ, est résolu. Comment expliquer alors que nous continuons à penser, à croire à l'existence de l'inné ? Il faut aller plus loin. La réponse à cette question sera apportée par deux auteurs : Marcel Mauss et Pierre Bourdieu.

Il n'est cependant pas inutile, avant d'examiner les théories de ces auteurs, de rappeler le problème qui fait l'objet de notre recherche portant sur les deux imaginaires : celui de la représentation stéréotypée du Noir, danseur né, et celui du griot, homme de caste inférieur dans la société wolof du Sénégal, qui a reçu comme don de la nature, à la naissance, par hérédité, la danse et le chant, dont la pratique dévalorise et déshonore la personne qui n'appartient pas à cette caste.

2. Marcel Mauss : techniques du corps ou manipulations par les cultures

Le texte de Mauss sur les techniques du corps se trouve dans *Sociologie et Anthropologie.* Il a fait l'objet d'une publication dans le *Journal de Psychologie, XXXII,* et d'une présentation à la Société de psychologie le 17 mai 1934. Pour définir ce qu'il entend par techniques du corps, Mauss remonte à Platon, qui définit la musique, et en particulier la danse, comme une technique. Cette conception de Platon lui inspire l'idée qu'il faut donner au concept de technique une plus large extension.

> Nous avons fait, et j'ai fait pendant plusieurs années, l'erreur fondamentale de ne considérer qu'il n'y a technique que quand il y a instrument. Il fallait revenir à des notions anciennes, aux données platoniciennes sur la technique, comme Platon parlait d'une technique de la musique et en particulier de la danse, et étendre cette notion [1].

Qu'est-ce qu'il entend donc par technique ? Qu'est-ce que la technique du corps ?

> J'appelle technique un acte traditionnel efficace (et vous voyez qu'en ceci il n'est pas différent de l'acte magique, religieux, symbolique). Il faut qu'il soit traditionnel et efficace. Il n'y a pas de technique et pas de transmission, s'il n'y a pas de tradition. C'est en quoi l'homme se distingue avant tout des animaux : par la transmission de ses techniques et très probablement par leur transmission orale [2].

Nous allons nous concentrer sur sa définition du corps comme technique et comme instrument. Ce que Mauss tire de Platon, c'est l'idée que la technique ne s'applique pas seulement à ce que nous considérons habituellement comme instrument, c'est-à-dire les outils dont nous nous servons quotidiennement pour répondre à nos besoins, comme par exemple les machines, les outils, qui sont fabriquées par l'homme, mais qu'elle s'applique aussi au corps humain lui-même. Le corps comme technique. Qu'est-ce-à dire ?

Mauss définit d'abord la technique comme un acte traditionnel et efficace. L'individu seul pose des actes volontaires ou involontaires, conscients ou inconscients, mécaniques ou psychiques, biologiques ou sociaux. Toutes ces opérations ne se font pas sans le corps. De plus, il compare cet acte technique, traditionnel et efficace, à l'acte magique, religieux, symbolique. Ils ont en effet ceci en commun, la tradition et l'efficacité. Ce qui est traditionnel, c'est ce qui est transmis de génération en génération, ce que les pères et les mères, les parents transmettent à leurs enfants. C'est la même idée que nous avons

1 Marcel Mauss, *Les techniques du corps*, 1973, p. 371.
2 *Idem*, p. 371.

rencontrée chez Linton qui estime que la voie de transmission a lieu des plus anciens aux plus jeunes, des parents aux enfants entre les membres de la même société. Chez Mauss comme chez Linton, ce qui se transmet est assuré de la durée, traverse le temps. La prière religieuse, par exemple, est une manifestation permanente de la foi. Le culte religieux, les rituels des cérémonies religieuses, le culte des morts, le culte des ancêtres, les cérémonies religieuses du mariage ou du baptême, les rites d'initiation, les rites funéraires sont des actes traditionnels, se maintiennent dans le temps et se transmettent. Leur efficacité se traduit par leur utilité sociale. Les éléments du rituel peuvent changer, mais le culte des ancêtres lui-même est permanent, de même que l'institution du mariage. L'acte est efficace. Parce qu'il a le pouvoir de résoudre un problème, de donner satisfaction à un besoin vital, d'apporter une réponse, celle que l'on attend de préférence. C'est donc un acte qui a un objectif qu'il a vocation à atteindre. Son efficacité se reconnaît à son utilité.

Mauss élargit ainsi le champ d'application du concept de technique à une nouvelle catégorie d'objets qui, jusqu'alors, n'étaient pas inclus dans le concept. En d'autres termes, le concept de technique englobe plus que le simple instrument que nous considérons comme le prolongement du corps, généralement considéré comme unique contenu du mot technique.

En comparant l'acte technique à l'acte magique, religieux et symbolique, Mauss se démarque radicalement de la conception qui avait cours jusque-là et appliquait la technique au seul instrument. Elle s'applique aussi aux attitudes corporelles qui s'expriment de différentes façons. Il n'exclut pas du concept de technique l'ensemble des instruments que nous fabriquons pour répondre à nos besoins. Il découvre au contraire qu'il y a bien plus ancien que ces instruments à être des techniques. Il y a en effet les techniques du corps.

Les techniques sont traditionnelles et efficaces. Leur efficacité se définit par leur utilité à répondre aux besoins, à atteindre le but pour lequel elles ont été inventées. Elles sont traditionnelles en ce sens qu'elles sont conservées et transmises par l'apprentissage, par l'éducation. Il y a, peut-on dire, un enseignement technique de la technique. S'il n'y a pas de tradition, il n'y a pas de technique, ni de transmission. L'on a tendance et souvent intérêt à conserver ce qui nous est utile s'agissant des besoins vitaux.

Marcel Mauss donne au concept de technique une extension plus grande. Un concept se définit par sa compréhension et son extension. Visiblement la technique au sens où l'entend Mauss existe depuis bien longtemps, mais n'était pas considérée comme telle, puisque n'étaient considérées comme techniques que ce que nous appelons les instruments, c'est-à-dire les machines et les différents outils qui sont, en réalité, moins anciennes. L'élément de comparaison qu'il choisit, l'acte magique, suggère une origine lointaine, l'origine même de la société humaine. On peut ainsi penser que la magie, la religion, le langage ou l'art, le symbolique, ont leur origine qui coïnciderait avec l'origine de la société. On peut appeler cela la culture.

Dès lors, quels seraient les premiers objets techniques qui compenseraient le fait que l'homme est nu, il nait sans ses instruments qui lui permettent de survivre. Il est le plus vulnérable des vivants, entièrement démuni par rapport aux autres animaux. Comment survivre dans cet état ? Si j'ai besoin pour survivre d'instruments, fabriqués, produits par moi, de qui je tiens la technique pour fabriquer tel ou tel instrument ? Si l'on veut éviter la régression à l'infini, il faut trouver une autre hypothèse.

> Le corps est le premier et le plus naturel instrument de l'homme. Ou plus exactement, le premier, le plus naturel objet technique, et en même temps moyen technique, de l'homme, c'est son corps... Avant les techniques à instruments, il y a l'ensemble des techniques du corps [1].

Telle est la réponse de Mauss. Il met, ici, en évidence le corps. « Avant les techniques à instruments, il y a l'ensemble des techniques du corps ». Il y a donc un « avant des techniques à instruments ». Et qu'entend-t-il par techniques du corps ? « J'entends par ce mot, écrit-il, les façons dont les hommes, société par société, d'une façon traditionnelle, savent se servir de leur corps ». Le corps est identifié à un objet technique, à un instrument, dans une certaine mesure, au même titre que les autres instruments fabriqués par l'homme, inventés par l'homme pour qu'il s'en serve, pour leur utilité, en vue de satisfaire des besoins de la société. Nous utilisons notre corps au même titre que les outils pour des buts bien précis.

Mais le corps se distingue, cependant, des objets techniques ou instruments, en ce sens qu'il est « le premier et le plus naturel instrument de l'homme. Ou plus exactement, le premier, le plus naturel objet technique ».

Mais, dès lors quelle est son origine ? Qui l'a fabriqué ? On pourrait répondre à partir de cette définition, en disant que c'est la nature. Mais la technique relève de la culture, d'où la question suivante : comment ce qui n'est pas culture peut-il produire de la culture ? Il faut donc que ce soit la culture qui produise de la culture. Nous référant à la définition que Mauss donne à la technique du corps, c'est la culture qui produit de la culture. J'entends par ce mot, écrit-il, « les façons dont les hommes, société par société, d'une façon traditionnelle, savent se servir de leur corps ». Ce qui implique apprentissage, tradition et transmission.

On rejoint par là le point de vue des anthropologues qui, comme Linton, ont rejeté le débat historique entre nature et culture. Sans qu'on puisse parler d'influence, Marcel Mauss se situe sur la même voie. Il fait appel à la culture, à la transmission sociale.

L'antériorité chronologique du corps sur l'ensemble des techniques prises pour des instruments, que Mauss nomme techniques à instruments, est manifeste.

---

1 Marcel Mauss, *Les techniques du corps*, 1973, p. 372.

En effet, pour fabriquer un instrument, il faut dompter le corps, lui apprendre auparavant à travailler, à maîtriser ses mouvements pour pouvoir agir avec efficacité sur la matière. Il faut former le corps brut, il faut lui donner forme, par la manipulation, ou l'exercice physique lui donner la maîtrise de ses mouvements. Il devient alors un outil, un moyen, soit pour répondre à des besoins, qu'ils soient vitaux comme marcher, courir, danser, nager, écrire, chasser, pêcher, ou qu'ils servent à fabriquer d'autres outils.

Il est par ailleurs le plus naturel objet technique, par rapport aux techniques à instruments, dont l'une des marques est d'être distincte de l'agent qui les produit. En effet, le corps n'a besoin de rien d'autre que lui-même pour être à la fois objet technique et moyen technique de l'homme. Il y a là, intimement confondues, nature et culture, c'est-à-dire que nous avons affaire à la totalité de l'homme, à « l'homme total ». Plus précisément, la culture se substitue à la nature et la transforme.

Les analyses de Mauss nous ont, jusqu'ici, montré l'importance du corps en tant que tel, en tant qu'objet technique et instrument. Mais, il y a plus dans ses analyses. En effet, définissant les techniques du corps par « les façons dont les hommes, société par société, d'une façon traditionnelle, savent se servir de leur corps », il reconnaît en même temps que les sociétés ont des façons différentes de se servir du corps. Il en donne des exemples : la façon de marcher des femmes Maori de Nouvelle-Zélande, la manière de se tenir à table, de manger selon le rythme des repas, ou de saluer, ou de regarder en fixant les yeux. Il est aisé d'identifier la société concernée. Ces façons d'être ne sont pas naturelles, elles sont toujours acquises, transmises dans la famille, des aînés aux plus jeunes, de génération en génération.

Pour nous en convaincre, nous pouvons nous référer aux analyses de Lévi-Strauss, dans *Tristes Tropiques*. Disciple de Mauss, il décrit aussi ces manières de faire différentes des populations rencontrées, qui illustrent les variations des « manières de se servir du corps », comme on l'a observé chez Marcel Mauss. Au chapitre XV, « Foules », l'ethnologue se retrouve au milieu de la foule et décrit ce qu'il observe : l'animation de la rue, l'intensité des regards, la virulence de la moindre discussion, la courtoisie des sourires qui marquent le passage de l'étranger, accompagnés souvent d'un *salam,* la main portée au front, les comportements et les gestes spécifiques à une population, qu'il est aisé d'identifier : nous sommes dans un pays musulman. Ces attitudes sont le résultat d'une éducation.

Au chapitre XX de *Tristes tropiques*, « Une société indigène et son style », c'est la manipulation du corps par la culture qui est révélée. Dans ce texte, l'ethnologue décrit la pratique sociale des Caduveo, une population indienne du Brésil, qui consiste, pour les hommes et les femmes de cette société, à se peindre le corps et le visage. Il rapporte le témoignage d'un missionnaire jésuite, Sanchez Labrador, scandalisé et alarmé de ce mépris affiché pour l'œuvre du Créateur. Pourquoi les indigènes altèrent-ils l'apparence du visage humain ? C'est la question que les missionnaires se sont posée, tout en essayant de trouver des explications. Est-ce pour se rendre méconnaissables aux ennemis, une technique de camouflage ? Est-ce pour tromper la faim ? Pourquoi passent-ils des heures entières à se peindre le corps au lieu d'aller à la chasse ou à la pêche ?

Ils en oublieraient même leur famille. Quoi qu'ils en pensent, les missionnaires voient bien que pour ces indigènes, la peinture a une importance primordiale. Visiblement, ils n'ont pas la même représentation du corps. Ils ne lui donnent pas le même sens, ne s'en servent pas de la même façon. Mais, alors que les missionnaires jésuites cherchaient encore à comprendre tout en éprouvant de la répugnance, les indigènes, eux, leur demandaient :

> « Pourquoi êtes-vous stupides ? » Les missionnaires de répondre : « Et pourquoi sommes-nous stupides ? » « Parce que vous ne vous peignez pas comme les Eyiguayeguis ». D'où ce commentaire de Lévi-Strauss, en conclusion : « Il fallait être peint pour être homme : celui qui restait à l'état de nature ne se distinguait pas de la brute » [1].

Ce texte illustre clairement comment le corps est manipulé ou instrumentalisé par la culture. Les missionnaires jésuites appartenant à une autre société, à une autre culture, se font une représentation différente du corps considéré comme l'œuvre de Dieu. Les Indiens au contraire transforment bien le corps, en le peignant pour qu'il soit l'expression des valeurs de leur culture, de leur société. C'est la peinture, en tant qu'art, donc culturelle, qui ici opère le passage de la nature à la culture. Cette « transfiguration » ou socialisation ne peut pas se faire sans le corps. Elle se fait par le corps. La culture utilise le corps pour le socialiser. La brute, l'animal « stupide et borné », est un être naturel, sous la domination des lois de la nature, n'ayant comme guide que l'instinct, qui reçoit tout par hérédité. Il se distingue de l'homme être social et culturel qui possède l'intelligence, une raison pratique collective et individuelle, dont le progrès et le développement se font par l'apprentissage et l'éducation.

Ces peintures faciales et corporelles pratiquées par ces populations indiennes, très diverses, étudiées par Lévi-Strauss, sont des produits culturels qui expriment leur profond mépris, leur horreur de la nature, du corps brut, naturel, « tel qu'il est sorti des mains de la nature ». « Par leurs peintures faciales, écrit Lévi-Strauss, à propos des Mbaya, ceux-ci exprimaient une même horreur de la nature. L'art indigène proclame un souverain mépris pour l'argile dont nous sommes pétris, en ce sens il confine au péché » [2]. Le péché consiste ici à ne pas reconnaître, ni prendre soin de l'œuvre de la

---

1 Claude Lévi-Strauss, « Une société indigène et son style », dans *Tristes tropiques*, 1955, p. 216.

2 Claude Lévi-Strauss, « Une société indigène et son style », *op. cit.*, 1955, p. 217.

Transcendance, de Dieu. La manipulation du corps par la culture équivaut à une transgression au profit de valeurs culturelles à inculquer au corps. Quelle est donc l'utilité de cet art ? C'est d'abord, comme nous venons de le voir, de conférer à l'individu sa dignité d'être humain, en opérant « le passage de la nature à la culture. » Analysant les différents styles, en observant également que la composition des motifs est différente selon les castes, Lévi-Strauss en conclut qu'elles ont aussi comme utilité d'exprimer « dans une société complexe la hiérarchie des statuts. Elles possèdent ainsi une fonction sociologique », une fonction de représentation sociale. Elles nous révèlent la place du corps dans l'accès à la culture inséparable de la socialisation. Ainsi l'homme est, à la fois et en même temps, un être culturel et social. Il en est de même chez le griot, homme de caste inférieur dans la société wolof du Sénégal, qui a reçu comme don de la nature, la danse et le chant.

Qu'est-ce qu'il y a de culturel en l'homme ?

Ce qu'il y a de culturel en l'homme est ce qui semble manquer aux autres êtres vivants : le langage articulé, la capacité symbolique, la compréhension. Si ces compétences forment le propre de l'homme, ce n'est pas seulement parce qu'elles manquent à l'animal, mais aussi parce qu'elles se transmettent selon d'autres voies que l'hérédité : par l'apprentissage, le langage, l'imitation, toutes choses plus fragiles, déformables et réversibles que ne peuvent l'être l'hérédité biologique et le code génétique [1].

Telle est bien la pensée de Mauss, que nous avons voulu illustrer par des exemples pris chez Lévi-Strauss. Il faudra donc insister pour reconnaître que la culture est tradition, transmission, donc apprentissage et société. L'homme est d'emblée être culturel et social.

Ces techniques transmissibles sont vouées à produire des résultats, et ont une certaine utilité reconnue. Par la transmission orale, que privilégie Mauss, on garantit le secret de métier ou des tours de main, puisqu'on a la possibilité de choisir à qui on le destine.

Mauss rompt également avec une conception métaphysique, généralement admise depuis Aristote, selon laquelle c'est par la pensée, par la raison pure théorique que l'homme se distingue des animaux. Elle est à l'origine de la définition de l'homme comme animal raisonnable, les animaux étant dépourvus de raison. Pour Mauss, ce qui distingue l'homme des animaux c'est plutôt « la transmission de ses techniques et très probablement par leur transmission orale ». Comme nous l'avons vu précédemment, il n'y a pas de transmission, ni technique, s'il n'y a pas de tradition. Cette transmission se fait par l'apprentissage et l'éducation.

Par sa définition de la danse comme technique du corps, s'inspirant de Platon, il réfute l'idée selon laquelle la danse est innée, don de la nature, et

---

1 Nicolas Journet, « Que faire de la culture ? », 2002, p. 2.

redonne à la culture sa vraie place. En effet, ce que nous apprend Mauss, comme Linton et les culturalistes anglo-saxons, c'est que la danse est une « technique corporelle ». En appliquant à la danse africaine la notion de technique telle que nous la trouvons chez Mauss, nous sommes loin du stéréotype ramenant la danse africaine à un don de la nature. Cette danse comme technique corporelle est danse traditionnelle, efficace et transmissible, par l'apprentissage. Elle est ancestrale et sacrée.

C'est l'apport principal de Mauss, dont l'approche révolutionne la façon d'aborder le problème lié au corps. Il n'est plus question de se référer à l'innéité biologique, à l'hérédité génétique, mais plutôt désormais à l'apprentissage, à la culture, à ce que Bourdieu, sous l'influence de Mauss, appellera *habitus*.

3. Pierre Bourdieu et les processus d'incorporations et d'intériorisations de structures sociales

L'*habitus* est une notion qui a été « réactivée » et réactualisée par Pierre Bourdieu [1] qui, après l'avoir théorisée, l'a imposée par ses travaux comme principe majeur d'explication en sociologie. Bourdieu s'est intéressé à la genèse, au sein des individus, des structures mentales, c'est-à-dire aux processus par lesquels les individus intériorisent ou incorporent les structures du monde social et les transforment en schèmes de classement et de préférence qui guident leurs comportements, leurs conduites, leurs choix, leurs goûts. Il a cherché à comprendre comment s'opèrent les processus d'incorporations et d'intériorisations, d'appropriation, des structures mentales dans les individus biologiques. C'est pour répondre à cette préoccupation que Bourdieu nous renvoie à l'*habitus*, terme qu'il emprunte à Aristote et à saint Thomas, qu'il trouve également chez Husserl, Mauss, Durkheim, Weber, en lui donnant un sens plus enrichi. Sa théorie nous intéresse parce qu'elle répond à notre problème qui porte sur la genèse du danseur, la construction du danseur. Pourquoi le geste devient-il un geste dansé ? La question que nous nous sommes posée est de savoir comment on devient danseur, comment c'est-à-dire par quel processus le corps d'un individu devient corps dansant. La théorie de l'*habitus* de Bourdieu répond à la question. Au point où nous sommes arrivés dans notre investigation, nous savons avec Mauss, en droite ligne avec les culturalistes, que l'homme est culturel dès l'origine jusqu'à nos jours. Il est dans la culture. Il nous reste à démontrer comment s'opère le

1 Pierre Bourdieu et Roger Chartier, *Le sociologue et l'historien*, 2010, p. 74, également, Jean Louis Fabiani, *Pierre Bourdieu, un structuralisme héroïque*, 2016, p. 65-66 ; Sylvia Faure, Anne Sophie Gosselin, « Apprendre par corps... », 2008, p. 74.

processus d'inculcation, comment l'imprégnation s'opère, passe de l'extérieur à l'individu qui intériorise le message en vue de l'action.

Bourdieu apporte ici les explications nécessaires. Il reconnaît que la notion d'*habitus* est très vieille. L'usage qu'en ont fait ses prédécesseurs nous apprend que :

> Les « sujets » sociaux ne sont pas des esprits instantanés. Autrement dit, pour comprendre ce que quelqu'un va faire, il ne suffit pas de connaître le stimulus ; il y a au niveau central un système de dispositions, c'est-à-dire des choses qui existent à l'état virtuel et qui vont se manifester en relation avec une situation [1].

Comment rendre compte du comportement des individus ; marcher de telle ou telle façon, s'habiller de telle ou telle façon, pourquoi choisir tel métier plutôt que tel autre, préférer tel peintre ou sculpteur et non tel autre, un tableau plutôt que tel autre ? Il nous faut dépasser le rapport immédiatement visible, de la réaction à un stimulus, à la cause immédiate, spontanée, instantanée. Ce premier niveau d'explication, superficiel ou de surface, doit être dépassé, en considérant l'existence dans l'individu d'un « système de dispositions, c'est-à-dire des choses qui existent à l'état virtuel et qui vont se manifester en relation avec une situation ». Le stimulus n'explique donc pas tout. Il y a tout un ensemble de raisons, tout un faisceau d'éléments, toute une série de systèmes dont il faut tenir compte et qui doivent intervenir pour que se déclenche l'action. Sans cela, l'explication sera insuffisante. La notion d'*habitus* a donc pour résultat premier de nous rappeler que les agents sociaux sont des individus incarnés, en devenir, qui sont le produit d'une éducation associée à un milieu, mais en même temps le produit d'une histoire individuelle et collective, en tant qu'ils appartiennent à une communauté, à une société. C'est dire que nos manières de penser, de percevoir, nos catégories de pensée, les catégories de l'entendement, les schèmes de perception, nos systèmes de valeurs, ne viennent pas de nous-mêmes, de notre propre fonds, mais sont le produit de l'incorporation, de l'intériorisation de structures sociales. Notre intention n'est pas de faire un exposé systématique de la théorie de Bourdieu, mais de montrer ce qui dans sa théorie est une réponse à notre question sur l'innéité.

Le premier élément à retenir, c'est la double historicité à laquelle participe l'individu, agent social. Chaque individu a une histoire qui lui est propre et, du fait de sa relation aux autres, il participe à une histoire collective, celle du groupe social auquel il appartient, de la classe sociale dont il partage les manières d'être, les manières de faire, les systèmes de valeurs. Il y a, en plus des structures sociales que sont les réalités sociales objectives existant hors de l'individu, la famille, le système éducatif, l'éducation, la religion, les

---

1 Pierre Bourdieu et Roger Chartier, *Le sociologue et l'historien*, 2010, p. 74.

institutions politiques, économiques, qui définissent l'ordre social, l'ordre du monde. Précisément, cet ordre social, ce monde social, s'impose à l'individu, il a une force contraignante. Mais l'individu n'est pas passif. En tant que liberté, il réagit aux « excitations » qui lui viennent de l'extérieur, de la société, qui réveillent les virtualités sommeillant en lui qui deviennent alors les effets de sa volonté. Nous pouvons dès lors dire que ces catégories de pensée, ces catégories de l'entendement, les schèmes de perception, les systèmes de valeurs qui orientent les comportements, les conduites et les choix des individus sont générés par l'individu à la fois produit actif et en interaction à l'incorporation des structures sociales. Le dualisme ici n'est pas radical ; au contraire, il est plutôt transcendé, la dichotomie individu / société est surmontée. Ainsi, les structures sociales qui imposent leurs contraintes d'ordre et de correspondance harmonieuse entre ses éléments qui le composent, à l'individu, déclenchent les virtualités qui se trouvent déjà dans celui-ci, qui expliquent nos comportements. L'individu n'est pas une table rase, il n'est pas de cire. Il a en lui des virtualités qui expliquent nos comportements. En tant que tels, ils sont bien le produit de l'incorporation des structures sociales, extérieures.

Bourdieu, qui s'est beaucoup intéressé au système d'enseignement, particulièrement occidental, principalement français, qu'il a toujours considéré comme le lieu de transmission et de reproduction des inégalités sociales dans le domaine des pratiques culturelles, offre avec l'institution scolaire un bel exemple pour illustrer sa pensée. Il observe les choix des élèves qui, après le baccalauréat, décident de rentrer dans l'enseignement supérieur. Comment expliquer que certains choisissent l'École normale supérieure, d'autres l'École polytechnique, l'ENA, HEC ? Tout se passe comme si leurs choix obéissaient à un système de préférence qui leur a été inculqué dans leur famille, dans leur environnement social et culturel de classe. C'est ainsi qu'un fils de professeur s'orientera plutôt, donc de préférence, vers l'École normale, alors qu'un fils de commerçant choisira plutôt d'aller à HEC, un fils de polytechnicien à Polytechnique, de haut fonctionnaire à l'ENA… Ces futurs étudiants sont des agents sociaux qui ont intériorisé une structure d'opposition objective, réelle, structure sociale, élément de l'ordre social, qui existe dans ce système d'enseignement supérieur dans lequel ils aspirent à entrer, une opposition entre d'un côté les affaires, la finance, le commerce et, de l'autre, les choses intellectuelles, autrement dit, d'un côté l'argent et, de l'autre, l'art, la culture.

Ce qu'il faut bien noter, c'est l'existence réelle, objective, de cette opposition. Elle va être intériorisée pour se manifester sous la forme d'un système de références par rapport auquel l'individu fait ses choix, adopte telle ou telle conduite. Ainsi, lorsqu'il se choisit des références par rapport auxquelles il effectue ses choix, celles-ci ne sont que l'expression de ce que la société lui a inculqué. Ainsi peut s'expliquer et se comprendre, qu'ayant à choisir entre une position intellectuellement intéressante, mais mal payée, et une position économiquement très bien payée, mais perçue comme inintéressante intellectuellement, le fils de professeur préfèrera choisir la position intellectuellement plus valorisante. L'on assiste là à une évolution ou une transformation d'une structure objective, extérieure à l'individu donc réelle, donc sociale, en une structure subjective, intérieure, intériorisée dans l'individu biologique, que constituent ces manières de penser, d'apprécier les systèmes de valeurs.

À partir de ces considérations, nous pouvons reprendre la formule de Laurent Fleury qui résume ce que désigne l'*habitus* : « l'extériorisation de l'extérieur intériorisé » ou, ce qui revient au même, « l'extériorisation de l'intériorisation de l'extérieur » [1]. Il y a là deux faces de l'*habitus* ou mieux, deux dimensions constitutives de celui-ci : l'individu socialisé ou le social individué. L'individu est un produit de la société. Il n'est pas, il n'est jamais une entité ou individualité absolument séparée, radicalement distincte. Il faut considérer comme « absurde » l'opposition généralement admise entre l'individu et la société comme deux entités distinctes, extérieures l'une à l'autre. Selon Bourdieu, au contraire, la société a une existence extérieure, réelle, objective, dans l'espace, et une existence intériorisée dans l'individu. C'est en ce sens que l'on dit de l'individu qu'il est social ou socialisé. L'opposition « individu / société » est absurde.

> [La société] existe de deux façons. Elle existe dans l'objectivité, sous forme de structures sociales, de mécanismes sociaux, par exemple les mécanismes de recrutement des grandes écoles, les mécanismes du marché, etc. Et elle existe aussi dans les cerveaux, dans les individus ; la société existe à l'état individuel, à l'état incorporé ; autrement dit, l'individu biologique socialisé, c'est du social individué [2].

C'est bien cette réalité que la notion d'*habitus* fait découvrir. Nous pourrions considérer comme satisfaisante la réponse à la question. Ce que nous prenons comme inné, à propos de la danse ou du rythme, c'est déjà de la danse, mais virtuelle, produit social, intériorisé et appelé à s'extérioriser. C'est ce qui correspond aux deux dimensions qui constituent l'*habitus* : elles correspondent à ce que les sociologues appellent socialisation. Elle exige que nous remontions jusqu'à l'origine. Elle part de la famille, de la prime enfance, traverse l'éducation, ce qui nous amène à considérer la dimension temporelle, l'*habitus* se présentant alors comme produit de pratiques significatives passées et, en retour, comme producteur de pratiques significatives futures. Comment rendre compte de cette orientation de l'*habitus* ou de cette vocation à produire des pratiques significatives ? Dès lors qu'il n'y a pas de dualisme radical, de dichotomie ou séparation entre individu et société, l'esprit et le corps, l'on ne peut point avoir recours à la notion d'influence, d'imitation, de réplication.

---

1 Laurent Fleury, *Sociologie de la culture et des pratiques culturelles*, 2010, p. 60.
2 Pierre Bourdieu et Roger Chartier, *Le sociologue et l'historien*, 2010, p. 77.

Cette propriété de l'*habitus* d'être producteur de pratiques sociales significatives trouve son inspiration chez Erwin Panofsky. Elle renvoie au modèle scolastique.

Dans *Le métier de sociologue*, paru en 1968, Bourdieu s'est référé aux travaux de Panofsky, dont il a encouragé la traduction du livre *Architecture gothique et pensée scolastique,* publié en 1951, dont il a fait la Postface (1970). Panofsky est également souvent cité dans *L'amour de l'art* (1966, 1969) [1]. Quel est donc l'apport de Panofsky et que retient Bourdieu de ses travaux qui puisse nous intéresser dans notre propre recherche ?

Panofsky cherche à éviter, à propos de l'art, l'usage de la notion d'influence. Il cherche à montrer comment la scolastique se retrouve dans l'art gothique en tant qu'elle l'a produit ou rendu possible, sans avoir à utiliser la notion d'influence, à recourir à la notion de traduction, de réplication ou même d'imitation. La notion d'influence implique l'idée de correspondance, une certaine similitude. L'on dit, par exemple d'une personne qu'elle a subi l'influence d'une autre quand on observe quelques éléments de ressemblance dans leurs comportements, lorsqu'elle adopte des conduites par imitation. Comment la scolastique peut-elle être à l'origine de l'art gothique, si elle est une philosophie, celle de saint Thomas, qui n'est pas un traité d'architecture. Pour pouvoir inspirer l'architecture gothique, cela suppose que l'on reconnaisse l'existence d'un univers scolastique de sorte que tout ce qui se produit dans cet univers en soit imprégné.

La pensée scolastique a dominé le Moyen Âge. C'est la philosophie de saint Thomas qui a tenté une synthèse entre Aristote et la pensée chrétienne au XIIe-XIIIe siècles, une époque entièrement marquée, cependant, par la théologie de saint Augustin. C'est aussi la période qui a vu la condamnation des thèses averroïstes, thèses profondément aristotéliciennes, associées à la pensée de saint Thomas. Cette période médiévale porte la marque de saint Thomas qui prend l'avantage sur saint Augustin, plutôt néoplatonicien, qui pourtant, paradoxalement, jouissait d'une plus grande réputation.

La scolastique est dans l'air du temps. Elle persiste jusqu'au XVIIe siècle. Panofsky utilise l'expression « habitudes mentales » pour qualifier le mode de penser scolastique, pour montrer comment elle a pu affecter la formation de l'art gothique. En effet, ces habitudes mentales constituent un *modus operandi, une manière de faire,* qui fonctionne comme un principe unificateur de pratiques différentes. C'est dire que, quelle que soit la pratique sociale, la marque scolastique s'y retrouve en ce sens que les habitudes mentales propres à la scolastique forment des catégories de perceptions communes à la société de l'époque. Toute la société en est imprégnée. À quoi reconnaît-on dans l'art gothique la force de l'*habitus* scolastique ? Plus exactement, d'où tire-t-elle

1 Pierre Bourdieu et Roger Chartier, *Le sociologue et l'historien*, 2010, p. 75.

sa force, sa puissance ? Elle ne peut venir que de l'application rigoureuse d'un principe unique d'inculcation.

Dans le mot scolastique, il y a *scola*, École. C'est dire que le principe unificateur s'applique à tous à travers l'école avec constance pour donner lieu à une culture inculquée commune, propre à une société bien particulière. La force de l'*habitus* scolastique repose donc sur « l'application constante d'un principe unique d'inculcation » que l'école médiévale assure et garantit. L'école de la scolastique ne connaissant pas, à l'époque médiévale et bien au-delà, la concurrence, ne peut avoir aucun mal à appliquer avec constance et rigueur la force de cet *habitus*. Personne à l'époque n'échappe à son autorité.

Bourdieu est fasciné, si l'on peut dire, par cette « forme extrême de la puissance d'inculcation » de l'institution scolaire médiévale qu'il trouve bien exposée chez Panofsky. Ce qu'il retient, c'est cette capacité qu'il reconnaît à l'*habitus* à se transformer, en retour, en force productrice, « formatrice d'habitudes », de pratiques culturelles « caractéristiques d'une culture, et celle-là seulement ». Il a été sensible à l'idée avancée par Panofsky qui affirme que les habitudes mentales existent dans toutes les sociétés. Tous ces éléments réunis permettent à Bourdieu de donner une définition de l'*habitus*, après plusieurs exposés.

L'exposé ici est une explicitation simple de la conception de l'*habitus*. Il commence par indiquer ce que celui-ci n'est pas, *« l'habitus* n'est pas un destin, ce n'est pas un *fatum »,* une fatalité. Il nous met à l'abri du déterminisme, de la nécessité aveugle et rigide, sans flexibilité, sans capacité d'adaptation à des situations nouvelles. Il n'a pas la rigidité de l'instinct. Il a une aptitude à réagir différemment en fonction des situations. Si l'on reprend l'exemple des futurs étudiants, tous ceux qui appartiennent à la même classe ne choisissent pas les mêmes filières. Il y en a qui font le choix contraire.

Dans *Le sens pratique*, Bourdieu propose une définition plus élaborée et plus riche : les *habitus*, dit-il, sont des systèmes de dispositions durables et transposables, structures structurées prédisposées à fonctionner comme structures structurantes, c'est-à-dire en tant que principes générateurs et organisateurs de pratiques et de représentations qui peuvent être objectivement adaptés à leur but sans supposer la visée consciente de fins et la maîtrise expresse des opérations nécessaires pour les atteindre, objectivement « réglées » et « régulières » sans être en rien produit de l'obéissance à des règles, et étant tout cela, collectivement orchestrées, sans être le produit de l'action organisatrice d'un chef d'orchestre [1].

Pour une définition plus complète et compréhensible, qui réunit toutes les caractéristiques de l'*habitus*, on doit noter que c'est d'abord un système de dispositions, un ensemble cohérent, structuré, une totalité ou un tout

1 Pierre Bourdieu, *Le sens pratique*, 2012, p. 88.

harmonieux constitué d'éléments homogènes et uniformes, non disparates, interdépendants, qui fonctionne harmonieusement. Ce système est à la fois structures structurées et prédisposées : en tant que structures structurées les dispositions sont déjà organisées, un ensemble déjà constitué, structures structurées prédisposées, qui ont vocation à se transformer, qui possèdent une force, une puissance, pour tendre vers ce qui va advenir, virtualités qui tendent à l'action, à s'actualiser, s'extérioriser, « à fonctionner comme structure structurante ». Les conditions dans lesquelles ces dispositions ont été produites, leurs conditions historiques d'existence sont intériorisées une fois pour toutes. Ce qui suppose une puissance extrême, forte de l'inculcation, donc du conditionnement, mais aussi l'homogénéité et la cohérence des contenus. L'idée même de système utilisée par Bourdieu garantit l'homogénéité et la cohérence. L'*habitus* apparaît bien, ici, dans cette définition, comme le produit de conditions historiques d'existence, « structures structurées », et à son tour, par transposition, producteur d'histoire, « structures structurées prédisposée à fonctionner comme structures structurantes », tournées vers l'avenir.

De structures structurées, ce système de dispositions se transforme en structures structurantes, prédisposition à agir tourner vers le futur. Ce système est à la fois passif et actif, produit et producteur. Il contient à la fois le passé des expériences et la tension vers le futur des expériences à venir. La caractéristique essentielle de l'*habitus* est donc – c'est capital –, d'être à la fois produit et producteur, produit et « générateur », « organisateur », « producteur » de pratiques culturelles, c'est-à-dire de comportements, de conduites culturelles et de représentations, sans qu'il soit nécessaire et indispensable de faire appel à la conscience des individus, ni même à « un chef d'orchestre » qui imposerait de l'extérieur, comme s'il s'agissait de création continuée, telle ou telle pratique. C'est là reconnaître et admettre l'autonomie de l'*habitus* par rapport à toute autorité extérieure, sans contrainte extérieure, sa durabilité et son efficacité propres.

Les actions des individus, leurs comportements ou leurs conduites pour s'adapter aux objectifs, pour être des réponses adaptées aux objectifs, au but recherché n'ont pas besoin de l'intervention de la conscience. Ils sont ajustés à leurs objectifs sans avoir besoin d'être accompagnés ou guidés par la conscience. On ne dira pas que tel ou tel comportement est adapté à la situation et répond à l'objectif fixé parce qu'elle est consciente. L'on n'a pas besoin de recourir à la conscience, à l'intentionnalité de l'action, pour rendre compte de son ajustement à des objectifs. Pourquoi ? À cause du conditionnement qui rend l'agent social capable de reconnaître la situation et adopter presque instinctivement son comportement, sans qu'il ait à se demander à chaque fois quelle conduite adopter, quel choix faire. La conscience s'éclipse, sans pour autant disparaître.

Par exemple, dans la circulation je sais reconnaître la valeur du panneau indiquant un sens interdit, d'une ligne jaune continue ou discontinue sans avoir à faire appel à ma conscience pour lui demander quelle conduite prendre. L'*habitus* est efficace sans avoir recours à la conscience des individus. Ces manières de penser et d'agir, « objectivement adaptées », « réglées » et « régulières » ont été incorporées, intériorisées, depuis longtemps, depuis la prime enfance, depuis l'origine. Si l'on continue à penser que tel ou tel comportement est inné, c'est bien parce qu'on a oublié les premiers instants du processus d'inculcation qui remonte à la prime enfance, loin dans le temps.

Produit de l'histoire, l'*habitus* produit des pratiques, individuelles et collectives, donc de l'histoire, conformément aux schèmes engendrés par l'histoire ; il assure la présence active des expériences passées qui, déposées en chaque organisme sous la forme de schèmes de perception, de pensée et d'action, tendent, plus sûrement que toutes les règles formelles et toutes les normes explicites, à garantir la conformité des pratiques et leur constance à travers le temps [1].

Bourdieu met en évidence, dans la définition de l'*habitus*, un trait essentiel et capital : l'importance du corps. C'est, en effet, le corps qui reçoit en dépôt toutes ces expériences vécues. Il est le dépositaire des actions sociales et il est aussi le moyen par lequel nous sommes dans le monde et agissons dans le monde en interaction avec les autres. Il n'est pas question ici de mémoire, ni de cerveau, ni d'automatisme, ni d'instinct, mais du corps qui est le dépôt des expériences passées, des savoirs accumulés, qui constituent une espèce « d'intelligence du corps ». Pas de dualisme. L'individu est *un,* corps et âme confondus, produit social. On peut donc dire que le social parle directement au corps par inculcation de valeurs, de manières de faire et d'être, sans la médiation d'un « chef d'orchestre », c'est-à-dire en dehors de toute objectivation, de toute autorité extérieure qui contrôle et dicte la conduite à suivre. Nous sommes en présence d'une sorte d'« harmonie préétablie » entre les structures objectives et les dispositions subjectives. Il y a une certaine correspondance, une corrélation ou, selon l'expression leibnizienne, une certaine « harmonie préétablie », de sorte que l'on n'a pas besoin de chef d'orchestre. Il existe un ordre social comme il existe un ordre du monde qui, pourrait-on dire, se suffit à lui-même.

Pour illustrer sa pensée il utilise la métaphore de l'horloge dans *Le sens pratique :*

> Figurez-vous deux horloges ou deux montres qui s'accordent parfaitement. Or cela se peut faire de trois façons. La première consiste dans l'influence mutuelle. La deuxième est d'y attacher un ouvrier habile qui les redresse, et les mette d'accord à tous moments ; la troisième est de fabriquer

1 Pierre Bourdieu, *Le sens pratique*, 2012, p. 91.

> ces deux pendules avec tant d'art et de justesse, qu'on puisse assurer de leur accord par la suite [1].

La métaphore des horloges et celle de l'orchestration sans chef d'orchestre disent, en effet, la même chose. Ce que veut donc dire Bourdieu c'est que l'ordre social est autoproduit par la correspondance harmonieuse des *habitus*. D'où le caractère essentiel de l'*habitus* à la fois produit de l'histoire et producteur d'histoire, générateur, organisateur de pratiques culturelles, produit et auto-producteur.

La théorie de l'*habitus* appliquée au domaine de l'art permet à Bourdieu, par exemple dans *L'amour de l'art*, de réfuter l'idée selon laquelle l'amour de l'art est un don, et en cela il répond à notre préoccupation, L'amour de l'art est, selon lui, le produit ou le résultat de la fréquentation assidue des œuvres de culture savante dans les musées et les multiples expositions. L'éducation l'emporte sur le don. Prétendre avoir le goût du beau, sans rien devoir aux contraintes de l'apprentissage, de l'éducation, qui nous serait donné tout entier à la naissance et préexisterait à l'éducation, à l'incorporation est une illusion, un mythe. Telle est aussi notre conviction.

La pensée de Bourdieu est clairement exprimée dans cet extrait de *L'amour de l'art* :

> L'histoire du goût individuel ou collectif suffit à démentir que des objets aussi complexes que les œuvres de culture savante, produites selon des lois de construction qui se sont élaborées au cours d'une histoire relativement autonome, soient capables de susciter par leur vertu propre des préférences naturelles. Seule une autorité pédagogique peut briser le cercle du « besoin naturel » qui veut qu'une disposition durable et assidue à la pratique culturelle ne peut se constituer que par une pratique assidue et prolongée : les enfants des familles cultivées qui suivent leurs parents dans leurs visites de musées ou des expositions empruntent en quelque sorte leur disposition à la pratique qui naîtra d'une pratique arbitraire et d'abord arbitrairement imposée [2].

Le plaisir esthétique que provoquent « les œuvres de culture savante », les chefs-d'œuvre, à voir dans les musées et les expositions, suppose un apprentissage, une accoutumance, un exercice ou une pratique soutenue, une éducation. C'est cet exercice soutenu et prolongé, mais imposé, qui crée la disposition durable et assidue à la pratique culturelle, en d'autres termes qui crée le goût du beau. Ainsi, cette disposition à la pratique culturelle, le goût du beau, est vécue comme naturelle, mais en réalité elle est le fruit de l'éducation, de l'apprentissage. C'est un acquis. On peut dire qu'elle est une seconde nature, mais « cultivée », produit de l'éducation. Elle est le

---

1 Pierre Bourdieu, *Le sens pratique*, 2012, p. 87.

2 Pierre Bourdieu, *L'amour de l'art*, 1969, p. 161-162.

dépassement d'une première nature, ou mieux, selon les termes de Bourdieu, « une première nature dépassée et sublimée » [1], transformée par la culture. La culture devient seconde nature, elle se nie alors comme artificielle, comme artificiellement conquise ou acquise, c'est alors qu'elle est pleinement réalisée comme culture qui cache ses origines, c'est-à-dire l'inculcation par l'éducation. L'oubli de l'origine a fait son œuvre. C'est bien l'idée que souligne ce commentaire de Bourdieu. C'est cet oubli qui nous fait croire que l'amour de l'art est inné, que la danse est innée, dans le sang.

Est-il nécessaire d'aller plus loin ? La question posée de l'inné et de l'acquis, de la nature et de la culture, trouve sa réponse dans la théorie de l'*habitus* préparée par Marcel Mauss et les culturalistes comme Linton. Encore une fois, le rôle de la culture est primordial et nettement souligné. C'est l'unité qui l'emporte sur la dichotomie, l'unité de l'homme, de l'individu et de la société.

---

1 *Ibid.*, p. 163.

Deuxième partie

Espaces des imaginaires, formation et pratique de la danse

4. Espace des imaginaires

1. Définition de la notion de représentation

Les représentations sociales qui traversent l'Afrique par les arts ont des origines diverses et persistantes. Elles sont souvent le fruit d'un imaginaire qui révèle l'existence de préjugés et stéréotypes. Ceux-ci sont d'autant plus forts qu'ils ont un poids déterminant dans la pratique des expressions artistiques et de la danse en particulier. Au Sénégal, c'est la stratification sociale du groupe ethnique wolof et l'imaginaire associé qui est notre objet d'étude. Nous nous intéresserons également à la construction d'un imaginaire créé autour du noir, et particulièrement autour de sa manière de danser, qui fut largement diffusé en Europe à l'occasion des expositions coloniales et universelles organisées vers la fin du XIXe et début du XXe siècle.

L'imaginaire peut être défini comme le produit de l'imagination d'une personne ou d'un groupe, la faculté de produire des images ou des représentations qui sont loin de la réalité. Les pères fondateurs de la sociologie – Durkheim, Weber ou Simmel et bien d'autres – en ont reconnu l'importance.

Chaque groupe humain peut créer un imaginaire qui peut être qualifié Dogon, Masai, Wolof, Tukulër, etc. Cet imaginaire social s'explique par la capacité d'un groupe ou d'un individu à se représenter le monde à l'aide d'un réseau d'associations d'images qui lui donnent un sens. Il se construit à partir des mythes, des récits, des contes que chaque groupe humain se donne selon sa propre histoire.

Les populations européennes ont été très réceptives, très sensibles, aux images de ces scènes de village exhibant les corps des danseurs dans les descriptions des anthropologues et ethnologues, qui ont eu à les étudier, participant ainsi à la consolidation de ce stéréotype. Parmi les artistes noirs évoluant à cette époque en Europe, Anne Décoret-Ahiha, prend l'exemple de Benglia pour illustrer le caractère inné des danses. En effet, elle affirme que « L'art de Benglia est tout spontané et ne repose que sur le rythme inné atavique » [1].

---

1 Anne Décoret-Ahiha citée par Annie Suquet, *L'éveil des modernités : une histoire culturelle de la danse (1870-1945)*, 2004, p. 529.

C'est à partir de l'observation de l'artiste qu'on est conduit en effet à imaginer, à supposer une origine naturelle, innée, de son style, par association d'images et de représentations. De là, l'idée généralisée en l'appliquant à tous les Noirs qui auraient le rythme dans le sang. Ce que j'appelle imaginaire, c'est cette représentation de l'inné, des pratiques dansées chez les Noirs qui n'est qu'une image.

On peut évoquer ici cette remarque de Gaston Bachelard quand il déclare : « Notre appartenance au monde des images est plus fort, plus constitutif de notre être que notre appartenance au monde des idées ». Il oppose le monde des idées qui, en référence à Platon, est le monde des essences, des choses réelles, intelligibles, au monde des images, donc au monde sensible de la fiction, de l'irréel et de l'apparence.

On pourrait ajouter une autre caractéristique révélant la relation pouvant exister entre les populations qui vivent cet imaginaire. Joël Thomas [1] la définit comme « un système, un dynamisme organisateur des images, qui leur confère une profondeur en les reliant entre elles ». L'imaginaire n'est donc pas une collection d'images additionnées, un corpus, mais un réseau où le sens est dans la relation.

Nous avons retenu plusieurs définitions de la représentation, dont celles de Moscovici. Dans cette réflexion le point de vue sociologique est celui qui guide notre définition de ce concept : car il s'agit de montrer la manière dont la danse est représentée par un individu ou un groupe. Quelle représentation renvoie-t-elle sur les sujets ou groupes qui la pratiquent et sur les autres ? De quel imaginaire les représentations sociales traversant l'Afrique sont-elles alimentées ? Leur persistance aurait-elle une influence sur la pratique, sur l'évolution ou sur le regard porté sur les danseurs et leurs danses ? Car l'objet qui est mis à voir, à être jugé c'est le corps, qui, d'une manière générale, n'est pas une donnée en soi, mais ne prend sens qu'avec le regard culturel de l'autre. Comme le dit Le Breton : « Les représentations du corps et les savoirs qui l'atteignent sont tributaires d'un état social, d'une vision du monde » [2]. L'imaginaire n'est donc pas une collection d'images disparates. C'est une construction :

> La représentation peut se comprendre comme « un système de savoirs pratiques (opinions, images, attitudes, préjugés, stéréotypes, croyances) générés en partie dans des contextes d'interactions interindividuelles ou/et inter groupes. Elle peut être marquée, dans sa forme comme dans son contenu, par la position sociale ou idéologique de ceux qui l'utilisent [3].

1 Joël Thomas, *Introduction aux méthodologies de l'imaginaire*, 1998.
2 David Le Breton, *Corps et sociétés*, 1985.
3 Jean-Marie Seca, *Les représentations sociales*, 2005, p. 11.

D'une part, la représentation stéréotypée du Noir qui a le rythme dans le sang et d'autre part l'imaginaire de la société wolof dans laquelle la caste des griots a reçu par hérédité la pratique du chant et de la danse, pratique reconnue comme impure et indigne pour toute personne n'appartenant pas ce groupe, vont être l'objet de notre réflexion dans les deux chapitres suivants.

Dans les deux cas, il s'agit de la danse et ce qui est en jeu, c'est le corps. Nous savons depuis toujours, que la culture s'est inscrite sur le corps pour le modeler, certes, mais surtout pour le socialiser. Ainsi, Vigarello affirme [1] :

> le corps est le premier lieu ou la main de l'adulte marque l'enfant, il est le premier espace ou s'imposent les limites sociales et psychologiques données à sa conduite, il est l'emblème ou la culture vient inscrire ses signes comme autant de blasons ».

L'espace des imaginaires sera constitué d'une part par les espaces des expositions coloniales et universelles, des cabarets et dancings et d'autre part par le système des castes de la société wolof du Sénégal.

2. Les expositions coloniales et universelles

Il nous faut maintenant interroger l'histoire. Un retour au passé va permettre de comprendre comment les Occidentaux ont pu créer une image stéréotypée de l'Autre, reposant essentiellement sur sa manière de bouger le corps, de danser, à leurs yeux « exceptionnelle ». Ces clichés sont de nos jours encore vivaces. On peut se demander si cette représentation stéréotypée que les populations européennes se font du Noir et de sa danse a été favorisée par l'inexistence de documents écrits par les Africains eux-mêmes sur leurs propres danses, par ces peuples qui appartiennent à des sociétés ancrées dans la tradition orale ? Le chorégraphe ivoirien Alphonse Tiérou a déjà attiré l'attention sur la rareté des écrits, voire l'absence de documents écrits par des Africains sur leurs propres danses. L'intérêt de cette étude est aussi de contribuer à combler ce vide, à ouvrir la voie pour une recherche africaine sur les danses africaines, à penser par nous-mêmes et pour nous-mêmes nos propres pratiques dansées. Si le regard des Occidentaux persiste, ne faudrait-il pas alors interroger l'idéologie qui le sous-tend ? Nous pouvons distinguer deux catégories d'espace des imaginaires : c'est-à-dire des endroits ou des lieux où s'est constitué cet imaginaire du Noir dansant. D'une part, les expositions coloniales et universelles, d'autre part, les cabarets et dancings qui se sont multipliés avec l'arrivée en Europe des Américains venant grossir le nombre déjà important des Noirs venus d'Afrique

1 Georges Vigarello, *Le corps redressé*, 1978, p. 9.

Anne Décoret-Ahiha, dans *Les danses exotiques en France 1880-1940*, fait remarquer :

> C'est dans les exhibitions ethnologiques, les expositions internationales, universelles et coloniales que les danses exotiques apparurent pour la première fois. Ces lieux furent les premiers espaces de contact de masse entre la population européenne et les populations exotiques. Un large public put y découvrir des danses d'ailleurs qui figurent parmi les attractions les plus prisés [1].

Les expositions coloniales et universelles et les exhibitions ethnologiques ont été de puissants leviers de diffusion de ces représentations stéréotypées et dévalorisantes du Noir, particulièrement du Noir et de sa danse, avec comme objectif de démontrer la supériorité du « Blanc » sur le « Noir », sauvage et primitif.

À Paris, des expositions eurent lieu de 1855 à 1900. Lors de celles-ci, les produits de l'économie étaient fortement privilégiés à côté des productions artistiques. Celles-ci feront leur entrée en 1925 à l'Exposition des arts décoratifs, et quelques années plus tard, en 1931, à l'Exposition coloniale internationale de Vincennes, caractérisée par la prise en compte, pour la première fois, de la création artistique dans une de ces manifestations internationales qui étaient jusque-là consacrées à la promotion des produits de l'économie.

Dans ce contexte des expositions coloniales, ont eu lieu les premières exhibitions ethnographiques, dont un des précurseurs est Carl Hagenbeck, qui fut un des pionniers spécialistes à organiser l'exhibition ethnographique des populations indigènes de contrées lointaines, présentées dans des spectacles mêlant danse, musique, scènes de combat ou défilés.

À la fin du XIXe siècle et dans la première moitié du XXe, dans la période de l'entre-deux-guerres, on constate qu'en Europe s'est construit un imaginaire du Noir tendant à donner aux populations une vision d'un monde « civilisé » distinct d'un monde « non civilisé », sauvage et primitif, celui du Noir. Des images stéréotypées des Noirs étaient diffusées à travers toute l'Europe par les spectacles, les affiches publicitaires, la presse, les expositions et les exhibitions ethnographiques. C'est pratiquement toutes les couches de la société qui s'intéressent alors à l'Afrique dans sa diversité.

L'historien Elikia M'Bokolo note :

> des images, des traces de l'Afrique se retrouvaient partout : les mémoires étaient empreintes de ces photos de tirailleurs sénégalais de la Grande Guerre : Joséphine Baker, Noire américaine symbolisait l'Afrique sauvage aux yeux d'un public peu averti et faisait des ravages dans la France des

1 Anne Décoret-Ahiha, *Les danses exotiques en France, 1880-1940*, 2004, p. 19.

années 1920 et 1930. La littérature de gare et les feuilletons populaires se faisaient exotiques et portaient les rêves d'évasion de leurs lecteurs. Les bandes dessinées qui circulaient présentent quelques personnages caractéristiques : le roi nègre orgueilleux et incapable, voire anthropophage, le serviteur soumis et innocent, le Noir paresseux et illettré... Le cinéma n'était pas en reste, la mode non plus [1].

L'historien M'Bokolo ajoute :

> dès l'école, l'enfant, les yeux rivés sur le planisphère qui décorait toutes les classes, apprenait à avoir une vision à la fois coloniale et raciale, exaltant le bien-fondé de la colonisation et de la supériorité de la race blanche [2].

La conscience européenne avait déjà intégré l'existence de deux mondes distincts et opposés.

L'on se souvient de la célèbre publicité, « Y'a bon Banania », caricature de la tête du Tirailleur, qui provoqua l'indignation de Senghor, exprimée dans « le poème liminaire » de son recueil *Hosties Noires* [3] :

> Vous Tirailleurs Sénégalais, mes frères noirs à la main chaude sous la glace et la mort
> Qui pourra vous chanter si ce n'est votre frère d'armes, votre frère de sang ?
> Je ne laisserai pas la parole aux ministres, et pas aux généraux
> Je ne laisserai pas - non ! – les louanges de mépris vous enterrez furtivement
> Vous n'êtes pas des pauvres aux poches vides sans honneur
> Mais je déchirerai les rires Banania sur tous les murs de France ! [4].

Le stéréotype c'est la caricature de l'autre, une déformation qui l'infériorise, « la chosification de l'autre ». C'est ce qui fait dire à Aimé Césaire : « c'est toujours de stéréotypes dont vivent les préjugés. Et c'est cela le racisme. Le racisme c'est la non-communication » [5]. Lorsque Senghor écrit son poème réagissant contre ces représentations stéréotypées des Tirailleurs, en 1940, l'Europe s'était depuis longtemps habituée à ces caricatures. C'est depuis la fin du XIXe siècle que ces images stéréotypées du noir s'étaient imposées à l'esprit des populations européennes. Les expositions coloniales et universelles et les exhibitions ethnologiques ont été de puissants leviers de diffusion de ces représentations stéréotypées et dévalorisantes du noir, particulièrement du noir et de sa danse, avec comme objectif de démontrer la supériorité du « Blanc » sur le « Noir », sauvage et primitif.

---

1 Elikia M'Bokolo, *Afrique noire. Histoire et civilisations*, t. 2, 2004, p. 349.
2 *Op. cit.*, p. 349.
3 Pascal Blanchard *et al.*, *Le Paris Noir*, 2001, p. 118.
4 Léopold Sédar Senghor, Œuvre poétique, « Hosties Noires », 1990, p. 55.
5 Aimé Césaire, « Discours sur l'art africain » dans *Aimé Césaire pour regarder le siècle en face*, 2000, p. 22.

Lors de ces expositions l'idée était de présenter les productions humaines de manière féerique, en privilégiant la mise en scène. Ces expositions étaient organisées en pavillons, aménagés selon les régions, selon les pays. En réalité l'idée était de donner à voir des populations de ces contrées lointaines et colonisées, de les montrer vaquant à leurs activités quotidiennes comme si elles étaient dans leurs villages naturels. Ces villages « *ethniques* ou *indigènes* » servaient de lieu de mise en spectacle de ces populations que l'on traitait de sauvages ou d'exotiques.

Les premières exhibitions des premiers Africains ont été organisées au XIXe siècle, dans un jardin d'acclimatation, au milieu d'animaux. Ils feront le tour de l'Europe, dans la tradition de la « Vénus hottentote ». Ils fascineront le public par des actes étranges comme ceux du charmeur de serpent ou du mangeur de braise. Ces spectacles étaient accompagnés de chants, de combats exécutés par des individus évoluant au milieu d'animaux, attirant la curiosité du public et même des scientifiques. Les chercheurs avaient là un terrain d'étude et se livraient à des observations sur les indigènes. C'étaient des objets d'étude, considérés comme des choses. Ils étaient réduits à l'état d'objet, condamnés à la chosification, à la réification. Les reconstitutions plus ou moins exotiques des villages africains lors des expositions coloniales et les exhibitions ethnologiques sont l'illustration même de ces situations où il n'existe aucun contact, aucun échange entre les populations exposées, qui sont des spécimens au service d'une science obsédée par la classification des races et le primat de la physiologie, et le public. Pas de communication humaine.

Le fait marquant de cette idée tendait à montrer que les Noirs étaient des êtres passionnés, dotés d'une énergie brute et viscérale, proche de la nature, traits naturellement incompatibles avec la réflexion, ce qui faisait d'eux des êtres inférieurs. Cette proximité avec l'état de nature se manifeste par un sens inné du rythme et une aptitude spontanée au mouvement. L'usage polyrythmique du corps qui consiste à faire bouger simultanément, à des rythmes et en des directions différentes, les parties du corps, semble réussir parfaitement aux noirs. Selon Gobineau l'infériorité intellectuelle du noir va de pair avec ses qualités artistiques supérieures : « la source dont les arts ont jailli est étrangère aux instincts civilisateurs. Elle est cachée dans le sang des Noirs [1] ».

Les expositions universelles et coloniales du début du XXe siècle continueront à être organisées sous le signe de l'exotisme. Pour Elikia M'Bokolo, le racisme scientifique avait tellement marqué les mentalités qu'il ne pouvait venir à l'esprit de personne d'avoir une vision du monde qui ne soit pas une vision inégalitaire et chargée d'exotisme. Pour les Européens de l'époque, le Noir est un être inférieur, primitif, fétichiste, Les représentations stéréotypées mettent l'accent sur la « monstruosité » de ces populations.

---

1 Arthur Gobineau, *Essai sur l'inégalité des races humaines*, Œuvres, 1853-1855, Paris, éd. Pierre Belfond, 1967.

Au début des exhibitions ethnologiques, les Africains, en France n'étaient pas très nombreux Ils commencèrent à venir en France notamment en nombre important autour des années 1920 et 1930, étudiants, intellectuels, écrivains, artistes.

C'est donc bien à partir de ces expositions coloniales européennes, organisées dans un contexte de domination colonialiste avec pour fondement la théorie de l'inégalité des races, que le regard européen s'est créé un imaginaire autour du noir et de sa danse, une représentation stéréotypée « le noir qui a le rythme dans le sang », qui s'est diffusée dans toute l'Europe et au-delà, et reste encore vivace aujourd'hui.

Nous situons la découverte de ce que nous appelons, ici, « danses africaines », à l'époque de ces expositions coloniales et universelles. La référence à la géographie n'est pas anodine, car cette discipline n'est pas neutre : il s'agit de l'espace et celui-ci n'est pas neutre. La géographie est physique, lieu des oppositions, des exclusions, espace où vivent des humains. On comprend qu'on ait pu transposer aisément l'éloignement physique, géographique, à l'humain, ainsi superposé, en les identifiant, l'ordre physique et l'ordre culturel. C'est bien ce que cite Anne Décoret-Ahiha : « On est ainsi passé d'une signification centrée sur la différence à un jugement sur cette différence, le terme désignant non plus un simple éloignement mais le caractère étrange, bizarre, séduisant ou répugnant, bref spectaculaire, né de cet éloignement » [1]. Le système colonial établit une hiérarchie des valeurs en affectant du signe négatif, parce que « autre » et « différent », tout ce qui vient d'ailleurs, particulièrement, ici, d'Afrique. « La distance est autant géographique que culturelle, voire ontologique ». L'on a affaire ici aux peuples colonisés dont on estime qu'ils sont dans leur essence ou dans leur nature des primitifs, sauvages, barbares. Le terme de primitif sera dès lors appliqué à toutes leurs productions culturelles et artistiques. La classification des arts introduira la catégorie d'art primitif appliquée à l'Afrique noire, à l'Océanie à l'Amérique précolombienne, avec sa connotation péjorative. Ce que l'on voulait alors signifier par son état d'infériorité était que le sentiment du beau dans ces parties du globe ne pouvait pas se comparer à celui des peuples conquérants. Une idéologie de classe les rangeait dans la catégorie des races inférieures, les dépréciant du simple fait qu'elles n'avaient pas suivi la même démarche historique, la même évolution, que les nations dites civilisées. Il faut, en effet, préciser que la dénomination d'art primitif va connaître à son tour une évolution, avec pour effet l'abandon de son sens essentiellement péjoratif qu'il avait à l'origine. Il faudra se référer à l'histoire de l'art. Au début du XXe siècle, la danse africaine, celle des peuples primitifs,

---

1 Jean Marc Moura, *La littérature des lointains. Histoire de l'exotisme européen au XXe siècle*, 1998. Cité par Anne Décoret-Ahiha, dans *Les danses exotiques en France 1880-1940*, 2004, p. 372.

est présentée comme l'art le plus primitif qui exprime l'impulsion vitale et son rythme. Les termes « exotique » ou « ethnique », qui servaient à identifier ces nouvelles formes de danse, révélaient une nouvelle manière de voir et de percevoir l'Autre.

Ces mises en scène conjuguées, au même moment, avec une présence de plus en plus marquée d'Africains et de Noirs américains, parmi lesquels des artistes et des écrivains, vont entraîner la pénétration et la diffusion en Europe de ces nouvelles formes de danse africaines ou américaines d'origine africaine, exotiques ou ethniques, leurs caractères exotique et ethnique vont être de plus en plus ancrés dans l'esprit des populations qui vont découvrir de nouveaux espaces, les cabarets, les dancings. Parmi les artistes qui seront remarqués dans le monde de la danse, on retiendra parmi les célébrités de l'époque, le nom de Joséphine Baker. Elles vont découvrir de nouvelles danses américaines, latino-américaines, cubaines, brésiliennes antillaises, en leur reconnaissant toujours leur origine africaine. Cette génération de nouveaux arrivants a été précédée par les Ballets russes de Diaquilev, de Nijinski. L'apparition de nouveaux canons esthétiques en danse faisait croire que les corps des noirs ne bougeaient pas comme les autres. La danse se prêtait à une telle interprétation, dès lors qu'elle s'appuyait sur une batterie de tam-tams à rythme continu. Ce tempo permettait au danseur, sous l'effet de l'inspiration, de se livrer à toutes les fantaisies expressives, « aux frémissements des épaules remuées comme aux puissants *yeungel ndigeu…* » ou « tornades de reins », selon l'expression de Senghor, pour marquer l'aspect érotique, sensuel et rythmé de la danse africaine.

L'étrangeté de cette gestuelle et les rythmes trépidants qui l'accompagnent vont susciter bien des curiosités. André Levinson ne manque pas de le souligner. Il retrouve à la base de la danse nègre « l'élémentaire et obscur déchainement rythmique, choc des plantes de pieds nues, appel des talons, premier vestige d'un ordre » [1]. Il ajoutait que les danses effectuées sur le rythme jazz d'origine afro-américaine « sont perçues comme l'expression d'une corporalité nègre uniforme, originaire d'Afrique *et de nature primitive* » [2].

Des espaces de danse gérés par des Américains et des Africains vont ainsi se multiplier. Des cours de danse étaient également proposés particulièrement dans les cabarets américains, cours de *Black bottom*, de *Charleston*…. On assiste aussi à la publication de revues spécialisées qui décrivent la pratique de la danse dans les « dancings », avec des réflexions, des études sur la danse dans toute sa globalité. On peut citer la Revue nègre animée par des artistes comme Joséphine Baker, venue d'Amérique, Habib Benglia, Ferral Benga,

---

1 André Levinson, citée par Annie Suquet dans *L'éveil des modernités*, 2012, p. 369.

2 *Ibid.*

célébrité de l'époque « dont la spécialité était de divertir sous le signe de l'exotisme ». C'est parce que c'était l'air du temps que le critique sénégalais Lamine Diakhaté ne les accable pas ; au contraire, il se montre plutôt compréhensif, estimant que :

> les uns et les autres étaient ou se trouvaient assez éloignés des sources de la Négritude, des sources de l'âme négro-africaine. L'on ne saurait le leur reprocher. Ils se produisaient devant un public « rongé par la soif de découvrir en se divertissant [1].

Cette remarque du critique Sénégalais paraît, en effet, importante. Elle montre bien que les danses présentées dans le contexte des expositions coloniales ne sont pas au sens strict des danses africaines, mais plutôt exotiques, marque de leur authenticité. Coupées de leurs sources, de la sève ancestrale, elles perdent de leur authenticité, de leur vérité et de leur vitalité. Elles sont sans âme. C'est bien notre point de vue. Nous pensons que c'est dans ce contexte que nait le concept de « danse africaine » quand il a fallu affirmer ce qu'est cette nouvelle corporalité, cette nouvelle gestuelle et son origine lointaine africaine. Ramenée à son contexte de création, la danse africaine est exotique, loin de sa source proprement africaine. À la limite, elle est une caricature. Il faudra attendre les mouvements pour l'indépendance pour révéler la vraie authenticité de la danse africaine. Ce sera le combat de Fodéba Keïta et du courant de la négritude. C'est ce qui explique l'indulgence du critique sénégalais.

La rencontre ou la découverte de ces nouvelles formes de danse crée, en effet, une altérité culturelle qui mène progressivement à une interculturalité. L'idée d'apprendre les danses venues d'ailleurs va lentement imprégner les esprits. Le fait marquant de cette pratique dansée, c'est la création d'une scénographie exotique. C'est, soit le nom donné à l'espace, par exemple « le Shéhérazade », au 3 rue de Liège, à Paris, qui va symboliser l'ailleurs, soit le matériau utilisé dans l'aménagement des salles avec, par exemple, un sol en bois permettant aux danseurs de marteler le sol avec leurs pieds en poussant des cris aigus, assourdissants, censés disposer les spectateurs au dépaysement. Ces espaces de danse et les spectacles qui y sont montés favorisent la création d'un exotisme. Ils offrent à voir des corps qui s'expriment par des danses (« furieuses » et « exaltées »). Ils seront fréquentés par des publics soucieux de découvrir de nouvelles formes de danse venues particulièrement d'Afrique, qui les font rêver de ces lointaines contrées où les corps et leurs gestes étaient absolument différents de leur propre environnement quotidien, sans se soucier de l'authenticité des décors qui accompagnent ces spectacles, et se crée un imaginaire autour de ces danses et de ceux et celles qui les pratiquent.

---

1 Lamine Diakhaté, « La danse en Afrique » dans Premier Festival mondial des Arts nègres, Dakar 1-24 avril 1966.

L'imaginaire commun créé autour du primitif prônait un certain discours, à savoir que ses facultés innées pour la danse provenaient du fait que les aptitudes à une activité corporelle dépendaient étroitement des gènes et de l'appartenance raciale de l'individu. Ainsi, ces considérations primitivistes étaient accompagnées de racialisme. C'est ainsi qu'on a attribué aux Noirs des dons rythmiques, privilèges exclusifs de la nature, uniquement à eux tout en limitant leur corporalité dans la stricte possibilité d'une seule et unique manière de bouger. Cette théorie semblait si juste et appropriée qu'elle énonçait que la danse est avant tout une affaire ethnique, ce qui signifie qu'il y a dans le corps des individus de chaque race des rythmes qu'il leur est facile d'exécuter et d'autres plus complexes. Telle est l'idéologie qui sous-tend ces discours en apparence apologétiques sur les facultés innées des noirs, dont les « Blancs » seraient dépourvus.

L'exotique est le colonisé en plus d'être un sauvage, un primitif qui exprime ses caractéristiques propres à travers sa manière de danser. Cette conception des rapports entre les deux mondes s'est renforcée lorsqu'elle s'est confrontée aux pratiques corporelles comme la danse. En effet, la danse est un outil idéal d'échange et d'interaction entre les hommes. C'est l'une de ses fonctions. Elle permet l'expression de valeurs esthétiques et symboliques. Le corps est l'objet principal qui sert de medium à la pratique dansée. Parce que le corps est ce qui nous lie et nous relie par l'exercice, il a pu être pour les cultures européennes un objet de fascination et de curiosité et servir en même temps d'objet de différenciation et de distinction.

La méconnaissance de nos cultures africaines par les populations européennes et l'éloignement de nos pays, par rapport aux pays européens eux-mêmes, ont accentué le caractère exotique, bizarre, de la manière de danser du Noir, du Noir dansant. Le regard, plus ou moins étrange, porté sur les Africains et leurs danses s'expliquerait donc par la différence entre les corporalités et la gestuelle les accompagnant que vient fonder l'idéologie colonialiste et racialiste. C'est celle-ci qui transforme en son contraire, c'est sa fonction, la vocation du corps par la danse à être un appel à la fusion, à l'union.

3. Le pouvoir du négatif : la revanche de l'exotisme

Ce chapitre souligne les changements qui ont été causés par les contacts, la rencontre des cultures, acculturation ou interpénétration, à l'occasion des expositions coloniales universelles, et ont modifié le regard occidental sur la corporalité et la gestuelle africaines de manière positive et, dans le même temps, ont ouvert la voie à l'affirmation de la danse africaine dans sa richesse et son authenticité, sa vérité. Les expositions coloniales et universelles sont bien ces premiers espaces de contacts, où toutes les danses de ces pays étaient représentées. Elles étaient l'une des composantes de cet univers féérique, spectaculaire, comme l'ont voulu les organisateurs [1]. Parmi les attractions, la danse avait le plus grand succès.

Ces manifestations organisées par le pouvoir colonial ont produit un effet contraire à ce qui leur était assigné comme objectif. C'est dire qu'il y a eu une évolution dans les mentalités. Passée la période de curiosité, les populations européennes ont commencé à changer leur façon de voir ces danses.

Au premier contact avec cette autre façon de bouger le corps, les populations européennes se sont posé des questions, passant de la curiosité à l'étonnement. On peut imaginer ce qui les a préoccupés : ces danses venues d'Afrique sont-elles des danses, au sens où l'on entend par danse une pratique artistique ? Sont-elles des rites, pour accomplir ou accompagner une activité sociale, telle que la chasse, la pêche, les travaux des champs, etc. ? Ces interrogations portent sur la nature de ces danses parce que précisément elles viennent d'ailleurs, loin de leur environnement culturel et social naturel, loin de leurs sources. Ces questionnements intéressaient aussi bien les visiteurs que les ethnologues, anthropologues et explorateurs, ainsi que tous ceux qui n'ont pas eu l'occasion d'effectuer les voyages vers les terres lointaines.

Quelques-uns ont compris toute la richesse et la fécondité de ces danses pratiquées dans ces cultures dites exotiques. Marcel Mauss et Michel Leiris étaient de ceux-là. Anne Décoret-Ahiha donne l'exemple de Michel Leiris qui disait avoir aimé le jazz « pour ce qu'il avait de non occidental, pour ce qu'il apportait de non occidental, d'exotique à l'extrême dans l'art occidental » [2]. La découverte de ces nouvelles danses donnait lieu à des critiques de la civilisation occidentale et de ses mœurs. Michel Leiris était un habitué des cabarets. Il n'y allait pas pour danser. C'est bien là qu'il apprit à aimer la danse jazz, à reconnaître à l'« exotique » une valeur positive pouvant être utile à la danse occidentale. L'on n'est plus dans « l'exotique », mais dans l'histoire réelle. Ainsi, ils sont quelques-uns comme Leiris, témoins des expositions coloniales à ne pas adhérer à l'idéologie dominante. Cet exemple sera suivi par de nombreux spectateurs européens, partagés entre admiration et frayeur au moment même où ils découvrent ces nouvelles formes de danse.

L'engouement pour ces danses venues d'ailleurs, américaines, brésiliennes, cubaines, antillaises de connotation africaine était perçu comme « la revanche du corps, sur l'esprit, la réaction nécessaire, le juste retour à la nature » [3]. On découvrait que l'exotisme était susceptible d'apporter à l'Europe : sa vitalité qui se dégageait de ces danses, de ces corps, la créativité de ces artistes dont la maîtrise de leur corps leur assurait une totale liberté dans l'exécution des

---

1 Anne Décoret-Ahiha a consacré à ce sujet un livre, qui a beaucoup insisté sur l'intérêt que la danse a représenté pour les autorités coloniales (*Les danses exotiques en France 1880-1940,* 2004, 320 p.).

2 Anne Décoret-Ahiha, *op. cit*., p. 90.

3 Anne Décoret-Ahiha, *op. cit*., p. 90.

pas de danse. Ces nouveaux adeptes des danses exotiques y trouvaient le souffle dont avait besoin l'Europe pour se régénérer.

C'est ce sentiment que décrit Sem, cité par Anne Decoret-Ahiha :

> [la danse jazz] nous a restitué la gaieté physique, la gaieté musculaire, celle de notre pauvre carcasse en révolte qui dans un délire de contorsions, se libère de cette camisole de force imposée par la géométrie inflexible des vêtements modernes à nos membres ankylosés. [...] Et plus cette joie est purement réflexe, animale, plus elle est bienfaisante, intellects surmenés qui ne vivons que par notre cerveau, saturés d'abstractions [1].

Ces formes de danse dites exotiques, considérées hier avec mépris, vont désormais servir de bonnes sources d'inspiration aux chorégraphes du monde entier qui continuent à venir en Afrique s'inspirer de nos danses et de nos rythmes. C'est le résultat positif engendré par le négatif. C'est ce renversement dialectique que Malraux exprime quand il a dit « l'Afrique a changé la danse dans le monde... ».

Ce revirement met en lumière la dimension spirituelle de la danse africaine, comme l'indique ici Fodéba Keïta, pour discerner « la noblesse » et « l'intense humanité » des chants et danses de l'Afrique.

Garaudy rejoint le jugement de Fodéba Keïta lorsque lui-même reconnait que l'erreur de l'Europe se situe dans le dualisme, la séparation de l'âme et du corps. Il ressort de cette idée de redonner à la danse sa signification humaine et spirituelle à laquelle on ne peut parvenir qu'en libérant le corps et ses mouvements.

En revenant au rapport entre les nouvelles danses d'inspiration africaine et les visiteurs européens, ceux-ci expriment le malaise de la civilisation occidentale et leur aspiration à une harmonie ou un équilibre qui a été rompu du fait du dualisme entre âme et corps. Les danses inspirées de l'Afrique créent chez les visiteurs l'inquiétude de la transcendance.

En conclusion, nous rappellerons qu'en situant notre recherche dans le contexte des expositions coloniales et universelles, nous avons voulu montrer le lien entre l'anthropologie et l'histoire. Notre projet n'était pas de faire une étude des exhibitions ethnologiques, des expositions coloniales, mais de montrer le lien entre ce que nous appelons aujourd'hui danse africaine et les spectacles qui ont été organisés à l'époque des expositions, entre la fin du XIXe siècle et la première moitié du XXe, l'entre-deux-guerres. S'il y a à écrire une histoire de la danse africaine, on ne peut passer outre l'étape que constituent ces manifestations qui ont véhiculé à travers toute l'Europe des conceptions s'appuyant sur une production iconographique abondante, en accréditant l'idée stéréotypée, parmi d'autres, selon laquelle « *le noir a le*

1 *Ibid.* p. 90

rythme dans le sang ». Ainsi la caractérisation de ces danses venues d'Afrique, appelées danses exotiques, introduit indirectement ou subtilement une distinction entre celles-ci et les danses africaines enracinées dans leur univers socioculturel. N'y aurait-il pas la même différence entre ce que les expositions coloniales donnent à voir dans les villages reconstitués de la vie des populations colonisées et la réalité de la colonisation sur le terrain, brutale, violente, oppressive ? Les danses exotiques ne sont, de notre point de vue, que l'image renversée de la danse africaine, tout comme les spectacles organisés lors de ces expositions sont l'image renversée de la férocité, de la barbarie de la conquête coloniale.

La découverte de la danse africaine a lieu au moment de la construction d'un imaginaire social de l'altérité. La construction d'une identité de toute civilisation se bâtit toujours sur des représentations de l'autre créant en retour une autoreprésentation de soi qui permet de se situer dans le monde. Dans le contexte colonial, politique, de domination de l'autre, se construit une représentation négative de l'autre, stéréotypée, qui pénètre le corps social, avec pour objectif de démontrer la supériorité du dominateur sur le dominé. Nous avons voulu souligner, dans un tel contexte, le rôle déterminant de la danse, plus précisément de la corporalité et de la gestuelle.

5. Les castes : un système de domination

Après avoir évoqué les expositions et exhibitions coloniales, nous examinons maintenant le second volet des espaces des imaginaires constitués par le système des castes en milieu wolof.

1. Cadre d'étude : espace géographique

Située sur l'extrémité la plus occidentale du continent africain, au plan de l'organisation administrative, le Sénégal comprend quatorze régions administratives composées de départements, d'arrondissements et de communes.

Carte administrative du Sénégal

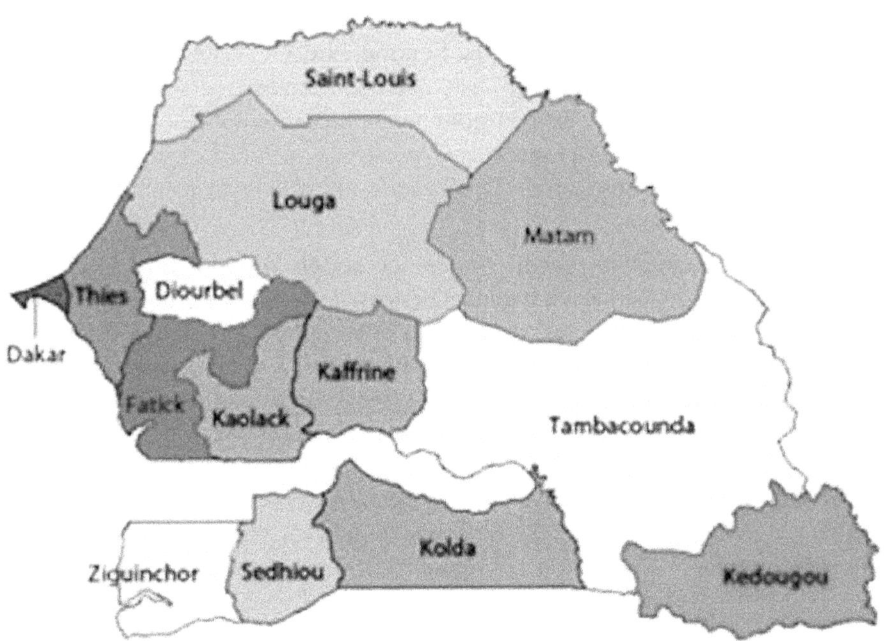

Source : Ministère de l'Intérieur du Sénégal

Le domaine traditionnel du Wolof, espace géographique qu'il occupe encore aujourd'hui, s'étend du nord au sud, depuis le delta du Sénégal jusqu'à la latitude de Diourbel, et d'Ouest en Est, de la côte atlantique au désert du Ferlo. Les régions qu'il englobe, constituées dans le passé précolonial, concernent les royaumes du Waalo, du Jolof, du Kajoor et du Baol.

Chez les Wolof, la musique est présente dans toutes les étapes de la vie communautaire et individuelle ; elle est attribuée essentiellement aux membres d'un groupe, celui des griots. L'origine du mot est méconnue. Il pourrait tirer sa racine du portugais *criado* qui signifie « celui qui vit dans la maison du maître ». Le nom de griot, ou *gewel* en langue wolof, viendrait de l'expression « former un cercle autour de », car le griot est celui autour de qui on forme le cercle.

2. Les castes : critères pour leur définition

Après avoir traité des danses pratiquées par les Noirs durant la période d'avant et de l'entre-deux-guerres, qui ont mis à nu des préjugés résistant encore à l'usure du temps, nous nous intéresserons à cette autre forme d'inégalité, de domination de groupes : les castes dans la société wolof du Sénégal. D'où viennent donc les castes ? Quelle est leur origine ? Plus fondamentalement, d'où vient cette « répulsion », ce caractère *d'impureté* qui accompagne et affecte principalement la caste des griots ?

Les principes par rapport auxquels on définit généralement les castes sont l'hérédité, la profession, la hiérarchie, l'endogamie. Ces critères sont reconnus par Abdoulaye Bara Diop qui précise, dans son étude, que sur ce point tous les anthropologues sont d'accord pour les admettre comme caractéristiques des castes, même s'ils « adoptent des positions différentes, aussi bien sur l'importance relative des critères qualifiant empiriquement les castes que sur leur fondement » [1].

Viennent s'ajouter *le pur* et *l'impur,* ce couple d'opposition à caractère religieux, sacré, mythique ou racial. Quel est le fondement objectif réel ou idéologique du système des castes ? L'éclairage des auteurs dont nous présentons ici les études sera utile pour apporter une bonne réponse. Je précise que le terrain de recherche privilégié est le Sénégal, avec le système des castes particulier à la société wolof, reposant essentiellement sur l'opposition *géér / ñeeno.* Les *géér* sont la caste supérieure, qui est unique. Les *ñeeno* sont les castes inferieures, divisées en sous-castes. C'est ce couple qui constitue le système, une totalité, un tout à l'intérieur duquel les éléments sont ordonnés hiérarchiquement. Dans son ouvrage *La société wolof. Tradition et*

1 Abdoulaye Bara Diop, *La société wolof. Tradition et changement*, 1981, p. 37.

changement. Les systèmes d'inégalité et de domination, Abdoulaye Bara Diop le compare à la coutume ancestrale :

> Dans le domaine des stratifications sociales secondaires, les castes constituent au Sénégal au sein de la société wolof, un système important issu d'une époque certainement très ancienne mais qui se maintient avec une persistance remarquable. Il continue d'ordonner les groupes, de déterminer les statuts, les fonctions et les comportements en référence à un ordre social – réputé archaïque mais vivace – dont l'origine se perd dans la nuit des temps [1].

Les castes assignent aux membres du groupe, aux individus, des activités bien spécifiques en lien avec le souci de satisfaire les besoins vitaux de la collectivité. La société est organisée de telle sorte que la satisfaction des besoins vitaux est assurée par les activités productives des différentes spécialités. Chaque caste est associée à un métier.

L'origine du phénomène des castes est très ancienne. Son apparition remonte loin dans le temps. « Réputé archaïque », selon Abdoulaye Bara Diop, le système des castes est encore « vivace » de nos jours. Cette durabilité s'explique, entre autres, par la force des croyances qui lui sont rattachées.

Le système des castes existe dans la plupart des sociétés sahéliennes. Selon Jacques J. Maquet [2] :

> les sociologues définissent habituellement une société à castes comme une société composée de différents groupes hiérarchisés, chacun d'eux étant endogame, pratiquant quelque occupation héréditaire et auquel on appartient à la naissance [3].

Makhtar Diouf propose une définition selon laquelle les castes sont une forme de différenciation sociale sur la base de critères tels que la répulsion, la hiérarchisation, la division du travail, l'hérédité. Si elle reprend l'essentiel des caractères déjà reconnus aux castes, celle-ci introduit un élément nouveau par rapport à la précédente définition, c'est le terme « répulsion ». En définitive, les critères qui permettent donc de caractériser les castes sont : la profession, l'endogamie, la répulsion ou le mépris, l'hérédité, la hiérarchie.

En observant de plus près la société wolof, parmi les critères qui ont retenu notre attention et qui appellent une explication, c'est la répulsion qui renvoie à la notion d'impureté. Cette notion nous intéresse parce qu'elle est fondamentalement constitutive, dans le système wolof, de la caste des *ñeeño*, c'est-à-dire celle des griots ou *gewel* qui ont le monopole héréditaire de la

---

1 Abdoulaye Bara Diop, *La société wolof. Tradition et changement*, 1981, p. 27.

2 Jacques J. Maquet, *Afrique, les civilisations noires*, cité par Abdoulaye Bara Diop, *La société wolof, Tradition et changement*, 1981.

3 *Op. cit.*, p. 27.

pratique du chant et de la danse. Aussi, toute personne n'appartenant pas à ce groupe se déshonorerait à pratiquer le chant et la danse, qui est le monopole héréditaire des griots et se trouve affectée d'un caractère impur.

L'abbé David Boilat, un des premiers prêtres sénégalais, a donné une description très détaillée de cette situation propre à la caste des griots, dans ses *Esquisses Sénégalaises.* Il rapporte l'opinion des Wolof en adhérant à l'idéologie du temps et du milieu :

> Ces griots croient que Dieu les a créés pour les plaisirs terrestres, et qu'après s'être amusés dans ce monde et avoir contribué à la reproduction d'autres hommes, ils doivent, après leur mort, reposer d'abord en paix jusqu'au jugement dernier, puis quand les bons et les méchants auront reçu la rétribution de leurs œuvres, revenir, eux, sur la terre, pour s'y amuser et danser pendant toute l'éternité. Quelques-uns exercent le métier de tisserands, ce sont les plus sages ; tous les autres n'ont d'autre état que de jouer du tam-tam, pour faire danser les nègres, de faire les éloges de tous ceux qui par vanité aiment à être flattés et louangés, mais qui finissent par être leurs dupes. En vain chercherait-on à découvrir la moindre poésie dans leur bavardage emphatique, et cependant ils exaltent les esprits des Wolof et leur font même quelquefois verser des larmes, en vantant le courage et les prétendues vertus de leurs aïeux… Les femmes de ces espèces de poètes-musiciens sont couvertes de verroteries de toutes les couleurs et de bijoux d'or. La danse est l'art où elles excellent le plus [1].

Par ailleurs, l'Abbé David Boilat traite les griots « de poètes-musiciens », « dont on chercherait en vain » la moindre poésie dans « leur bavardage emphatique ». C'est son opinion et son jugement qui est sévère. Confrontée à celui d'un poète, Léopold Sédar Senghor, nous avons un tout autre regard. Dans sa préface pour *Danser le XXe siècle*, ouvrage consacré à Maurice Béjart, Senghor avoue :

> En effet, un chant de GRIOT – c'est notre troubadour d'Afrique – m'a, maintes fois, inspiré tout ou partie d'un poème, et j'écris de plus en plus souvent en pensant, en vivant un chant ou une danse » [2].

Nous allons centrer notre réflexion sur les griots à qui l'on attribue le savoir-faire et la maîtrise de la pratique culturelle et sociale, que sont le chant et la danse. Après ces brèves considérations historiques sur le système des castes, la spécialisation professionnelle, l'hérédité, l'endogamie, la hiérarchie, il faut examiner le contenu de chacune d'elle chez les Wolof et préciser quel peut être son rapport à l'idéologie de caste. Où se situe donc la dimension négative qui rend la pratique de la danse et du chant dévalorisante, de même que le mépris qui accompagne la caste.

---

1 Abbé D. Boilat, *Esquisses sénégalaises*, Paris, Bertrand, 1853, p. 313.
2 Léopold Sédar Senghor, *in* Maurice Béjart, *Danser le XXe siècle*, 1977, p. 13.

Nous retrouvons la même situation en Inde où il y a aussi de l'impureté ! Mais quelle en est l'origine ? Ces deux systèmes ont-ils la même source ? Nous savons qu'en Inde, l'impureté s'explique par la religion. En est-il de même pour la société wolof ?

3. Le pur et l'impur : origine religieuse ou idéologique

Les auteurs qui se sont intéressés aux castes sont pour la plupart des indologues. Leurs travaux ont porté sur l'Inde et ses castes. Il s'agit de John Henry Hutton, Edmund Leach, Louis Dumont, pour ne citer que ceux-là qui ont marqué la discipline.

> Les indologues, écrit Abdoulaye Bara Diop, – travaillant sur un terrain privilégié – ont été pour beaucoup dans l'approfondissement de l'interprétation théorique… » du système des castes. Il ajoute : « Le point de vue de L. Dumont, par rapport auquel toute étude actuelle des castes doit se situer, peut se résumer ainsi : le système des castes repose sur l'opposition religieuse du pur et de l'impur : structure fondamentale qui explique ses caractères principaux : hiérarchie, séparation, interdépendance. C'est cette idéologie – contenue dans la religion brahmanique – qui fonde la cohérence de tout le système [1].

De l'opposition du pur et de l'impur on tire toutes les autres déterminations des castes : la séparation, parce qu'il faut tenir séparés le pur et l'impur, la division du travail parce qu'il faut également tenir éloignées les unes des autres les occupations pures et impures, la hiérarchie qui résulte de la supériorité du pur sur l'impur. Tout le système repose donc sur un seul et véritable principe : l'opposition du pur et de l'impur. En tant que tel, selon Abdoulaye Bara Diop, ce principe sur lequel repose le système tout entier relève de l'idéologie.

Plusieurs auteurs ont tenté d'apporter une explication à l'origine des castes et de répondre à la question du fondement. Les points de vue sont divergents. Abdoulaye Bara Diop souligne ainsi que les anthropologues occidentaux ont sur la question des avis partagés. Il estime que ceux-ci ont beaucoup étudié les castes à partir de la société indienne qui présente un tableau très diversifié, alors qu'en Afrique, c'est du côté de l'Afrique de l'Ouest que se pose l'équation des castes.

Abdoulaye Bara Diop passe en revue leurs points de vue. Pour Govind Sadashiv Ghurye, ce qui prime, c'est l'aspect endogamique, parce que l'importance est donnée aux notions de pureté raciale et rituelle ; alors que pour A. Rose, ce seraient les différentes fonctions ou professions qui seraient

1 Abdoulaye Bara Diop, *La société wolof. Tradition et changement*, 1981, p. 28.

à l'origine de la classification. D'autres, comme Harry Lowie, qui met en avant la hiérarchie, la notion de pureté rituelle ou raciale est juste un prétexte pour les castes supérieures, une manière de garder leur distance vis-à-vis des autres. Ils y parviennent par mystification. Le système, en effet, ne peut fonctionner que si les populations y adhèrent, y croient. Il y a nécessairement aliénation. Pour Louis Dumont et Célestin Bouglé, « le fondement du système des castes est d'ordre religieux, il se situe au niveau du sacré, de l'opposition du pur et de l'impur » [1].

Il y a lieu cependant de se demander si les résultats obtenus par Dumont, dont l'autorité sur cette question semble être incontournable, qui ne reprend que les conclusions de Bouglé, comme le fait remarquer Abdoulaye Bara Diop, à partir de l'observation d'une société particulière, l'Inde et la religion brahmane, peuvent s'appliquer à toutes les sociétés.

La méthode inductive suivie par Dumont ne permet pas d'appliquer « sans hésitation », de façon à priori, à toutes les sociétés, les résultats de ses travaux obtenus à partir d'une société particulière. D'où cette réaction d'Abdoulaye Bara Diop :

> À partir de l'étude d'une société unique – la société hindoue – l'auteur définit la notion de caste, le système de castes, en leur conférant une validité générale. C'est une induction à partir d'un seul cas. On peut se demander ce qui fonde la légitimité d'une pareille démarche. C'est le fait érigé en droit, la contingence en nécessité. Il n'est pas étonnant, dans ces conditions, que la caste définie à partir de l'Inde uniquement, ne se rencontre nulle part ailleurs, comme Dumont le reconnait ; même sous ses formes atténuées, elle est un produit d'acculturation hindoue [2].

Mais l'on peut ajouter, en se référant à la remarque de Claude Lévi-Strauss, que le couple d'opposition "le pur et l'impur" et la religion brahmane de l'Inde qui lui donne sens, peut ne pas avoir, s'il est appliqué aux castes chez les Wolof, le même sens qu'on leur donne en Inde. Qu'en est-il donc chez les Wolof ?

Par rapport à ce problème, l'impureté qui est rattachée à la pratique de la danse, exercice attribué à la caste des griots, ne s'explique pas par une origine religieuse, mais plutôt, comme le dit Abdoulaye Bara Diop, par une idéologie de domination.

L'idéologie de la race

Les rapports entre les castes poussent à chercher à comprendre les comportements de mépris ou de distance à l'égard de certaines personnes, pour en découvrir le fondement, c'est-à-dire l'idéologie. Observant ces

---

1 Abdoulaye Bara Diop, *La société wolof. Tradition et changement*, 1981, p. 37.
2 *Op. cit.*, p. 30.

comportements, la question qui vient à l'esprit est si la religion pouvait en être la source. Il s'agit de la société wolof du Sénégal. En Inde, on le sait avec les études de Louis Dumont, c'est le cas. Mais qu'en est-il au Sénégal ? Quel est le rôle des religions qui y sont pratiquées, l'islam, le christianisme, les religions traditionnelles ? Par rapport à l'islam, la question ne se pose pas, car c'est une religion prônant l'égalité entre les croyants. Il en est de même des religions traditionnelles qui sont des cultes destinés aux ancêtres, des religions du foyer, avec leurs rituels et leurs représentations sous des formes variées appelées *tuur*, qui sont objets d'adoration. Il en est de même du christianisme.

La réponse à la question du fondement pourrait venir de l'observation des rapports entre les comportements des *géér* et des *ñeeño*. Nous sommes en présence d'une véritable construction imaginaire.

Serait-il question d'une mystification, d'une transformation de la réalité et on ferait passer pour du biologique ce qui en réalité relève de la culture**.** Le point de vue d'Abdoulaye Bara Diop est dès lors très clair. Il l'exprime en ces termes :

> La théorie raciale de la formation des castes témoigne d'une volonté d'enraciner la culture dans le biologique. La division sociale du travail ayant donné naissance à cette stratification emprunte le modèle de stratification primaire du travail reposant sur des critères biologiques : âge et sexe. Dans ce cas, le critère devient racial, mais il n'est plus réel, il est mythique » [1].

Ce désir de biologiser la culture, que l'on constate dans les castes, est contraire à toute forme de socialisation ou de culturalisation de la nature. Abdoulaye Bara Diop voit une relation entre la biologisation de la culture et la régression ou, au moins, une fixation de l'ordre socioculturel. En effet, la fonction de l'idéologie raciale ou biologique des castes est précisément d'assurer la reproduction du système. Elle stabilise, elle fige le système, et ne s'ouvre pas au changement ni au progrès. Ici, l'éclairage des travaux d'Abdoulaye Bara Diop est d'un apport déterminant.

L'explication du statut des castes inférieures induit une opposition entre castes supérieures de race pure et castes inférieures de race impure.

À son tour, Yoro Dyao qui adopte cette théorie explicative, oppose *géér* et *ñeeño* sur la base de la pureté et de l'impureté raciales. Abdoulaye Bara Diop précise :

> La notion de pureté, à laquelle on se réfère bien chez les Wolof, n'est pas religieuse, comme en Inde, mais raciale Son application ne nécessite pas de purification rituelle, ni même d'intouchabilité, mais la séparation biologique avec l'endogamie de caste [2].

---

1 Abdoulaye Bara Diop, *La société wolof. Tradition et changement*, 1981, p. 45.
2 *Ibid.*, p. 44.

Abdoulaye Bara Diop n'est pas loin de penser que des formes d'intouchabilité ont pu exister autrefois dans la société wolof, mais elles ont disparu aujourd'hui. Seule l'endogamie subsiste fortement de nos jours. L'idéologie de la caste chez les Wolof se trouve ainsi pleinement formulée par Abdoulaye Bara Diop :

> L'idéologie de la caste chez les Wolof, comme dans beaucoup d'ethnies, s'apparente à une idéologie de la race. Le racisme est toujours un mythe : mythe de la race supérieure. Ici, il l'est à un double titre : celui, classique, de la hiérarchie raciale, celui, aussi, de l'existence même de races différentes à la base de la stratification des castes [1].

Qu'est ce qui explique la permanence de cette croyance si elle n'est pas religieuse ? Sur quoi repose-t-elle ?

La force de la croyance

Une question reste à poser : comment rendre compte de la croyance persistant dans les castes, si elle n'est pas d'origine religieuse comme le prétend Abdoulaye Bara Diop ? D'où tire-t-elle donc sa force ?

Il faut compter, en effet, avec la croyance. Tant que durera celle en les risques, les dangers, les interdits et les sanctions des ancêtres, le système survivra.

Par quel moyen mettre un terme à la croyance que les griots auraient un pouvoir maléfique qui corrompt tout ce qu'ils touchent, qu'ils portent malheur, « empoisonnent » ce qu'ils touchent et dont il faut éviter ou fuir le contact ? Les exemples ne manquent pas qui prouvent la persistance de cette croyance.

Toute la difficulté tourne, donc, autour de cette notion d'*impureté* et des termes équivalents, comme *répulsion, mépris, déshonneur, dégradant*. Abdoulaye Bara Diop passe en revue des auteurs, anciens et récents, qui ont décrit des attitudes de distance, de mépris, de répulsion à l'égard de groupes de personnes appartenant à la caste des *ñeeño*. Ces comportements, aujourd'hui très atténués, dont certains, de l'aveu d'Abdoulaye Bara Diop, n'étaient pas loin de l'intouchabilité hindoue, sont observés bien plus dans certains villages traditionnels que dans les villes.

Nous retiendrons les témoignages anciens de Valentim Fernandes, d'Anne Raffenel et de l'abbé Boilat.

Valentim Fernandes [2] présente divers documents évoquant dès le XVIe siècle les griots, qui baignent dans une situation ou dans une culture portant la

---

1 Abdoulaye Bara Diop, *La société wolof. Tradition et changement*, 1981, p. 44.

2 Valentim Fernandes, *Description de la Côte d'Afrique de Ceuta au Sénégal, (1506-1507)*, 1938.

marque de l'impureté. Ses descriptions sont confirmées à la fin de ce siècle par d'autres auteurs comme Andre Alvarès d'Almada,.

Anne Raffenel rapporte, au milieu du XIXe siècle, une coutume qui interdisait l'enterrement des griots. Il leur était réservé comme sépulture les troncs creux des baobabs, d'où l'appellation, encore connue de nos jours au Sénégal, de *guy gewel* , signifiant "baobabs à griots". Il retient l'explication qu'en donnent les populations :

> leurs corps empoisonneraient les grains et les fruits, prétendent les autres nègres, et ils empoisonneraient également l'eau et les poissons ; alors ils ne sont ni enterrés ni jetés dans la mer ou les rivières » [1].

Cette pratique était courante au Sénégal, jusqu'à une date récente. C'est une décision du président Senghor qui y a mis fin. Mais a-t-elle fait disparaître la croyance sur laquelle elle repose, que les griots auraient un pouvoir maléfique, qui corrompt tout ce qu'ils touchent, qu'ils portent malheur, « empoisonnent » ce qu'ils touchent et dont il faut éviter ou fuir le contact ? Cette répulsion à l'égard des griots touchait aussi les castes artisanales (tisserands, savetiers, forgerons).

Gaspard Théodore Mollien, au début du XIXe siècle, partage le même avis et note que ce mépris à l'égard des griots et des artisans était tel que même les esclaves ne voudraient pas prendre épouse dans une famille de griots ou d'artisans. L'abbé Boilat, au milieu du même siècle, observe le même comportement s'agissant des forgerons [2].

Cette forte répugnance évoquée par l'abbé Boilat est assimilable au « plus grand déshonneur », presque comparable à l'intouchabilité hindoue. Elle se manifeste également, selon Yoro Dyao cité également par A. B. Diop, vis-à-vis de tous les *ñeeño*, et particulièrement des *ñoole*, griots, forgerons. Il faut admettre cependant, comme le confirme A. B. Diop : « Aucune de ces informations sur les relations intercastes dans le passé lointain et proche ne peut surprendre quand on connaît la société wolof ».

Abdoulaye Bara Diop semble dire que c'est parce qu'ils acceptent leur basse fonction de laudateurs-quémandeurs, pour obtenir en échange des avantages matériels, que les membres de la caste inférieure, les *ñeeño*, continuent à être considérés comme des inférieurs sociaux au-dessous des *géér* dont ils reconnaissent la supériorité. Comment rendre compte de cette acception à laquelle ils ne semblent pas pouvoir échapper, qui s'impose comme une nécessité sociale ? Quand bien même la comparaison intéresse les griots et forgerons, je précise que mon étude ne porte que sur les griots concernés par la danse.

---

1 *Op. cit.*, p. 40.

2 Abbé Boilat, *op. cit.,* 1853, p. 311.

La théorie de la croyance pratique de Bourdieu peut mettre sur la voie d'une explication.

Dans *Le sens pratique,* au chapitre consacré à « la croyance et le corps », Bourdieu y développe le thème de la croyance pratique. Celle-ci- n'est pas un « état d'âme », encore moins une espèce d'adhésion volontaire, consciente, réflexive, à un système de dogmes, de vérités doctrinales, comparable à la foi religieuse, à la croyance religieuse, « croyance pratique » dont parle Kant dans la *Critique de la raison pure.* Elle est « originaire », « native », primitive ou primaire, « immédiate ». Elle est, selon l'expression dont s'autorise Bourdieu un « état de corps », expression qui fait penser à Marcel Mauss, dont il se réclame, mais aussi à l'expression propre de Bourdieu, « l'intelligence du corps ». Pour être plus explicite, elle est, dit-il, *« la doxa originaire »,* c'est-à-dire « cette relation d'adhésion immédiate qui s'établit dans la pratique entre un *habitus* et le champ auquel il est accordé, cette expérience muette du monde comme allant de soi que procure le sens pratique. La croyance en acte, inculquée par les apprentissages primaires qui, selon une logique typiquement pascalienne, traitent le corps comme un pense-bête, comme un automate, « entraîne l'esprit sans qu'il y pense » en même temps que comme un dépôt où sont conservées les valeurs les plus précieuses » [1].

L'on ne peut donc pas dissocier la croyance de la théorie de l'*habitus*. Pour mieux comprendre, il faut préciser ce qu'est le sens pratique. Pour l'expliquer, Bourdieu prend l'exemple de ce qu'on appelle le « sens du jeu » dans le langage sportif, ou dans le langage des affaires « avoir le sens du placement », expression également valable dans le monde sportif. Le « sens du jeu » implique l'idée d'anticipation, donc d'un à venir. En effet, l'acteur sur le terrain qui est dans le jeu, fait preuve qu'il a le « sens du jeu » lorsqu'il sait anticiper le jeu, c'est-à-dire lorsqu'il est capable de prévoir, au cours du jeu et dans le jeu, les mouvements et les actions et d'y répondre de façon adéquate, apportant, dans une situation concrète, la réponse attendue.

Mais il est clair que pour avoir le sens du jeu, il faut une longue expérience rigoureuse et méthodique, continue pour acquérir les réflexes conditionnés aux diverses situations concrètes possibles. Ce n'est pas pour rien que dans ce milieu, ce champ, pour reprendre l'expression de Bourdieu, les séances d'entraînement sont capitales. Celles-ci doivent commencer tôt en âge. Cette capacité d'anticipation est le résultat ou le produit d'un long apprentissage, d'un long processus d'inculcation de valeurs et de schèmes opératoires qui se déploient, s'expriment comme réponses adéquates aux situations déterminées.

C'est ce que Bourdieu qualifie de « rencontre quasi miraculeuse entre l'*habitus* et un champ, entre l'histoire incorporée et l'histoire objectivée, qui

---

1 Pierre Bourdieu, *Le sens pratique*, 1980, p. 115.

rend possible l'anticipation presque parfaite de l'avenir inscrit dans toutes les configurations concrètes d'un espace de jeu »[1].

L'histoire objectivée, c'est ce qui se passe dans le présent, qui se déroule dans le champ, ici sur le terrain de jeu, le terrain de sport. Ce que Bourdieu appelle le champ, ce n'est rien d'autre qu'un domaine spécifique de relations sociales, avec ses règles propres, ses acteurs, ses enjeux, son langage, son symbole. Sa clientèle et institutions… Le champ jouit d'une certaine autonomie, comme par exemple le champ sportif. L'analyse du « sens du jeu » révèle à la fois un aspect subjectif : en effet, avoir le sens du jeu, c'est reconnaître que le jeu a un sens pour soi, il est donc subjectif, il a une signification, une direction, une orientation, une raison d'être. Mais parce que cette direction, orientation ne peut exister que parce qu'il y a des conditions objectives qui assurent leur réalité, ou effectuation, il implique un sens objectif. D'où la remarque de Bourdieu :

> C'est parce que l'appartenance native à un champ implique le sens du jeu comme art d'anticiper pratiquement l'à-venir inclus dans le présent que tout ce qui s'y passe paraît sensé, c'est-à-dire doté de sens et objectivement orienté dans une direction judicieuse[2].

À observer, à titre d'exemple, des acteurs sur le terrain, en plein dans le jeu, tout ce qui s'y passe a un sens ; Il n' y a pas de désordre, les différents acteurs adhèrent collectivement à la règle du jeu, et savent qu'il ne s'agit là que d'un jeu, c'est-à-dire une construction sociale arbitraire et artificielle, un artefact qui se rappelle comme tel dans tout ce qui définit son autonomie, règles explicites et spécifiques, espace et temps strictement délimités et extraordinaires ; et l'entrée dans le jeu prend la forme d'un quasi-contrat qui est parfois explicitement évoqué (serment olympique, appel au fair-play et, surtout, présence d'un arbitre) ou expressément rappelé à ceux qui « se prennent au jeu » au point d'oublier qu'il s'agit d'un jeu et que « ce n'est qu'un jeu ».

On peut illustrer tout ce que dit Bourdieu en se référant aux compétitions nationales ou internationales, dans les différents domaines du sport où le non-respect des règles mène à des sanctions, voire des exclusions, et les contrevenants doivent se soumettre à la règle. L'adhésion au système est consciente et tout se passe comme s'il existait un contrat qui est un acte volontaire et réfléchi auquel se sont engagés les acteurs, qu'il n'est pas aisé de rompre car il y a toujours un rappel à l'ordre et des sanctions, des pénalités. Il suffit de fréquenter les terrains de jeu pour s'en rendre compte, d'où la pertinence des propos de Bourdieu.

---

1 Pierre Bourdieu, *Le sens pratique*, 1980, p. 111.
2 *Op. cit.*, p. 111-112.

Le rappel du règlement fait aux acteurs au début ou au cours du jeu a pour fonction de mettre en évidence qu'il s'agit ici d'une construction sociale arbitraire et artificielle. Il ne met pas en jeu notre existence, la vie. Il ne s'agit pas de l'oublier. Ce n'est qu'un jeu.

Bourdieu en vient à préciser ce qu'il en est dans les champs sociaux. Ici, si « on n'entre pas dans le jeu par un acte conscient, on naît dans le jeu, avec le jeu ». Les champs sociaux, parce qu'ils sont le produit de longs et lents processus d'autonomisation, sont, si l'on peut dire, des jeux en soi et non pour soi.

Il en résulte que le rapport de croyance, d'illusion, d'investissement est d'autant plus total qu'il s'ignore comme tel. Appliqué au domaine de l'art, la pratique culturelle ou le goût du beau est vécu comme naturel, mais en réalité, il est le fruit de l'éducation, de l'apprentissage. C'est un acquis. On peut dire qu'elle est une seconde nature, mais « cultivée », c'est un produit de l'éducation. Elle est le dépassement d'une première nature, ou mieux, selon les termes de Bourdieu, « une première nature dépassée et sublimée » [1], transformée par la culture

On retrouve ici la formule de Paul Claudel « con-naître, c'est naître avec » : elle convient parfaitement à l'idée que développe Bourdieu. C'est dire que la croyance pratique est constitutive, consubstantielle ou connaturelle à l'appartenance à un champ, elle est native, donc totale, c'est une adhésion inconditionnelle, mais qui ne se pense pas comme telle, qui s'ignore. Elle n'est pas réflexive, elle est de la spontanéité vécue.

Lorsqu'on prétend avoir la « vocation » et qu'on se représente le parcours pour la réaliser, on a l'illusion d'être maître de ses choix, de se choisir comme l'on voudrait être, mais en réalité, « on se fait » à ce par quoi on est fait et on « choisit » ce par quoi on est « choisi ». On a l'illusion de se choisir, de se faire. La réalité est toute autre. « On se fait » à ce par quoi on est fait. C'est dire que l'on est le produit que le système reproduit à notre insu quand on pense se faire soi-même, être l'auteur de soi-même. Il faut savoir qu'ici on n'entre pas dans le jeu pour soi. Les jeux sont en soi. C'est par ce moyen que « les différents champs s'assurent les agents dotés de l'*habitus* nécessaire à leur bon fonctionnement. » Ainsi la reproduction du système et sa pérennité peuvent être assurés par des agents dotés de l'*habitus*, c'est-à-dire des dispositions acquises et requises pour son bon fonctionnement.

Si nous revenons à notre problème, la croyance qui accompagne l'appartenance aux castes inférieures, l'acceptation de tout ce qui s'y passe, et l'intérêt que les membres ont à leur existence et leur perpétuation ne s'explique pas autrement. Bourdieu donne encore une fois l'éclairage qui nous

1 Pierre Bourdieu, *Le sens pratique*, 1980, p. 163.

permet de comprendre. Ce qu'il dit ici à propos des champs, on peut l'appliquer au système des castes :

On comprend, dit-il, que l'on n'entre pas dans ce cercle magique par une décision instantanée de la volonté, mais seulement par la naissance ou par un lent processus de cooptation et d'initiation qui équivaut à une seconde naissance. On ne peut vivre réellement la croyance associée à des conditions d'existence profondément différentes, c'est-à-dire à d'autres jeux et à d'autres enjeux, et moins encore donner à d'autres le moyen de la revivre par la seule vertu du discours. Il est juste de dire en ce cas, comme on fait parfois devant l'évidence de l'ajustement réussi à des conditions d'existence perçues intolérables : il faut y être né [1].

4. Un cas d'étude : les castes et l'honneur

Une réflexion sur le système des castes chez les Wolof ne peut pas ne pas s'intéresser à un thème important dans cette ethnie, celui de l'honneur. C'est ce que le sociologue Boubacar Ly a bien compris et qu'il exprime dans son livre sur le sujet. La notion de l'honneur évoque naturellement les intouchables de l'Inde qui se font un honneur de ne pas faire ce que font les inférieurs.

L'étude de Boubacar Ly porte principalement sur la morale de l'honneur dans les sociétés wolof et halpulaar traditionnelles du Sénégal, deux sociétés inégalitaires. Ce qui nous intéresse particulièrement, c'est la société wolof, tout en admettant que les considérations sur la société halpulaar peuvent enrichir la compréhension du problème. Nous cherchons donc à comprendre comment une société inégalitaire, comme la société wolof, peut associer un système de castes, qui reconnaît par définition l'inégalité des hommes de par la naissance et la profession, et une morale de l'honneur.

Dans une société inégalitaire, au sein de laquelle les castes existent comme organisations sociales constitutives, qui distingue des catégories de personnes supérieures et inférieures, celles-ci, dénommées au sens strict des castes, qui se subdivisent en sous-groupes inférieurs, il est légitime de se demander ce que signifie une morale de l'honneur. L'honneur, comme valeur absolue, concerne-t-il toutes les catégories de personnes ? Dès lors que les castes sont constituées de groupes marqués, par la naissance, d'indignité, ceux-ci sont-ils concernés par la morale de l'honneur, peuvent-ils prétendre être des hommes d'honneur ? C'est ce lien entre l'honneur et l'existence des castes qui nous intéresse particulièrement dans la thèse de Boubacar Ly. Qu'est-ce que l'honneur ? Qu'est-ce qu'une morale de l'honneur ?

---

1 Pierre Bourdieu, *Le sens pratique*, 1980, p. 114.

Deux concepts sont associés à la notion d'honneur et la constituent : le *jom* et le *gacce*. Boubacar Ly commence par identifier le *jom* à la susceptibilité, propre aux Africains. Il cite ainsi Senghor :

> À mesure que le sentiment du divin s'est refroidi en lui, le Négro-Africain a senti de plus en plus son âme comme réalité et il a réagi pour préserver l'intégrité de cette âme. D'où l'édification d'un art de la vie qui repose sur le primat de la susceptibilité et de l'honneur… le dyom-*i-seereer* « l'honneur seereer » est devenue proverbial au Sénégal [1].

Alioune-Badara Diané évoque, dans *Senghor porteur de paroles*, l'entretien du Président-poète avec Mohamed Aziza, publié dans *La poésie de l'action :*

> - Et quel est le mot que vous détestez le plus ?
> - C'est la « lâcheté » ou la « déloyauté », je me réfère toujours à l'« honneur » au *Jom* et à la *Kersa* pour employer des mots bien sénégalais [2].

C'est là, selon Diané, le maître-mot de l'éthique senghorienne. Ce concept est universel, se retrouve dans toutes les sociétés, mais avec un contenu différent selon l'imaginaire collectif des sociétés considérées. Ces deux aspects, universel et particulier, sont bien notés par Diané. Boubacar Ly pour définir l'honneur a recours aux deux valeurs que sont le *jom* et le *gacce*, alors que chez Senghor il s'agit plutôt, du *jom* et de la *kersa*. C'est dire que l'honneur est toujours en rapport avec une qualité qui incline à faire des actions nobles.

Ainsi, pour Senghor, l'honneur implique des vertus héréditaires – *majestas, felicitas, honestas* –, qui sont des dons de Dieu, donc innées. Il implique également une vertu acquise (l'*urbanitas*). Il suppose des devoirs (*honor, pudor, gratia, pietas*). Senghor définit ainsi un « idéal d'honneur », c'est-à-dire « un art de vivre qui repose sur le primat de la susceptibilité et de l'honneur ». Il faut ajouter à ces déterminations, ces qualités, le courage, la fierté, l'orgueil. Toutes ces vertus sont en relation avec l'honneur, qui n'est pas une valeur absolue, abstraite, transcendante, qui n'existe pas en soi, ou en elle-même. C'est une valeur incarnée qui s'exprime et se réalise en relation avec d'autres valeurs. En ce sens, elle est relative. Elle engage à la pratique, à l'action. Elle se présente chez Senghor comme un code moral et social.

Si Boubacar Ly ouvre son chapitre sur l'honneur par une référence à Senghor, c'est qu'il est sensible à ce qu'ils ont en commun. Ils reconnaissent l'un et l'autre la complexité du concept. Boubacar Ly le met en relation avec la honte : « *Jom* et honte constituent deux dimensions inséparables d'un même phénomène. Ce sont des actualisations du même phénomène ». Il y a aussi le terme *gacce* qui signifie à la fois l'*amour propre* et *la honte*. Il précise :

---

1 Boubacar Ly, *La morale de l'honneur …*, 2015, p. 85.

2 Alioune-Badara Diané, *Senghor porteur de paroles*, 2010, p. 59.

> Entre la honte, la pudeur, le respect pudique de soi, l'amour propre tel qu'il se manifeste lorsqu'il est touché et qu'il se mue en honte avant de constituer un moteur d'action, il n'y a pas dans la réalité de différence. Il est possible de penser que le *Jom* et le *Gacce* constituent historiquement, dans les sociétés wolof et toucouleur, les premières formes de respect de soi et d'honneur...Le *Jom* et le *Gacce*, avec l'évolution historique des cadres sociaux, ont probablement dû changer de nature. L'amour propre et la honte, ne sont plus alors simple susceptibilité mais ont fonctionné dans un système social stratifié et inégalitaire où ils sont devenus à proprement parler ou plus exactement, sont devenus les fondements d'une nouvelle valeur : l'honneur. Le *Jom* et le *Gacce* ont alors sous-tendu le *Ngor* et le *Ndimâagu* [1].

Ces deux derniers termes, *le ngor et le ndimâagu,* désignent – la précision est importante – l'honneur du noble et de l'homme libre. Se trouvent ici intégré le couple *jom – gacce.* Désormais le noble et l'homme libre, dont le statut est clairement défini dans la société, se font un point d'honneur d'assumer le rôle qui est attendu d'eux, de vivre selon les règles, les obligations et les devoirs qui leur sont imposés par leur rang et par la famille à laquelle ils appartiennent.

Les nobles et les hommes libres sont appelés à être des hommes d'honneur. L'appartenance familiale est le premier élément de l'honneur.

La famille est source d'honneur et d'honorabilité. Dès lors, sont exclus de la morale de l'honneur, les castes, et par conséquent les griots. La nature du *ngor* et du *dimo* est toute d'honneur et de dignité, celle des catégories sociales inférieures toute de « bassesse » de « défauts et de vices ». Le noble et l'homme libre tirent leur honorabilité et leur dignité de leur appartenance familiale, par hérédité, parce qu'ils sont nés dans une « bonne famille ». Mais que faut-il entendre par « belle naissance » ? C'est la naissance socialement belle, c'est-à-dire dans le cadre de l'idéologie *ngor* dominante, la naissance qui n'est ni captive ni de caste. Sont donc exclus les gens de caste, il ne peut en être autrement, compte tenu du poids de l'hérédité à laquelle tient vigoureusement la société wolof.

D'où cette conclusion trouvée chez Boubacar Ly : la « bonne » famille, socialement et moralement, est la famille qui, du fait de son honorabilité, accomplit les conduites qui sont attendues d'elle. Elle joue en tant que famille, son rôle social. Son honorabilité la contraint à l'accomplissement de toutes ses obligations. La conduite de ses membres est toujours honnête. La « belle naissance » morale est la naissance dans l'une de ces familles où personne n'a rien de déshonorant à se reprocher. Dans la bonne famille, chacun, fidèle aux traditions d'honnêteté de la famille, se comporte toujours de la façon socialement et moralement la meilleure, c'est-à-dire en « homme d'honneur ».

1 Boubacar Ly, *La morale de l'honneur...*, 2015, p. 87.

Cette conception de l'honneur est aristocratique. Elle repose sur le sang, sur la famille. « L'individu de "belle naissance" a conscience d'appartenir à une "bonne famille". La conscience de sa famille est une conscience d'honneur » [1]. Il ne peut y échapper. Il suffit de se souvenir de l'analyse de la croyance proposée par Bourdieu dans *Le sens pratique*, que nous avons présentée plus haut, pour comprendre immédiatement qu'il ne s'agit pas d'un jeu : « il faut y être né ».

Mais, c'est bien sur ce point aussi que se situe la différence avec Senghor, qu'il est utile de rappeler. À partir de la spécificité des sociétés négro-africaines, donc aussi sénégalaises, reconnaissant avec Boubacar Ly l'importance capitale de l'honneur dans notre société, Senghor s'élève jusqu'à l'homme idéal. L'honneur ne s'épuise pas dans le particulier. Il a une vocation à l'universel qui, pour Senghor, n'est pas un universel abstrait, transcendant, puisque l'honneur se réalise en relation avec d'autres vertus. Celles-ci l'expriment et l'extériorisent, ce sont des valeurs incarnées qui inclinent à la pratique, à l'action noble. Il s'agit d'un universel concret qui n'est rien d'autre que l'humanité dans ce qu'elle a de plus noble, au-delà du biologique et de la race, la spiritualité, la culture. En ce sens, il est idéal d'humanité. Nous sommes alors dans la morale. Diané exprime très nettement cette opposition avec la pensée de Senghor :

> Au plan idéologique, le problème de l'honneur signale le triomphe d'une conscience aristocratique, mais, à l'intérieur de la pensée de Senghor, il transcende les lois de l'hérédité car il est classé dans la perspective d'une noblesse spirituelle supérieure à la noblesse de sang [2].

Il reste cependant une autre difficulté. Il s'agit du cas des nobles ou hommes libres qui n'agissent pas en hommes d'honneur, qui ont des comportements indignes allant à l'encontre de l'idéal wolof *du ngor*. Il s'agit d'individus qui sont sans reproche sur le plan génétique, ou généalogique. Si aucune explication sur le plan héréditaire n'est satisfaisante, alors la société se réfère à une explication d'ordre « mystique », au sens de croyances, ou forces occultes. Lorsque l'explication sociale ne parvient pas à convaincre non plus, l'individu est alors considéré comme « perturbé », victime de « *djinnés* » ou de manœuvres charlatanesques, livré à la fatalité. Le poids de l'hérédité, donc la naissance, est tel que toute conduite d'indignité doit trouver son explication dans la lignée.

L'explication par la « mystique » renvoie à l'idéologie dont il faut donner une définition. Abdoulaye Bara Diop en propose une : il s'agit d'un « système d'idées : théories, croyances, mythes, etc., destinés à fonder et justifier des

---

1 Boubacar Ly, *La morale de l'honneur…*, 2015, p. 91-92.

2 Alioune Badara Diané, *op. cit.*, p. 62.

comportements, des attitudes, des positions »[1], « que cette conception de l'honneur, aristocratique, qui privilégie la noblesse de sang, repose sur une idéologie dont la fonction est de masquer une réalité, tout en assurant sa permanence, sa stabilité et sa reproduction, une société inégalitaire, de domination et de soumission ». Le recours à l'idéologie permet de rendre compte aussi du cas d'un individu de caste inférieure qui aurait une conduite digne d'un homme d'honneur.

Les travaux de Boubacar Ly permettent de comprendre le rôle de l'idéologie. Cette indignité qui accompagne la caste des griots ne peut s'expliquer autrement que par l'idéologie, la culture.

L'approche de Ly rappelle celle de Lévi-Strauss. Dans *Tristes tropiques*, ce dernier a essayé de comprendre et d'expliquer la signification profonde des castes en Inde. Disciple de Marcel Mauss et admirateur de Jean-Jacques Rousseau, l'inventeur, selon lui, de l'ethnologie, Lévi-Strauss a commencé par chercher le problème auquel les populations de l'Inde ont voulu apporter une solution. Population trop dense, « une densité qui dépasse parfois mille au km^2 » sur un espace limité. Observant cette situation, il ne peut s'empêcher de considérer, d'abord, comme un privilège, le fait d'avoir un vaste territoire vide d'hommes. L'ethnologue est sensible à la relation entre la liberté et l'espace, elle résulte d'une relation objective entre l'individu et l'espace qu'il occupe. Il imagine que l'Inde a été confrontée au problème du nombre, sur un espace limité. Un problème concret, d'existence, de survie d'une population, un problème social. En inventant les castes, elle se donne ainsi le moyen de transformer le quantitatif en qualités, c'est-à-dire de « différencier les groupements humains pour leur permettre de vivre côte à côte ». Elle élargit le processus au-delà de l'homme, à toutes les formes de vie. Il fallait appliquer le régime des castes aux espèces vivantes. C'est-à-dire empêcher que les groupements sociaux, les groupements humains et les espèces animales n'*empiètent* les uns sur les autres, afin « de réserver à chacun une liberté qui lui soit propre grâce au renoncement par les autres à l'exercice d'une liberté antagoniste ». Ce qui rappelle le contrat du *Discours sur l'inégalité* de Jean-Jacques Rousseau. La règle végétarienne ne se comprend pas autrement. La construction est ici imaginaire, et s'accompagne d'une forte croyance afin que le système fonctionne. L'idéal poursuivi était d'assurer la liberté de chacun et la survie de tous. On est loin d'un système de domination, de soumission ou de subordination. La dimension religieuse n'est pas prise en compte dans cette construction. La solution qui a été trouvée a été dénaturée au cours de l'histoire par des effets pervers. L'expérience a échoué. L'ethnologue le reconnaît et déplore que :

> au cours de l'histoire les castes n'aient pas réussi à atteindre un état où elles seraient demeurées égales parce que différentes – égales en ce sens

1 Abdoulaye Bara Diop, *La société wolof. Tradition et changement*, 1981, p. 38.

> qu'elles eussent été incommensurables – et que ce sont introduites parmi elles cette dose perfide d'homogénéité qui permettait la comparaison et donc la création d'une hiérarchie. Car si les hommes peuvent parvenir à coexister à condition de se reconnaître tous autant hommes, mais autrement, ils le peuvent aussi en se refusant les uns aux autres un degré comparable d'humanité, et donc en se subordonnant [1].

Lévi-Strauss montre bien que la subordination à laquelle ont abouti les castes ou qui leur est consubstantielle ne peut trouver sa justification, son explication, son sens que dans une idéologie. Le système présentait ici au départ les mêmes critères qui définissent les castes que nous avons évoqués : la division sociale du travail, l'hérédité, l'endogamie, l'harmonie, avant qu'il ne devienne un système de subordination, de domination.

Revenons au système des castes de la société wolof du Sénégal, en nous intéressant au cas des *ñoole* qui est assez significatif. L'attitude des Wolof à leur égard est significative. Parce qu'ils ont des comportements de bouffons et de courtisans, qui suscitent le mépris dans la société wolof, ils ont été tenus à distance et considérés comme étant d'une autre race, alors qu'en réalité ce sont des Wolof. Du coup, leur activité professionnelle qui était le chant et la danse, inséparable de la parole, a été également touchée et jugée méprisable, impure. Cet exemple montre que l'idéologie consiste à transformer la réalité, à la voiler, celle-ci étant la culture, pour lui substituer une autre réalité qui est dans le fond imaginaire, à savoir la nature, le biologique, la race. La permanence de cette représentation est due à l'idéologie dont la fonction est non seulement de voiler la réalité, mais encore de reproduire le système, de figer le lien entre l'idéologie et la croyance. Car il faut, afin que le système fonctionne, que les membres de la société y adhèrent et y croient.

La fonction de l'idéologie, ici, comme pour les castes, est identique : voiler la réalité et reproduire le système en le figeant. L'idée que la danse ne s'apprend pas, qu'elle est naturelle, qu'elle est dans le sang, aujourd'hui bien répandue dans le milieu des jeunes danseurs africains, de même que l'idée selon laquelle la danse est propre à certaines catégories raciales et sociales, notamment celle des griots, véhiculée par le système des castes au Sénégal, encore vivace dans les mentalités ne peuvent s'expliquer que par la survivance de l'idéologie. Les sociologues et les anthropologues, parmi lesquels Marcel Mauss, Ralph Linton ou Pierre Bourdieu, ont bien montré le rôle de la culture et de l'apprentissage, de l'éducation dans l'acquisition et la maîtrise de la pratique de la danse et du chant, et des pratiques culturelles. Pour sa part, Abdoulaye Bara Diop a montré l'insuffisance des explications raciales ou de type religieux à propos de l'origine des castes. De son point de vue, celles-ci pourraient bien trouver leur source dans la division du travail et des fonctions,

---

1 Claude Lévi-Strauss, *Tristes tropiques*, 1955, p. 170.

ce qui ramène à la culture. Ainsi donc, le stéréotype affirmant que « le Noir a le rythme dans le sang » » et celui concernant le système des castes de la société wolof, avec la place qu'y occupent le griot, le chant et la danse qui lui sont liés, sont les mêmes, avec la même fonction : caricaturer et classer à un rang inférieur les danses africaines qui ne seraient pas de l'art au sens noble du terme, voiler la réalité et reproduire le système en le figeant comme un système inégalitaire de domination et de soumission.

VI. Espaces d'apprentissage et de pratique de la danse

Tradition et modernité se côtoient au Sénégal, et vont de pair avec le binôme *enracinement et ouverture*, sur lequel repose la politique culturelle du gouvernement. Des changements notoires sont intervenus dans la pratique des arts en général, qui tiennent de moins en moins compte de l'appartenance à une caste, dans la danse et le chant en particulier. En effet, il n'est plus nécessaire aujourd'hui d'appartenir à la caste des griots pour prétendre danser ou chanter, la transmission dans ces disciplines ne se faisant plus uniquement de père en fils. Il suffit d'être créatif et audacieux.

Dans la discipline étudiée ici, à savoir la danse, on peut citer l'exemple d'Alioune Diagne, danseur chorégraphe fondateur du Festival Duo Solo, petit-fils d'un imam à Saint-Louis du Sénégal d'où il est originaire. Dans un entretien, il a expliqué que ce ne fut pas facile, même s'il a fini par avoir l'autorisation pour exercer le métier de danseur. Généralement, la représentation qu'on se fait de la danse dans le milieu wolof renvoie spontanément à la caste et à la féminité. Elle est également caractérisée par la difficulté, voire la précarité qui accompagnent généralement toute aventure artistique.

Outre le fait qu'elle a été affectée à la catégorie sociale des griots, la pratique de la danse comme celle de la musique a toujours été gênée par l'idée selon laquelle c'est « une activité que l'on trouve en naissant », ou mieux, « on nait avec ». Autrement dit, ce stéréotype n'a pas plaidé en faveur de la pratique par ceux qui, pour une raison ou une autre, désirent s'y livrer, en particulier en passant par une structure d'apprentissage. Sur ce dernier point, comme la danse a une plus grande visibilité et offre la possibilité d'un changement de statut social, beaucoup de nouveaux arrivants, quelle que soit leur origine sociale, rêvent d'être danseurs professionnels. Ils veulent en faire un métier, l'exercer comme un art non plus de simple loisir, mais pouvant leur permettre de vivre et d'en vivre largement ou suffisamment pour certains, comme le suggère cette expression du danseur Thiou [1], membre de l'orchestre du groupe *Raam Dann* de Thione Seck : « tout ce qu'un homme peut avoir dans la vie, j'ai réussi à l'avoir grâce à la danse ».

Mais comme ces idées sont maintenant dominantes chez les artistes, la nécessité s'est imposée de rompre avec une autre perception présente chez

---

1 Danseur de Thione Seck, entretien, article www. rewmi. com « Ameth Thiou danseur ».

eux, à savoir que la danse est une activité facile à réaliser, encouragée qu'ils ont été dans ce sens à une période donnée, dominée par le succès des rythmes anglo-saxons (imitation de Michael Jackson) et le développement des moyens de communication tels que les clips musicaux. La formalisation et l'apprentissage de la danse s'avèrent de plus en plus nécessaires.

Cela d'autant plus que les autorités avaient pour leur part manifesté la volonté d'ouvrir la formation des danseurs à d'autres techniques de danse, comme cela est précisé dans les fondements de la politique culturelle, suite au succès retentissant des troupes de danse traditionnelles d'Afrique et de danse moderne, par une troupe afro-américaine lors du Premier Festival mondial des Arts nègres. Cette volonté sera finalement concrétisée par la création d'institutions formelles dédiées à l'apprentissage, à l'enseignement de la danse. Il y a eu, pour commencer, l'École des Arts, qui a existé avant les Indépendances (année 1960), puis Mudra-Afrique (année 1970), et d'autres établissements d'enseignement supérieur où la danse figure au programme. L'université Cheikh Anta Diop accueille depuis 2008 l'Institut Supérieur des Arts et des Cultures (ISAC) [1] ; l'université Gaston Berger de Saint-Louis abrite également une unité de formation dénommée CRAC [2], où la discipline est enseignée ; et à côté de celles-ci existent des structures privées qui aident à la formation et à la promotion de l'activité, telles que l'atelier Danse Point E *Keur Jaraaf* ou le *Dance Hall.* Sous le magistère du président Senghor, grand mécène des Arts et des Lettres, diverses structures de représentation, comme le Ballet National La *Linguère,* vont voir le jour.

Avec la forte urbanisation, qui a mené à un regroupement des populations par appartenance ethnique dans certains quartiers, une démultiplication des initiatives culturelles a suivi et favorisé la création de nouveaux espaces socioculturels dans le but de préserver et de montrer leur culture. La danse occupe une place importante. À titre d'exemple, les ressortissants de Thionk Essyl ont créé une troupe de danse traditionnelle, *Bakalama*, et un festival de danse et musique dans ladite localité depuis 2006, qui a lieu tous les deux ans. Le ballet *Bakalama*, à l'image de celui dénommé *Sinomeew* évoluent au Centre culturel Blaise Senghor. Quant au ballet *Sangomar*, ses membres évoluent au centre des jeunes de Ouakam ; il en est de même pour plusieurs troupes de danse traditionnelle dans les différents quartiers de Dakar et sa banlieue.

> La danse se dit *fecc* en wolof. Elle *est* une composante de notre patrimoine avec tout ce que celui-ci comporte comme critères symboliques et culturels. En tant qu'activité humaine, et reflet d'une civilisation, elle ne

---

1 ISAC délivre un Master en Arts et Cultures en partenariat avec un consortium d'universités d'Afrique, d'Amérique et d'Europe.

2 CRAC - Unité de formation et de Recherche en Culture, Religion, Art et Communication.

peut se dérober à l'évolution de la société dont elle fait partie. Elle connaît ainsi des mutations multiples et variées. Dans la société sénégalaise, la danse a suivi l'évolution des phénomènes de société. Il a fallu trouver un nom aux nouveaux pas de danse ou de manière de danse comme (*goanna* [1], *wentilator*, *moulay thaguine*, etc.).

Une de ses mutations est illustrée par une *ascension* rapide des jeunes danseurs dans le milieu professionnel. Ils jouissent ainsi d'une visibilité facilitée par les nouvelles technologies de l'information et de la communication. C'est bien un phénomène nouveau. On peut cependant déplorer que cette évolution rapide ait été faite en « brûlant » une étape fondamentale : la formation du danseur. C'est l'évolution de la société et des mentalités, le développement des industries culturelles à travers les spectacles et représentations qui nécessitent une réflexion approfondie. Comme l'affirme le sociologue Ali Khoudia Diaw,

> Au Sénégal, traditionnellement réservée aux femmes, la danse des "hommes" a réellement émergé avec l'avènement de l'émission culturelle "Oscar des vacances", une émission de télévision qui a connu un réel succès auprès des jeunes dans les années 1990.

Cependant, au même moment, les industries culturelles se développent avec des enjeux économiques non négligeables et favorisent la créativité.

Des espaces de danse vont se créer, intéressant de plus en plus de jeunes qui vont constituer en grande partie le vivier des industries de spectacle et de loisirs pour promouvoir leurs produits. Le célèbre chanteur sénégalais Youssou Ndour va inviter la danse lors de ses shows, de ses spectacles en faisant appel à l'artiste danseur Alla Seck [2] dans les années 1980, et aujourd'hui avec Pape Moussa Sonko, fils du non moins célèbre Bouly Sonko qui fut directeur du Ballet national *La Linguère.* Chez les Sonko, la danse n'est pas seulement une affaire artistique ou culturelle, mais un don inné qu'on valorise pour en faire un savoir qu'on transmet de génération en génération.

---

1 Nom de fruit donné à un type de danse.

2 Notes d'Afrique, paru en 2021, elle le décrit comme « un vrai original, un artiste qui apportait instantanément sur scène de la couleur soit en jouant des maracas soit avec ses pas de danse particuliers. Il s'exprimait non seulement avec sa remarquable voix rocailleuse sur un mode appel-réponse, mais aussi par la façon dont il s'habillait : chaussettes rayées ou boubou en patchwork qui montrait son allégeance au marabout Cheikh Ibra Fall. Il utilisait des proverbes wolof profonds […] et il mimait des histoires, tendant la paume de sa main comme si c'était un miroir pour coiffer ses cheveux, ou prétendant demander l'heure à un passant en regardant sa montre. Alla aimait jouer le rôle d'un innocent *kow kow* (un paysan) tout juste arrivé à Dakar ».

Dans le domaine de la danse contemporaine, Germaine Acogny reprend le flambeau, reconnaissant qu'une idée ne meurt pas. Après un bref séjour en France, de retour au Sénégal, elle crée à Toubab Dialaw un centre de formation : « L'École des Sables ».

Au niveau de la sous-région de l'Afrique de l'Ouest, une grande partie des responsables du monde de la culture semble avoir compris l'importance de l'éducation artistique et culturelle. Raison pour laquelle de plus en plus de structures de formation en danse ou aux métiers annexes ont vu le jour. Nous pouvons citer l'exemple du Burkina Faso, reconnu par les spécialistes pour être une des meilleures plateformes dans le domaine de la danse contemporaine africaine : des structures comme le Centre de développement chorégraphique (CDC), sous la codirection de Salia et Seydou Boro, l'École de danse EDIT, d'Irène Tassembedo à Ouagadougou, le centre de Bobo Dioulasso de Serge Aime Coulibaly et celui d'Aguibou. Pour illustrer la vitalité et la créativité des chorégraphes du Burkina Faso, on peut également rappeler l'organisation, du 26 novembre au 30 novembre 2016, à Ouagadougou, de la 10ème édition de la triennale - semaine professionnelle « Danse l'Afrique Danse ».

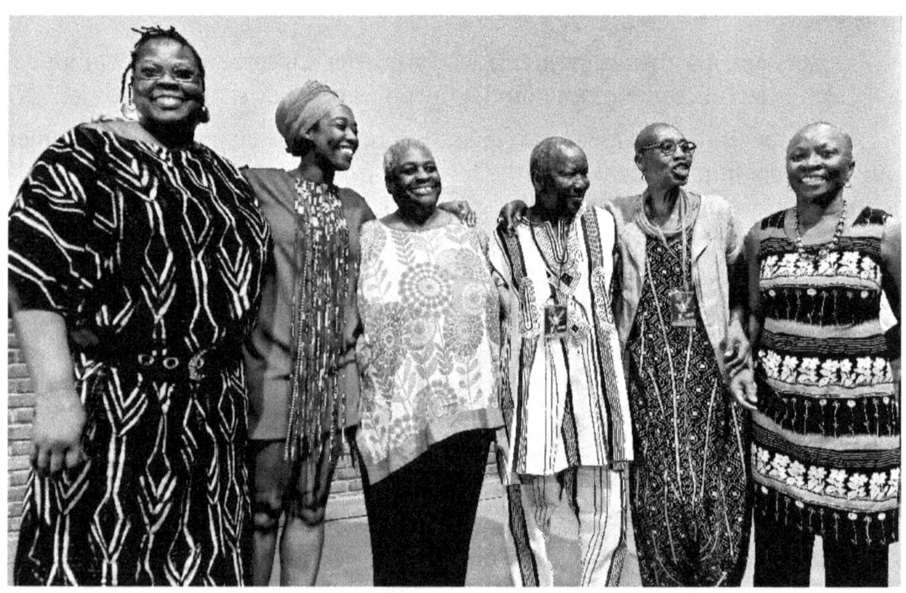

10ème édition de la triennale « Danse l'Afrique Danse », novembre 2016, Ouagadougou. De gauche à droite : Irène Tassembedo, Saran Coly, Elsa Woliatson, Lahsann Kongo, Germaine Acogny, Aissatou Bangoura. Photo : Corinne Julve.

Au Mali, le Conservatoire des Arts et Métiers multimédia, Balla Fasséké Kouyaté, assure la formation de danseurs professionnels. On trouve également des centres de perfectionnement au Ghana, en Côte d'Ivoire, au Bénin, en Guinée-Conakry.

La mise en place de centres de formation en danse est certes prise en considération par les États africains. Mais y accéder n'est pas chose simple pour les candidats désireux de poursuivre leur carrière en danse, pour bénéficier d'une bonne formation. Les raisons sont diverses, parmi lesquelles le niveau de recrutement des acteurs, le peu de ressources humaines qualifiées, la non-reconnaissance ou la dévalorisation du métier de danseur. Dans les établissements d'enseignement moyen ou secondaire, la danse figure dans le programme des cours d'Éducation physique et sportive. Les cours sont dispensés par des enseignants qui, lors de leur formation, ont été initiés, voire spécialisés

Depuis les années 1990, la réalité est autre. Au Sénégal, on constate que, par manque de formateurs spécialisés, les cours de danse se font rares, voire sont inexistants dans les emplois du temps des établissements destinés à former ces spécialistes, comme l'INSEPS [1] ou le CNEPS [2]. Ces deux écoles ont cependant pour mission de former des enseignants en Éducation physique et sportive, avec la possibilité de se spécialiser en danse, comme c'est le cas dans les autres disciplines (football, basket, handball).

1. Espace de "danse formelle"

Après cette présentation des espaces de formation et d'apprentissage, nous présentons les structures qui ont pour vocation de donner une formation formelle, c'est-à-dire encadrée, organisée selon des règles pédagogiques. Elle est proposée dans les écoles ou studios de danse privés, comme « Atelier du Point E », ou « Artea Dance » logé dans le complexe sportif *Keur Jaraaf.* Une telle formation est également offerte dans les centres culturels régionaux, les espace-jeunes, disposant soit d'un espace à ciel ouvert, soit d'une salle polyvalente. La cour de certains établissements scolaires peut également être utilisée pour les besoins de spectacle ou de répétition. La danse se pratique dans les cercles privés à l'intérieur des domiciles. Elle est pratiquée au Grand Théâtre national Doudou Ndiaye Coumba Rose, ainsi qu'au théâtre Daniel Sorano, qui a organisé en décembre 2022 la deuxième édition du Stage international de danse.

Il existe plusieurs lieux d'exercice et de formation en danse. Nous avons pris en compte les structures qui, d'une part, sont réputées pour leur fort taux de fréquentation, à l'image des centres culturels régionaux relevant de l'État, et, d'autre part, les structures où s'apprennent une variété de techniques de danse : classique, moderne, jazz, hip hop ou danse africaine. Ces écoles ont

1 INSEPS - Institut national supérieur de l'Éducation populaire et du Sport.

2 CNEPS - Centre national d'Éducation populaire et sportive.

formé de célèbres chorégraphes et danseurs sénégalais, comme Jean Tamba, Ndèye Bana Mbaye [1] qui fut directrice du Ballet national *La Linguère*.

Dans la région de Dakar, ce sont l'École nationale des Arts, doyenne des écoles en termes de formation et reconnue par l'État, Mudra-Afrique.

Nous allons présenter également d'autres structures formelles, mais d'initiative privée, participant à la formation de danseurs, comme le Centre de danse Andrée Lorenzetti, la plus ancienne des écoles privées de Dakar, l'Atelier Danse du Point E, créé sous la direction pédagogique d'Aïssatou Bangoura, le Studio Artea que gère Marianne Niox, danseuse chorégraphe, le *Dance Hall* à l'initiative de Marema Touré. Non loin de Dakar, l'École des Sables, précisément à Toubab Dialaw, qui est dirigée par Germaine Acogny, une danseuse chorégraphe renommée.

La rencontre avec les responsables du Centre culturel Blaise Senghor, carrefour de toutes les danses à Dakar, a permis la découverte de structures formelles, mais aussi d'initiatives privées, telles que le Ballet *Bakalama* et ses membres, ainsi que le groupe de danse urbaine *Sunu Street*, porteur d'un projet de formation de danseurs. Qu'en est-il des autres structures ?

a. L'École Nationale des Arts

Avant l'École nationale des Arts, il existait au Sénégal dès 1948, le Conservatoire de Dakar, créé par l'avocat Paul Richez, qui formait des musiciens et comédiens, parmi lesquels Fodéba Keïta [2], fondateur des premiers Ballets africains, Daniel Sorano qui a donné son nom au théâtre national du Sénégal, dont le premier directeur a été Maurice Sonar Senghor, neveu de Léopold Sédar Senghor.

Le Conservatoire de Dakar est devenu Maison des Arts du Mali en1958-1959, puis École des Arts du Sénégal en 1960, avec pour vocation de former des comédiens, des danseurs et des musiciens.

Le succès du Premier Festival mondial des Arts nègres, en 1966, a amené les autorités du Sénégal à réorganiser l'École des Arts dans le but de relever le niveau d'enseignement et de sanctionner les études par des diplômes reconnus par l'État.

L'École des Arts devient en 1972 l'Institut national des Arts du Sénégal qui comprend plusieurs écoles : l'École d'architecture, l'École des beaux-arts et le Conservatoire portant en son sein les divisions : musique, art dramatique et danse.

---

1 Ancienne danseuse de Mudra-Afrique, Directrice du Ballet national *La Linguère*.
2 Chorégraphe et écrivain guinéen.

Par le décret n° 78-708 du 19 juillet 1978, il fut baptisé Conservatoire Douta Seck [1] et devient à son tour un établissement d'enseignement et de recherche qui est composé de cinq divisions formant des animateurs culturels, des artistes musiciens, comédiens et danseurs. Germaine Acogny sera chef du département de danse jusqu'en 1972 ; elle y débuta l'enseignement de la technique de danse qui porte son nom.

C'est l'occasion de citer Martin Simmer Lopy [2] au Conservatoire de Dakar, formateur qui remplaça Germaine Acogny dans cette école jusqu'en décembre 2021. Martin dispense des cours de danse classique et moderne et assure la direction du département "Danse" qu'il partage avec deux collègues dont l'une, Fatou Ndiongue, a fait son cursus à Mudra Bruxelles, suivi d'un long parcours au sein du Ballet *Sira Badral*, sœur cadette du Ballet national du Sénégal. Il a à son actif un répertoire des danses de toutes les ethnies qui va servir de document pédagogique de base aux enseignants de l'École des Arts.

L'importance de la formation dans le domaine des arts et de métiers annexes, la reconnaissance internationale des produits de nos artistes plasticiens, danseurs, comédiens, etc.) ont amené les gouvernants du pays à créer l'École nationale des Arts et Métiers de la culture (ex-ENA), dont les premiers candidats sont reçus en septembre 2023 pour la rentrée 2023-2024.

Une autre structure avait vu le jour bien auparavant : Mudra-Afrique.

b. Mudra-Afrique

Mudra-Afrique a été créé en 1977 par le chorégraphe franco-sénégalais Maurice Béjart, avec l'appui de l'UNESCO et de la fondation Calouxte Gulbenkian. La direction artistique fut confiée à Germaine Acogny, danseuse-chorégraphe. L'École a été logée au Musée dynamique, bâtiment créé en 1966 sur le front de mer de Dakar et réalisé par l'architecte M. Chesneau, par la volonté du poète-président Senghor afin d'abriter l'exposition d'Arts nègres du Premier Festival mondial.

À l'occasion de l'inauguration de l'École, le 17 novembre 1977, Senghor précisa dans son discours que l'installation de l'École au Musée dynamique était provisoire, que la construction d'un bâtiment était prévue, entre le Musée dynamique et l'Université, sur « l'autre promontoire, face à l'océan Atlantique…, symboliquement pour dire son ouverture aux quatre vents des civilisations différentes ».

La vocation de l'École telle qu'il l'a conçue est d'être ouverte à toute l'Afrique noire, avec l'ambition affirmée de l'être plus tard à tout le continent, car « la négritude n'est qu'une face de l'africanité, l'autre face,

1 Du nom de l'acteur comédien sénégalais.

2 Décédé à Dakar le 21 décembre 2021.

complémentaire, étant la culture arabo-berbère ». Il s'est également expliqué sur le choix de Béjart. Il était informé du projet du chorégraphe qui, en « pressentant les temps nouveaux et les annonçant, a voulu les créer par une danse qui exprimait, à la fois, l'universalité et la totalité ». Dans sa quête, il a dû, selon Senghor, partir d'Europe, c'est-à-dire de la danse classique et faire la symbiose de l'Europe, de l'Afrique et de l'Asie.

Ce travail méthodique de recherche, d'inventaire des pas de danse et techniques des autres continents, de leur richesses mélodiques, rythmiques, chorégraphiques, poétiques, devait le conduire à une découverte plus haute : celle de l'esprit, c'est-à-dire « l'esprit de la danse comme en Afrique noire ». C'est l'étape de l'universalité. Mais qu'en est-il de la totalité ? De la danse totale ? Elle devient pour Béjart un spectacle total qui s'adresse aux cinq sens et par eux à l'Esprit, parce que, de nouveau, précise Senghor, elle a un sens, mais le plus souvent des sens : elle signifie. Ce sera la seconde étape.

Si Senghor, dans son discours, prétend développer cette vision de Béjart, les termes qu'il emploie – « universalité » « totalité », les « sens », « Esprit » – lui sont propres. Il dévoile, par-là, son accord avec la vision du chorégraphe, devenu célèbre pour avoir déclenché « la grande révolution de la danse classique », son dépassement. En reconnaissant son adhésion à la nouvelle conception de la danse, « un spectacle total », Senghor manifeste aussi, indirectement son anti-intellectualisme, quand il s'agit de la danse, tel que nous pouvons le lire dans son étude sur les Ballets africains de Fodéba Keïta. Ayant bien observé les danseurs du chorégraphe guinéen, il déclare :

> ce sont des danseurs. Parce qu'ils vivent un drame, nos danseurs ne reproduisent pas une combinaison de figures savamment élaborées et agencées, mais la vie même de l'archétype, exprimées en une série de gestes naturels, stylisés : gestes du lion, de la panthère, du sorcier, du semeur. Nulle crainte qu'ils ne tombent dans l'académisme des figures stéréotypées ». Comme Béjart, Senghor s'éloigne de la danse classique. Ils ne pouvaient donc que s'entendre.

Aussi, quand il fut question de créer un réseau d'écoles de danse, c'est tout naturellement que le fils de Gaston Berger favorisa l'implantation de Mudra au Sénégal. Sur ce choix, Senghor fait cet aveu :

> pourquoi ce choix ? Que le fils de Gaston Berger l'ait favorisé, c'était naturel. Il reste qu'il y a dans ce choix, plus que le sentiment, la conviction que le Sénégal, où souffle l'Esprit de l'École de Dakar, était l'un des pays les plus qualifiés du continent pour remplir la mission qui serait confiée a Mudra-Afrique.

C'est donc avec cette nouvelle vision que l'École a reçu comme mission d'enseigner, selon un programme que la première directrice de l'École, Germaine Acogny, devrait mettre en œuvre : créer une nouvelle danse. Il n'a pas échappé cependant à Senghor, comme il le confirme lui-même, que c'était

> là une entreprise plus délicate parce que plus imaginante, intégrer avec les pas, les valeurs des autres danses pour en faire une danse nouvelle : négro-africaine, mais sentie, goûtée par tous les hommes de toutes les civilisations différentes, parce que participant de l'universel.

Senghor et Béjart voulaient faire de cette institution un lieu d'excellence, destiné à l'écriture d'une nouvelle esthétique africaine, ambition qu'exprime à sa façon Alioune Sène, ancien ministre de la Culture :

> La naissance de Mudra-Afrique est un fait singulier de civilisation, un signe de haute promesse dans le cycle d'évolution de l'esthétique contemporaine africaine. En effet, Mudra-Afrique est le premier organisme continental consacré à l'art, au perfectionnement et à la recherche des interprètes du spectacle. Si sa vocation statutaire est de se consacrer à la danse, au théâtre, au rythme, c'est-à-dire à toutes les formes d'expression où l'homme se donne lui-même comme l'objet du spectacle, en même temps qu'il en est l'acteur, c'est, je crois la danse qui constitue l'essentiel de sa dimension, car elle est universellement, mais tout particulièrement en Afrique, le lieu originaire de l'expression rythmée et mesurée du corps.

Le programme portait essentiellement sur la danse, accompagné de cours de rythme avec le célèbre percussionniste Doudou Ndiaye Rose, chant et solfège par feu Julien Jouga, talentueux maître du chant choral et pour développer la créativité des acteurs ; des cours de jeu théâtral étaient également au programme. Toutes ces activités se déroulaient du lundi au samedi : huit heures de danse par jour, démarrant toujours par la danse classique. Cette technique figurait dans l'emploi du temps quotidien des élèves et était toujours dispensée en premier. Car elle demande un effort intense et soutenu, qui permettra l'adoption de styles différents ; et ce qui est important : « C'est qu'elle est une technique, c'est-à-dire un ensemble d'exercices dont l'objet est de rendre le danseur maître de tout son corps, comme le pianiste ou l'organiste de ses doigts et de ses pieds », selon Senghor [1]. Pendant plusieurs années dans le cadre de la coopération avec des pays d'Europe, plusieurs professeurs ont dispensé des cours dans cette spécialité, au grand bonheur des élèves.

Le cours de danse moderne, technique Martha Graham, du nom de sa fondatrice, figurait également au programme et se déroulait aussitôt après le cours de danse classique.

En danse africaine, seule la technique Germaine Acogny, du nom de sa créatrice, était enseignée. Celle-ci s'inspire de nos traditions. Senghor, qui connaissait bien la chorégraphe pour l'avoir encouragée à Mudra-Afrique, aimait dire de cette technique qu'elle « a pour but de faire exécuter

1 L. S. Senghor, cité dans G. Acogny, *Danse africaine. Brochure Mudra-Afrique*, 1980, p. 4.

correctement différentes figures de danse inventées à partir de danses populaires africaines ».

À la demande des pensionnaires, trois ans après le début de l'expérience Mudra-Afrique, les danses traditionnelles firent leur entrée et se distinguaient par leurs spécificités ethniques et culturelles. Un vide fut ainsi comblé et la majorité, voire la totalité, des élèves présentaient de bonnes dispositions dans les danses de leur pays d'origine. Ce répertoire riche en pas de danses et chants et très varié, compte tenu du nombre de nationalités, ne pouvait qu'être un atout pour la nouvelle danse négro-africaine.

Des cours de jeu théâtral vont aider à développer la créativité et permettre de découvrir de véritables acteurs de scène. Car il ne suffisait pas de danser : la citation de Senghor explique bien l'importance accordé au jeu théâtral. En effet, dit-il, « les danses négro-africaines restent près des sources, elles expriment des drames. (…) Car les danseurs négro-africains, les danseurs de Fodéba Keïta, sont des acteurs. Des acteurs décontractés, qui jouent exactement leur rôle parce qu'ils le vivent… ». Comme on le voit, la maîtrise du corps est indispensable pour un jeu théâtral : il fallait savoir « jouer » avec son corps.

Pour préparer les uns et les autres à la scène, un spectacle de fin d'année était présenté par chaque promotion et pouvait donner lieu ensuite à une tournée nationale ou internationale. À cette occasion, les danseurs mettaient en lumière leur talent d'interprètes de spectacle, conformément aux objectifs de l'établissement. Tout ce mélange était soutenu par le rythme et le chant, pour donner un spectacle total ! C'est ce qui fait dire à Béjart :

> en Afrique noire, musique et chant sont encore une fois dansés et transformés en spectacle total ». Sur ce point, Senghor et Béjart se rejoignent dans leur idée de définir la danse comme un spectacle total. Senghor exposera cette idée lorsqu'il est amené à observer les ballets africains. « Les Ballets africains de Fodéba Keïta sont donc un spectacle complet. Ils sont mieux : un spectacle négro-africain, ou la danse prend tout son sens et sa valeur grâce aux arts complémentaires que sont la sculpture et la peinture, le chant et la musique.

• Senghor et Béjart à Mudra-Afrique

L'expérience de Mudra-Afrique ne dura que quelques années, de 1977 à 1985. Elle restera gravée dans la mémoire et dans les corps de ceux qui, comme moi, ont eu le privilège de la vivre. Des pièces chorégraphiques remarquables furent créées, comme « Coumba » « La cuillère sale », ballet composé à partir du conte de Birago Diop, écrivain et conteur sénégalais.

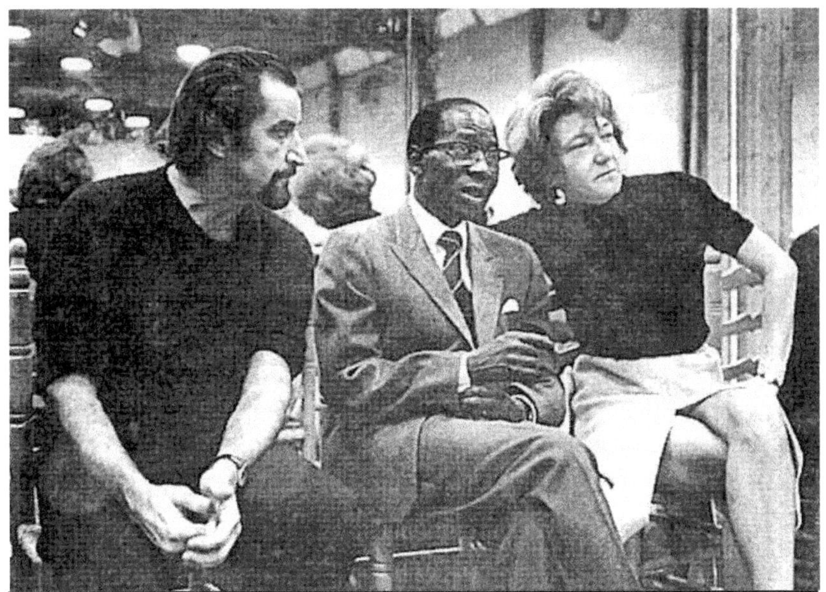

Le Président Senghor et Maurice Béjart à une répétition de « Mudra-Afrique »

Source : F C Gundlach Hambourg.

Voilà que les années 1980 vont marquer la fin du mécénat d'État. La générosité intellectuelle va faire face à la dure réalité économique. À la demande de la Banque mondiale, le Sénégal va mettre en application le plan d'ajustement structurel proposé par ce dernier. Cette mesure aura des conséquences néfastes sur les pratiques artistiques et culturelles, car des institutions culturelles ou projets vont être brusquement freinés. Ainsi, Mudra-Afrique ferma ses portes en 1985, quelques années après le départ de Senghor. Le bâtiment à vocation artistique sera attribué par l'État à la Cour de cassation, puis à la Cour suprême en1990.

Qu'est-ce qui a conduit à la fermeture de cet établissement ? Les autorités avancent des raisons économiques et financières, mais d'autres raisons ont été évoquées et sont liées à l'image de l'institution dans la société, à la tenue des danseurs – un justaucorps ou un collant – ; cependant, cette tenue indiquée pour la danse classique heurtait la sensibilité des populations, entre autres. Sur cette question, on peut citer l'exemple d'Irène Tassembedo, directrice du centre de danse Edit à Ouagadougou, pensionnaire de la première promotion de Mudra-Afrique. Elle s'exprimait ainsi :

> Quand nous sommes arrivés à Mudra-Afrique, nous avons été amenés dans un magasin de sport pour nous acheter des tenues de danse classique. Nous pensions qu'on allait danser avec nos pagnes comme nous en avons l'habitude chez nous. Ce sont des justaucorps des collants et des chaussons

qui nous ont été proposés, nous étions gênés et nous avions l'impression d'être nus [1].

Voilà donc des danseurs africains, pour la plupart issus des ballets ou troupe de danses traditionnelles, qui vont devoir faire face à une nouvelle garde-robe, à l'apprentissage d'une nouvelle technique de base jugée primordiale, incontournable pour la formation de tout danseur. Toutes ces nouveautés sont bien loin, sinon totalement différentes de leur vécu, leurs origines culturelles, et ne vont pas les laisser indifférents. Les danseurs vont apprendre à s'habituer à leur nouveau mode de tenue vestimentaire, mais surtout se soumettre à une discipline stricte d'apprentissage de la danse classique qui sera le pilier de la formation. Chaque journée de cours débutait avec cette technique de danse qui exigeait rigueur et précision dans les gestes, ne laissant aucune place à l'improvisation.

Germaine Acogny justifiait la nécessité de ce cours de danse classique en ces termes :

> Nous nous servons de la danse classique comme d'une grammaire, comme d'un exercice, c'est un sport. Nous utilisons ça pour éclater dans la danse africaine et j'ai compris quand je voyais nos élèves qui n'avaient jamais connu ce que c'était la danse classique avant, arriver et respectueusement tenir la barre. J'ai compris ce que disait Maurice Béjart : la barre est la colonne vertébrale du danseur [2].

Si nous prenons l'exemple de la musique, nous savons que les célèbres artistes de jazz comme Nina Simone, Jimmy Smith, ont toujours reconnu l'importance de la musique classique dans leur formation. Ce qui revient à dire l'importance d'une méthode dans toute épreuve.

Il est regrettable que l'expérience Mudra-Afrique ait été si brève. Ce fut un beau projet, qui aurait pu aider au rayonnement de la discipline, comme ce fut l'idée de son fondateur. Les artistes, l'encadrement pédagogique et administratif, tous étaient intéressés et motivés. J'ai été pensionnaire de cette institution et je reconnais l'apport de ce projet dans l'étude de toutes les danses. C'est avec beaucoup de regrets que mes camarades et moi avons vécu sa fermeture. Il est regrettable qu'un bel élan ait été brisé. Germaine Acogny va continuer l'aventure et créer plus tard sa propre École dénommée l'École des Sables, sur la zone côtière de Toubab Dialaw, à 50 kilomètres de Dakar.

À côté des structures étatiques ou à caractère public, des spécialistes de la danse ont créé des écoles privées dont nous allons présenter quelques-unes.

---

1 Irène Tassembedo, La danseuse d'ébène, documentaire de Seydou Boro mars 2002, films Pénélope, Sahelis.

2 Germaine Acogny, *Danse africaine. Brochure Mudra-Afrique*, 1980.

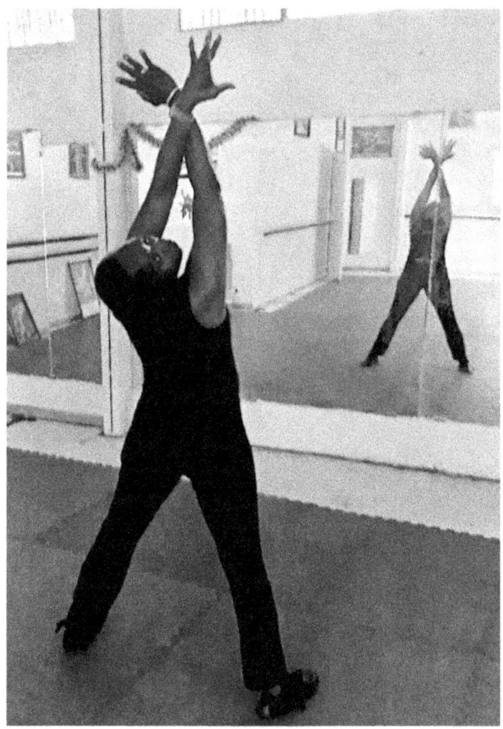

Aïssatou Bangoura, Atelier Danse, CNEPS, Thiès, 2018. Photo A. Bangoura

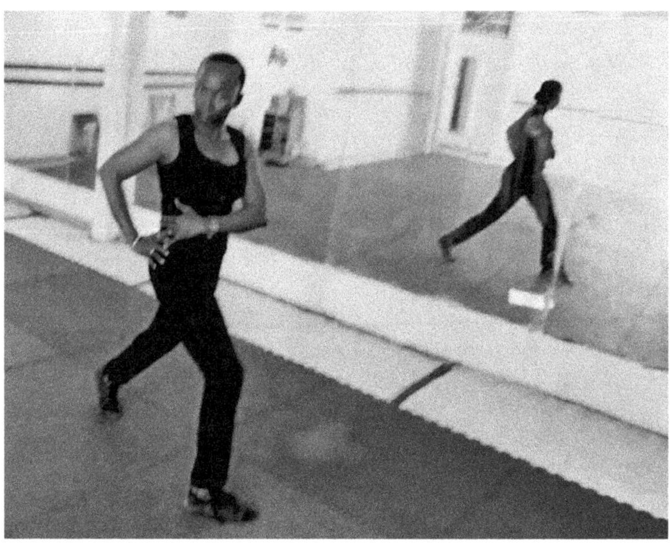

Aïssatou Bangoura. Danse au CNEPS, Thiès, 2018. Photo A. Bangoura

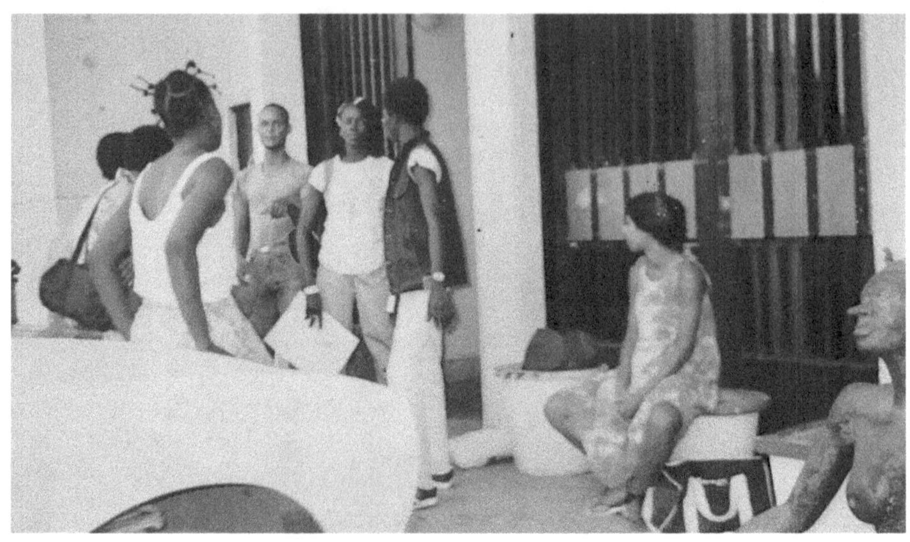

Sortie des stagiaires de Mudra Afrique. Photo A. Bangoura

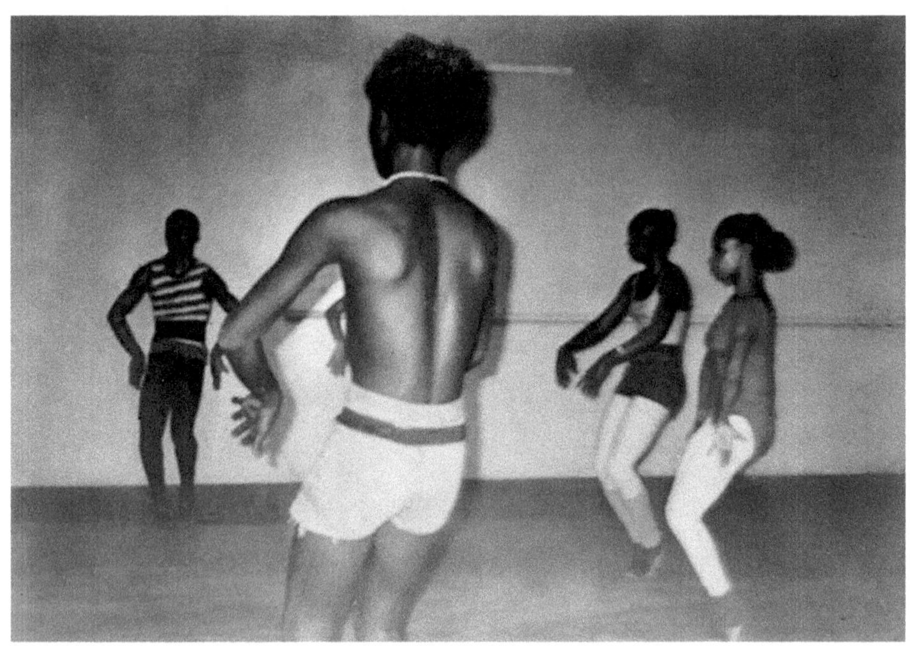

Séquence de cours de danse Technique G .Acogny. Photo A. Bangoura

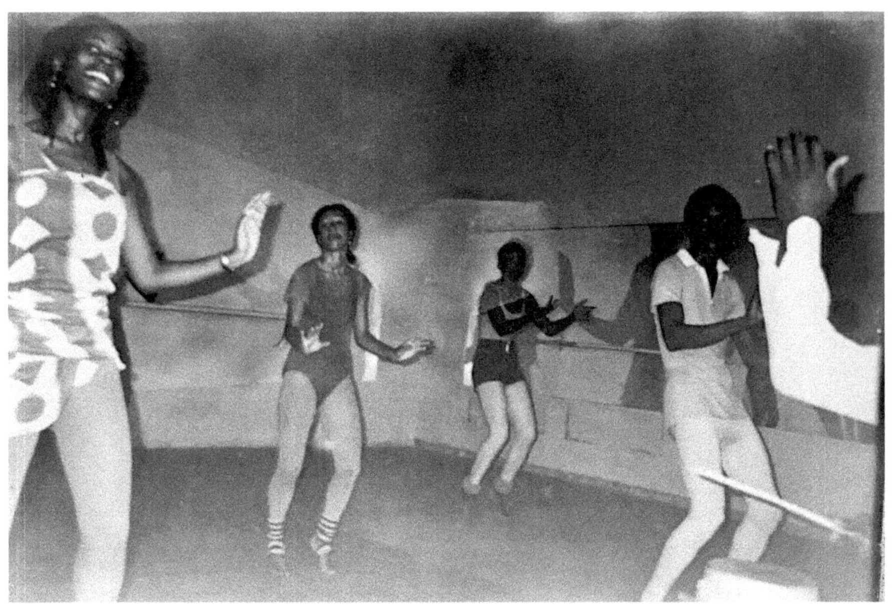

Séquence de cours de danse Technique G .Acogny. Photo A. Bangoura

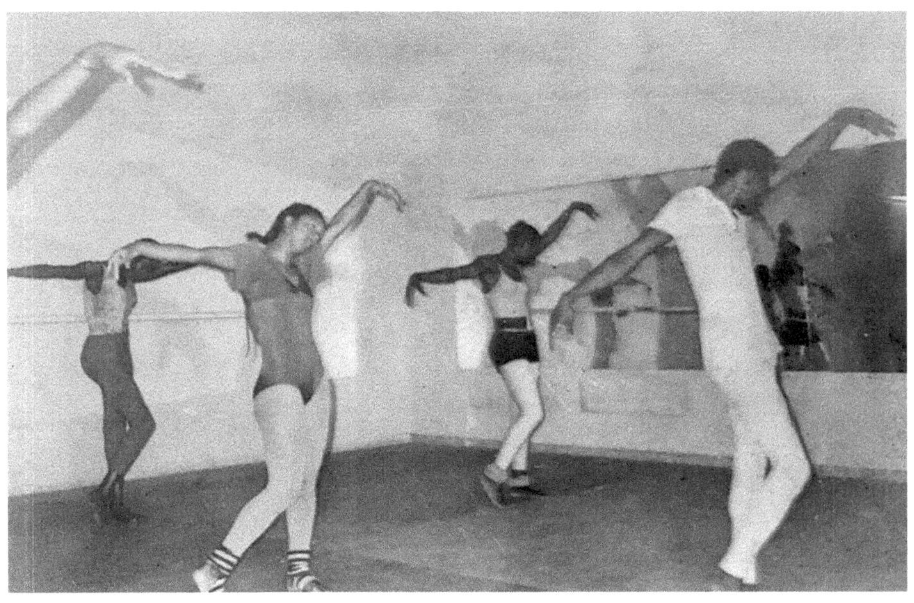

Séquence de cours de danse Technique G .Acogny. Photo A. Bangoura

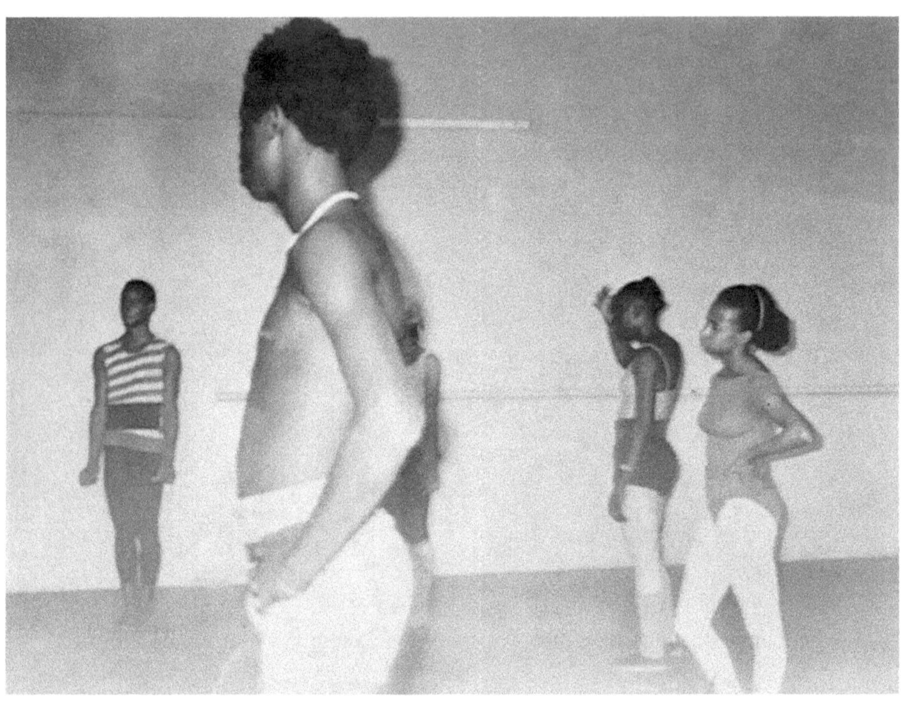

Séquences de cours de danse Technique G .Acogny. Photo A. Bangoura

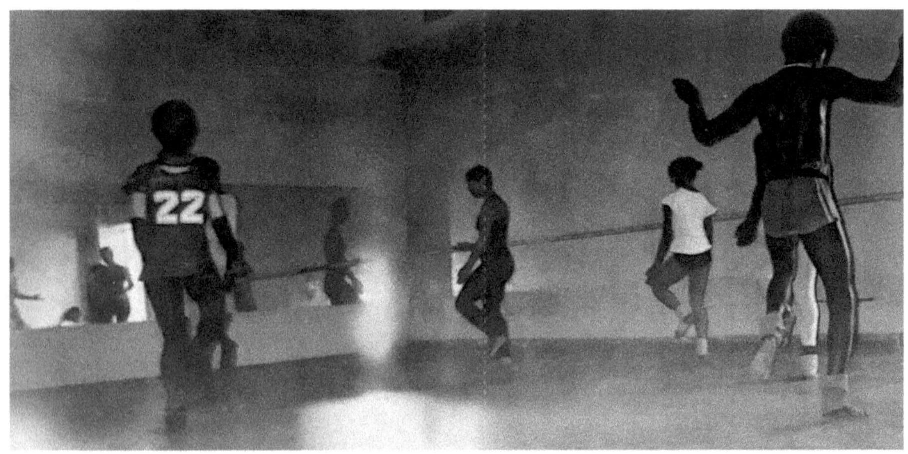

Séquence d'un cours de danse a Mudra, Technique Germaine Acogny.
Photo A. Bangoura

En effet, la danse s'apprend également dans des structures privées. Ces espaces de danse que nous qualifions de formels sont des initiatives privées. L'offre proposée dans ces écoles est d'abord orientée vers la danse classique, parce qu'elle exige des conditions matérielles et des compétences rigoureuses pour son exécution. Il faut ajouter à cela que cette technique de danse est classée dans la catégorie des danses élitistes, ce depuis ses origines, et n'est pas accessible à tous. Pour toutes ces raisons, les premiers studios privés de danse ont accueilli une population en majorité européenne et une minorité composée des populations sénégalaises, car les frais de participation étaient relativement élevés. Il faut noter qu'à cette époque, la coopération du Sénégal avec les pays d'Europe avait favorisé l'existence d'une importante communauté européenne. Cette discipline participait à la formation de leurs enfants et ils étaient en mesure de prendre en charge les coûts. Petit à petit, la danse moderne-jazz, la danse contemporaine africaine et la danse urbaine vont s'inviter dans ces studios, ce à la demande des élèves.

Ainsi, sous le titre de danse formelle d'initiative privée, nous distinguons les écoles ou studios de danse : ce sont des structures privées à but lucratif, dont la mission principale est de faire découvrir la danse aux enfants et aux adultes, sous forme de cours dispensés en groupe par des enseignants qualifiés.

Nous allons présenter trois d'entre elles, situées dans la région de Dakar, qui résistent malgré les difficultés rencontrées dans le milieu, liées à la baisse des familles d'expatriés, et au tarif élevé pour les cours, en commençant par la plus ancienne de ces écoles.

c. Centre de danse Andrée Lorenzetti

Ce studio, ouvert en 1962, est situé dans le quartier du Plateau. Malgré les difficultés financières liées à la crise et la foison de cours de danse, il demeure propose en priorité des cours de danse classique jugés d'un excellent niveau. Un spectacle de fin d'année est proposé par la direction du Centre, au Théâtre national Daniel Sorano, structure disposant d'une logistique pouvant accueillir un spectacle de danse classique, avec une salle couverte sonorisée, un décor et des vestiaires fonctionnels.

Dans un souci de diversité de styles de danse et dans le but de varier le contenu des spectacles qu'elle organise tous les deux ans, des cours de Modern Jazz et de danse contemporaine sont proposés aux élèves ces dernières années. Le Centre offre également à des danseurs sénégalais choisis en fonction de leur talent la possibilité de participer aux spectacles de l'École. Cet état de fait leur procure, au-delà de la visibilité sur scène, l'opportunité de participer à des cours de danse classique de haut niveau ; ce qui représente une possibilité de parfaire leur technique de base et de participer à des créations de l'École.

Durant la même période, deux autres établissements vont proposer leur propre formation.

C'est ainsi que, Germaine Acogny, à son retour de France, va dispenser des cours de danse dans sa résidence sise au quartier du Plateau en 1968. Le philosophe Roger Garaudy, après avoir assisté à un cours, était étonné et disait : « mais ce que vous faites c'est une technique » et n'a pas manqué d'en parler au président Senghor. Il l'a introduite auprès de celui-ci. Plus tard en 1977, elle sera nommée directrice de Mudra-Afrique. Entre temps, elle dirigera la section Danse du Conservatoire des Arts du Sénégal jusqu'en 1972 où elle sera la première à y enseigner la danse africaine.

Entre les deux initiatives, les majorettes du Lycée Kennedy vont faire leur apparition lors de la célébration de la fête de l'Indépendance en 1976 et créer des émules pour la danse. Beaucoup de parents vont, à la demande de leur progéniture, se rapprocher des écoles et cours de danse.

Dans le même temps, compte tenu de l'évolution de la danse, il m'est venu l'idée de créer ma propre école, dont la présentation va suivre. Cette initiative était également guidée par le désir de proposer aux jeunes une structure qui répondrait aux normes d'une pratique de la discipline.

d. Atelier Danse du Point E

L'Atelier Danse du Point E, ouvert en 1990, est le fruit d'une profonde réflexion personnelle et d'un constat autour de la manière d'enseigner la danse au Sénégal et à Dakar en particulier. Pendant plusieurs années, j'ai fait le constat d'un manque réel d'une offre d'enseignement de la danse à l'endroit des jeunes filles sénégalaises. Le taux de fréquentation des écoles de danse par cette catégorie était très faible ; il fallait encourager et proposer une formation de qualité à nos enfants. Une des difficultés à contourner était de proposer un espace de danse pas très éloigné des écoles qu'ils fréquentaient C'est ainsi que le choix s'est porté vers un lieu situé à proximité de l'université, des lycées et des écoles implantés dans le quartier du Point E et environnants. Il fallait encourager les familles sénégalaises à inscrire leurs enfants à ces cours. Les frais de participation ont été fixés pour être très abordables. Les cours se déroulaient les après-midis, après les cours d'enseignement général.

La collaboration avec des collègues sénégalaises spécialistes et pour la plupart anciennes pensionnaires de Mudra-Afrique, avait permis d'avoir un encadrement qualifié et motivé. Les cours proposés étaient la danse classique, *Modern Jazz* africaine, hip hop. C'est également la diversité des cours et l'offre de *workshops* ou stages de danse proposés par des chorégraphes étrangers de passage au Sénégal qui ont attiré de plus en plus d'élèves et donné un cachet international à la structure. Pour participer à l'effort de développement de la danse, j'ai souvent mis mon espace de danse à la disposition des artistes, pour les besoins d'entraînement dans de meilleures conditions de travail, ce qui a été le cas pendant plusieurs années.

Non loin de l'Atelier du Point E, va s'ouvrir en 1993 *Artea Dance Center*, un autre centre d'apprentissage de la danse.

e. Artea Dance Center - Keur Jaraaf Point E

Marianne Niox, Camerounaise et directrice de ce centre depuis 1993, continue toujours ses activités dans le quartier du Point E, précisément dans le complexe de Keur Jaraaf et propose des cours de danse classique, de *Modern Jazz* et de danse africaine. Cette structure présente deux particularités : d'abord dans le souci de performance, elle impose un cours de danse classique à tout élève inscrit. De l'avis de la directrice, cette discipline est la base de toute forme de danse.

Dans le souci d'encourager la pratique de la danse, d'aider ainsi à sa promotion, compte tenu surtout des possibilités physiques réelles que présentent certains acteurs, l'idée de créer des compagnies a vu le jour chez des chorégraphes comme Marianne Niox. Elle a procédé à l'ouverture d'une section "formation et perfectionnement", dans l'optique de monter une compagnie de danse contemporaine. Chose faite, le groupe, composé en majorité de garçons du fait de leur plus grande disponibilité, présente une création tous les deux ans sur des thèmes d'actualité.

Les résultats des cours des différentes Écoles mentionnées – le Centre de danse Andrée Lorenzetti, l'Atelier Danse Point E, Artea Dance Center – sont présentés sous forme de spectacle de fin d'année, sur les scènes du Centre culturel français ou du Théâtre national Daniel Sorano, car ce sont les rares structures pouvant accueillir des spectacles de ce genre dans la région de Dakar, en raison de la qualité des installations techniques (lumière, sonorisation, plancher, etc.).

Non loin de Dakar, Germaine Acogny a créé plus tard la structure dénommée l'École des Sables.

f. L'École des Sables

La danseuse et chorégraphe Germaine Acogny, considérée comme la mère de la danse africaine contemporaine, qui fut la directrice de Mudra-Afrique (1977-1982) et Helmut Vogt, son époux, vont porter leur choix sur Toubab Dialaw, village de pêcheurs à 50 km de Dakar, pour y construire le Centre appelé l'École des Sables, par le biais d'une association créée en 1994 et dénommée *Jant-bi* (« le soleil », en wolof) qui travaille sur un programme de formation de jeunes danseurs et de chorégraphes d'origine africaine. Elle va donner plus tard son nom à la compagnie qui verra le jour en 1999. Germaine Acogny s'est fixé comme objectif de former des danseurs en ouvrant « une maison pour la danse en Afrique », centre international de formation et de création en danses traditionnelles et contemporaines d'Afrique, qui est à la fois une école d'enseignement théorique et pratique, un laboratoire de recherches, et un lieu de rencontres et d'échanges, de conférences et de résidences artistiques. En 2004, elle inaugure ainsi l'École des Sables.

g. Le Dance Hall

Un fait est à noter, à savoir la création d'une structure a vocation d'enseignement de la danse par des non-danseurs, fait rare jusqu'ici. Cela montre l'engouement du public pour la discipline et confirme les retombées économiques qu'elle peut engendrer. C'est le cas du *Dance Hall*, crée en 2013, par Marema Touré, journaliste de formation, qui a choisi d'investir dans ce domaine. Elle a apporté une touche novatrice, en choisissant d'accueillir les élèves en majorité le weekend et surtout en proposant des styles de danses totalement différents de ceux qui étaient proposés jusque-là dans les studios de danse de Dakar. Les disciplines comme la danse *Modern*, la danse *Jazz* ou la danse classique vont être supplantées par d'autres techniques de danse telles que le *Krump*, le *Crew*, Le *House Dance*, la *Salsa*, l'*Afro Modern*, le *Modern Afro*, *Dance Hall* / *Ragga Jam*, etc. Cette diversité d'offres de cours accompagnés de musique en vogue, va attirer beaucoup de passionnés de danse. Le centre va s'intéresser à leur formation professionnelle en initiant une certification en danse option hip hop. La singularité de cette structure est qu'elle est le premier centre de danses urbaines au Sénégal, qui va se spécialiser dans l'enseignement de ces danses au Sénégal, et qui est dédié aux amateurs et professionnels.

Avant d'évoquer les autres structures, nous allons parler des quelques résultats qu'ont pu obtenir ces formations.

Les écoles citées ci-dessus ont formé plusieurs générations de danseurs : interprètes et chorégraphes. L'arrivée de cette nouvelle génération a contribué à la mise en place de compagnies ou troupes de danse. L'objectif de ces groupes était la création de pièces chorégraphiques susceptibles d'être présentées dans des lieux dédiés au spectacle, tels le Théâtre national Daniel Sorano, le Grand Théâtre, ainsi que les scènes des instituts culturels français, allemand ou espagnol. Ici l'accent n'est pas toujours mis sur la formation de futurs danseurs, mais plutôt sur la création, avec des danseurs déjà formés. C'est dans ce contexte que s'est constituée la première compagnie de danse contemporaine du Sénégal, « 5ème dimension », sous la direction de Jean Tamba formé à l'École des Arts, puis la compagnie 1er Temps avec Andreya Ouemba et Fatou Cissé. Toutes ces initiatives permettent d'avoir une vue d'ensemble sur les circuits de formation et de création en danse à Dakar.

Dans cet univers, certains acteurs choisiront d'évoluer en solo. Leur souci est de vulgariser leur propre technique, en présentant des spectacles. Le danseur Ibrahima Ndiaye surnommé « Kaolack » a réussi un coup de maître, lors de la 7ème édition des *Rencontres chorégraphiques d'Afrique et de l'Océan Indien,* dénommées *« Danse l'Afrique Danse »* et tenues du 1er au 8 mai 2008, à Tunis, en décrochant le 1er prix solo. C'est un fait marquant, en ce haut lieu de rencontres et d'échanges pour les danseurs d'Afrique et du monde entier. Le danseur va ainsi voir son image changer progressivement. Il se professionnalise et monnaie son talent en multipliant les créations ou en accompagnant les vedettes de la musique.

Des Festivals seront organisées, comme *Kaay Fecc*, créé en 2003 à Dakar et le festival Duo Solo de Saint-Louis avec le danseur chorégraphe Alioune Diagne, qui a fêté dix ans d'existence en décembre 2018. Les festivals de danses urbaines sont de plus en plus nombreux : on peut citer le Festival Kadior Battle, Battle National, Festival international Jakarlo, etc. Si la première génération des adeptes du hip hop s'est formée de manière autodidacte, j'ai noté l'importance accordée à la formation, par l'organisation de manière régulière de sessions de perfectionnement en techniques de transmission et d'ateliers de renforcement de capacités.

Dans un autre style, les ballets de danse traditionnelle sont toujours d'actualité. Il existe, en effet, une multitude de groupes dans cette technique. Certains ont vu le jour sur la base de l'appartenance ethnique, comme c'est le cas du ballet *Bakalama*, créé en 1972, qui regroupe des migrants *joola* de Thionck Essyl [1],en Casamance. D'autres ballets plus anciens sont créés par des familles de griots, comme le ballet *Syllaba* à Thiaroye.

Depuis quelques années, on assiste au Sénégal à la constitution de ballets, sur le modèle du Ballet national La Linguère, dont les chorégraphies mettent en scène la danse de toutes les régions du Sénégal. C'est le cas de *Sinoméew,* basé au Centre culturel Blaise Senghor. Ce Ballet est dirigé, aujourd'hui par Fatou Samb, danseuse chorégraphe. Son premier directeur, Thiouna Ndiaye, avait dirigé au moment de sa création, le second Ballet national du Sénégal dénommé *Sira Badral.* La jeunesse fréquente ces ballets traditionnels pour plusieurs raisons, comme l'apprentissage des différentes danses du terroir ou le perfectionnement de ces mêmes danses dans le but d'entamer une carrière professionnelle. La maîtrise des pas de danse, les chorégraphies, constituent ainsi une source d'inspiration des danseurs, du fait de la richesse des pas et rythmes qui constituent et accompagnent les danses.

À la suite des écoles étatiques et des structures issues d'initiative privées, nous choisissons de présenter le Centre culturel Blaise Senghor. Le monde de

---

1 Localité au Sud du Sénégal.

la danse est en mouvement. Il m'a semblé que les structures étatiques à caractère culturel ont si bien compris le phénomène qu'elles n'ont pas souhaité se mettre en marge de cette évolution et vont ouvrir leurs portes aux danseurs et à leurs initiatives. Ainsi, le Centre culturel régional Blaise Senghor est devenu un espace incontournable de la danse à Dakar. Sa mission n'est certes pas de former des danseurs, mais il offre la possibilité à des groupes ou des individualités d'organiser des sessions de formation et de perfectionnement destinées aux acteurs de la discipline.

h. Centre culturel Blaise Senghor

Il est important de présenter l'illustre parrain de ce centre à Dakar. Blaise Senghor, neveu de président Senghor, né à Joal, était un cinéaste sénégalais, documentariste, réalisateur, assistant et metteur en scène. Parmi ses films, on peut citer *Le grand magal de Touba*, qui a remporté en 1962 le Prix de l'Ours d'argent au Festival de Berlin.

Il est également fondateur d'une société cinématographique UCINA (Union cinématographique africaine) ; par la suite, il a occupé les fonctions de délégué permanent adjoint du Sénégal à l'UNESCO en 1965, et il est décédé en octobre 1976 à l'âge de 44 ans. Après sa mort, le Centre culturel fut baptisé Centre culturel Blaise Senghor ou CCBS.

Dans la région de Dakar, ce Centre est un haut lieu de culture et peut être considéré comme le creuset de la danse traditionnelle, moderne ou urbaine. La plupart des acteurs s'y retrouvent et s'y produisent avec beaucoup d'enthousiasme. C'est une structure décentralisée du ministère de la Culture, qui a une vocation régionale.

Dans le domaine de la danse, il établit des accords de partenariat avec les artistes pour coorganiser des festivals. C'est le cas de l'association *Kaay Fecc* et de son Festival du même nom ou du « festival de toutes les danses » dont les bureaux s'y trouvent, de même que le siège de la Fédération des Ballets de danse du Sénégal. La journée internationale de la danse y est célébrée chaque année, le 29 avril. D'autres festivals comme *Danse-Fé*, le Festival *Diakarlo ak Thiossane*, le Festival *Ndadjé*, s'y déroulent.

Nous avons choisi de présenter aussi un projet de danse du groupe *Sunu Street* que le centre Blaise Senghor a abrité.

i. Sunu Street

Sunu Street est né de la passion de trois danseuses, Naïma Gaye, Khoudia Touré et Nach Van ayant chacune une solide connaissance de la médiation culturelle. Le projet va porter sur les cultures et danses urbaines au Sénégal. Son objectif principal est de restaurer l'image de la danse urbaine comme vecteur d'unité, de valeurs positives et d'opportunités. Il est structurant et durable, et propose des perspectives d'avenir aux jeunes talents locaux.

Le choix a été porté sur le Centre culturel Blaise Senghor, pour plusieurs raisons. D'abord, du fait de sa situation géographique (proximité de quartiers populaires de Fass, Médina et Colobane), puis en raison de la connaissance du cet endroit par les danseurs et du fort taux de fréquentation de cette structure par les danseurs. Mais pour les missions qui lui ont été assignées par l'État, l'administration du Centre culturel Blaise Senghor a également accepté de mettre la salle d'exposition à disposition du projet. La structure dispose déjà d'un espace dédié, qui nécessité cependant des réaménagements pour la danse : réfection du sol et des murs, installation de tapis de danse, de miroirs, de barres et de sonorisation.

Puis, à partir de ce moment, pouvait commencer la formation qui se déroule en deux sessions, dont la dernière est marquée par une création chorégraphique qui en est le résultat. Celle-ci sera diffusée et présentée au public sous forme de spectacle de restitution.

Le projet compte à son actif la formation de 90 membres environ. Il a démarré ses activités en janvier 2014, avec l'ouverture d'un espace réservé aux danseurs urbains. *Sunu Street* est porté par l'association française *Roots and Feelings*, dont les membres organisateurs sont installés à Paris et à Dakar.

2. Espace de formation informelle

La danse n'est pas uniquement réservée au public initié. Elle ne se pratique pas uniquement dans les écoles ou par les troupes qui ont été présentées dans les chapitres précédents. Elle est sociale, elle est sportive, elle est aussi et surtout spontanée. Selon le milieu social auquel on appartient, le fait de danser peut se présenter comme un moyen de communication entre les individus, ce qui se produit dans des espaces différents : dans la cour d'une concession, dans la rue, sur la place publique, etc., ainsi que lors des retrouvailles entre amis de la même catégorie d'âge, à l'occasion des fêtes de fin d'année, sur les terrains de sport, dans les arènes à l'occasion des combats de lutte. Dans ces circonstances, on danse spontanément, car la danse est spontanée. Du fait de cette spontanéité, cette forme de danse est dite non structurée, caractérisée par les fonctions qu'elle engendre, par le genre qu'elle détermine, mais aussi par la catégorisation qu'elle impose aux formes dansées dites structurées.

Nous avons choisi de les appeler « informelles » du fait qu'elles ne s'inscrivent pas dans le circuit administratif qui régit les associations ou groupements, avec son lot de récépissés, de taxes, etc. Ce sont des danses invitant à la rencontre corporelle et au dialogue, relevant plus de la socialisation.

Pour expliquer ce type de danse, nous les avons présentées sous différents aspects : le genre, la catégorisation et la nature des danses.

a. Danse et genre

Parler de genre est devenu, de nos jours, une mode. Si la question du genre est présente dans les arts et dans la danse particulièrement, elle pose la question que la chercheuse Ann Daly [1] s'est posée : « la danse est-elle un art d'essence féminine ». En effet, comparée à d'autres formes d'art comme la sculpture, la peinture ou le théâtre, elle est qualifiée d'art typiquement féminin et fortement ancrée dans l'imaginaire collectif. Cependant cette idée ne répond à aucun argument scientifique et des études historiques, sociologiques, anthropologiques ont montré que la danse est aussi bien pratiquée par les hommes que par les femmes. Mieux, la danse en soi n'est pas genrée. Nous en avons pour preuve une forte présence d'hommes dans les sociétés qui ont su conserver leurs pratiques artistiques et cultuelles vivantes, comme dans les sociétés africaines.

D'un point de vue général, les représentations du masculin ou du féminin dans les pratiques artistiques peuvent varier aussi bien selon les sociétés, qu'à l'intérieur même de celles-ci. Cela explique la difficulté à cerner la notion de genre qui devient du coup fluctuante et difficile à délimiter dans le temps et dans l'espace. Selon les circonstances, nous assistons à des danses exécutées exclusivement par des femmes ou des hommes : danse féminine, distincte des danses réalisées par des hommes ; danse masculine, et danses mixtes exécutées à la fois par des hommes et des femmes.

• *Danse féminine*

La danse *sabar*, est féminine. Elle s'exécute en solo, est pratiquée par les Wolof et les Seereer, deux « ethnies » du Sénégal. Il faut noter que le mot *sabar* représente à la fois le rythme, la danse qu'il accompagne et l'événement ou la fête. Identifié au rythme, il est composé d'un groupe de tam-tams. À la base, le tam-tam est un morceau du tronc d'arbre auquel le boisselier a donné une forme cylindrique en forme de fût. Un trou est creusé à l'intérieur et l'orifice supérieur recouvert d'une peau de chèvre fixe et tendue par le griot. La batterie du *sabar* se présente comme suit : le *tungune* ou plus petit instrument produisant un son aigu, le *mbëng-mbëng*, instrument moyen servant essentiellement à l'accompagnement, *le ndeer*, plus allongé, plus grand et joué par le soliste, le *gorong mbabas*, gros *sabar* au son sec, dont le fût est fermé par le bas et qui est utilisé par le soliste, *le thiol*, gros *sabar* également au son sourd, qui est la base du rythme et soutient ou dialogue avec le premier soliste ; et enfin *le xiin*, dont le fût est droit et largement ouvert à la base.

Le rythme produit par le *sabar* présente plusieurs figures de la danse, parmi lesquels on peut citer le *cebujen*, *bara mbay, farwudiar,* le *yaba*, etc.

1 Ann Daly, citée par Hélène Marquié, dans *Non la danse n'est pas un truc de filles*, 2016, p. 11.

Toutes ces danses se caractérisent par l'intensité des pas qui les composent, le mouvement des bras qui lui donne un aspect aérien et un jeu de lancers de jambes en parfaite harmonie avec le rythme ; malgré cette diversité, le rythme du *sabar* est le même et se décline sous différentes intensités ; dans cette diversité il y a quand même une unité. Parmi les grands maîtres de ce rythme, on peut nommer Mada Seck, vers les années 1950 ; le tambour major Doudou Ndiaye Coumba Rose a su ensuite brillamment porter le flambeau. Aujourd'hui, Mbaye Dièye Faye et son orchestre, Salam Diallo ou Pape Ndiaye Thiopett suivent les pas de ces célébrités.

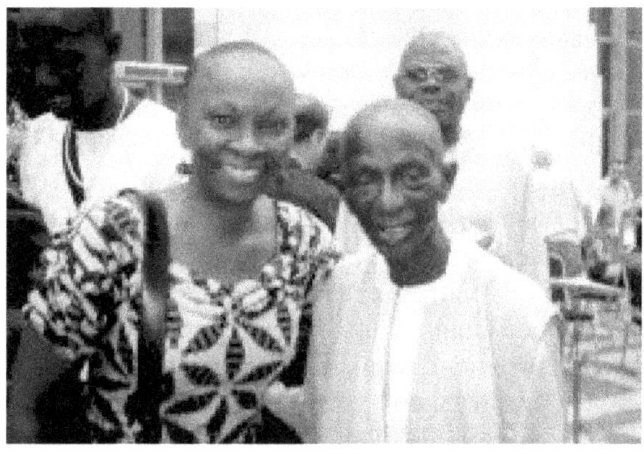

Doudou Ndiaye et Aïssatou Bangoura au Grand théâtre, en juillet 2015, lors du Festival *Degg Daaj*, pour les 85 ans de Doudou Ndiaye. Photo A. Bangoura

Le *sabar* est identifié à une fête, ou à un événement festif. Il s'agit de célébrations festives telles que les baptêmes, mariages ou des « *tuur* », sorte de retrouvailles entre membres d'une même génération ou d'une même appartenance socioprofessionnelle, qui sont autant d'occasion de danser, sorte d'exutoire. Les groupes d'instrumentistes de *sabar* peuvent intervenir lors de certains événements de la vie sociale, comme lors de l'arrivée d'hôtes étrangers, ou de fêtes à caractère national ou international. Selon le moment de la journée où la séance de *sabar* se déroule, l'événement prend un nom différent : *sabar* lorsque la rencontre est diurne et *tannëbeer* quand il se déroule la nuit.

Le *sabar* est considéré comme la danse la plus célèbre chez les Wolof. Il était autrefois exclusivement réservé aux femmes. Cette danse peut être exécutée à l'occasion de rencontres entre amoureux, comme le note Ousmane Socé Diop, un écrivain sénégalais membre du groupe de jeunes intellectuels qui ont fondé le mouvement de la négritude durant la période d'entre-deux guerres. En 1935, il fait ses débuts en littérature avec *Karim, roman sénégalais*, dont l'histoire relate la vie d'un jeune homme au croisement de deux cultures. Ce livre lui vaut en 1947 le *Grand Prix littéraire d'Afrique occidentale*. Cheikh Hamidou Kane, un autre écrivain sénégalais auteur de *L'aventure ambiguë*, paru en 1961, traite d'un sujet similaire, l'histoire du déchirement d'un émigré pris entre deux cultures ; il reçoit le *Grand prix littéraire d'Afrique noire* en 1962. Dans son roman *Karim,* Ousmane Socé Diop donne une description de la danse à l'occasion de la rencontre de son héros avec Marième, son amoureuse : la description faite correspond exactement à ce que l'on voit encore dans les villages et villes, dans la vie de tous les jours, dans la société wolof. La scène se déroule devant les griots et le public qui participe à cette rencontre :

> Les griots arrivèrent, chargés de leur tam-tam. Ils s'installèrent sur le trottoir…Armés de baguette, « les *galanes* », ils firent résonner leur « *ndeund* ». Des rafales d'accords déferlèrent le long des rues, heurtèrent les murs, rebondirent en échos qui les prolongeaient, et depuis le quartier de Lodo jusqu'à Sindonné tout vibrait… le tam-tam appelait la jeunesse à la danse ! Les danseurs arrivèrent par petits groupes… Marième marcha vers l'orchestre, martela le sol d'un pas cadencé, penchée en avant, la main droite s'agitant comme pour battre la mesure ; la main gauche retenait son boubou. Elle dévalait véloce comme un torrent, parfaitement en accord avec la musique. Les spectateurs applaudirent : bonnets, cannes, billets de banque, s'envolèrent, … Karim laissa tourbillonner un billet de cent francs, car son amie, dans l'intention de plaire, avait terminé sa danse près de lui, Marième triomphante regagna sa place. Ce fut le tour des hommes. Karim s'élança ; le Chef d'orchestre se démenait, semait l'entrain parmi les jeunes filles, maudissait les bavardes qui ne battaient pas des mains. Il retourna à ses musiciens qui, accroupis sur le sol, assommaient leurs « *ndeund* ». Il accorda le *touli* et déclama « jeunes femmes, battez des mains pour votre Oncle Karim : il est beau, généreux, bon danseur ; il est l'amour des jeunes filles et le rival jalousé des hommes ! » Karim, resté à la même place, se balançait bercé par l'accompagnement. Quand on eût fini de le présenter, il s'envola, exécuta d'admirables salutations et des entrechats [1].

Cette description minutieuse, qui repose sur une observation pertinente et riche, met en évidence ce que Senghor définit comme « l'infrastructure de la danse et de la musique [2] », c'est-à-dire « le rythme avec ses déhanchements, contretemps et syncopes ». Ce qui est ici décrit, c'est la danse *sabar*, pratiquée par les Wolof mais qui est parvenue à conquérir tous les Sénégalais. Tout le corps est ici concerné : les jambes, les bras, la tête tout en mouvement, c'est

1 O. S. Diop, *Karim*. 3ème édition, 1985, p. 44-47.

2 Léopold Sédar Senghor, Discours lors de l'inauguration de Mudra-Afrique, le 17 novembre 1977 à Dakar.

la danse totale qui s'adresse à tous les sens. Voilà qui rappelle le poème dans *Chant d'ombre* où le poète s'exprime :

> Ils nous disent les hommes du coton du café de l'huile
> Ils nous disent les hommes de la mort.
> Nous sommes les hommes de la danse
> Dont les pieds reprennent vigueur en frappant le sol dur.

D'après cette description d'Ousmane Socé Diop on voit bien que cette danse est pratiquée aussi bien par les femmes que par les hommes : c'est Marième, la jeune amie de Karim, qui, s'avançant vers l'orchestre, martelant le sol d'un pas cadencé, se mit à danser, provoquant « les applaudissements des spectateurs ». Lorsqu'elle regagna sa place, « ce fut le tour des hommes ». C'est alors Karim, l'amoureux de Marième, qui s'élance. « Il s'envola, exécuta d'admirables salutations et des entrechats ». Le *sabar* est donc une danse qui admet la mixité. Organisé par les femmes, il permet la rencontre des jeunes filles et des jeunes gens, ce que nous trouvons également bien exprimé dans le texte d'Ousmane Socé Diop en ces termes : « … le tam-tam appelait la jeunesse à la danse ! Les danseurs arrivèrent par petits groupes… ».

Autrefois, dans la société traditionnelle, seules les femmes étaient acceptées dans cet espace ; le rythme, par contre, y a toujours été l'apanage des hommes. Ce sont eux qui jouaient des instruments et choisissaient la cadence, comme le décrit si bien l'extrait du roman d'Ousmane Socé Diop. Les danseuses et les batteurs collaboraient et s'accordaient sur le rythme et les sonorités des tam-tams et les différents pas de danse, mais aussi selon la créativité des danseuses, les batteurs réussissaient la prouesse de jouer un rythme approprié.

Il faut remarquer qu'il y a eu des hommes qui se sont rendus célèbres pour avoir participé à des séances de danse. Abdou Baba Ly, Bassirou Sarr, selon Doudou Ndiaye Rose, n'avaient rien à envier aux danseuses, que ce soit par rapport à l'exactitude des pas de danse ou à la grâce de la gestuelle et à l'élégance des mouvements. Mais de nos jours, de plus en plus d'hommes viennent à ces rencontres, de manière spontanée ou sur invitation des organisatrices, en mettant en évidence, avec brio, leur esprit de créativité certes, mais aussi leur force physique et leur rapidité dans la gestuelle au point de modifier la structure originale du pas de danse. C'est la preuve qu'il y a une évolution dans la représentation de la danse au Sénégal. La description de l'auteur illustre la cohérence entre les trois composantes qui constituent le *sabar* : le rythme produit par la batterie d'instruments divers qui accompagnent une diversité de pas de danse, le tout lors d'un événement se déroulant de jour ou de nuit, selon qu'il s'agit du *sabar* ou du *tannëbeer*.

Une autre conclusion que nous pouvons en tirer, c'est que les trois significations du mot *sabar* se retrouvent dans la description d'Ousmane Socé Diop : c'est le *sabar* comme rythme qui accompagne la danse *sabar* dans ses différentes variations et l'événement qui est ici la rencontre de Karim et de Marième sa fiancée, ce qui motive la célébration de cette danse.

Contrairement aux danses sacrées ou religieuses que nous allons décrire plus loin, la danse *sabar* appelle beaucoup à la créativité, en acceptant même des moments où danseur et danseuse peuvent entrer dans le *géew* ou espace de danse, en même temps pour exhiber leur talent tout en suivant le rythme. La description antérieure montre les fonctions sociales et identitaires que révèle cette danse. Mais elle dispose d'une autre fonction, non moins importante et en lien avec la « pudeur » : elle porte en elle-même une dimension sensuelle que certains peuvent considérer comme obscène. Certains pays limitrophes du Sénégal ont interdit le *sabar* qu'ils ont qualifié de danse érotique. Cependant les danseuses célèbres comme Ndeye Khady Niang ont toujours esquissé les pas de danse, tout en préservant de toute exposition certaines parties de leur corps. Lors d'un entretien, cette dernière n'a pas manqué de porter un regard critique sur les pratiques de cette danse par la jeune génération. « Moi, je ne ferai jamais une chose pareille. Peut-être aussi que c'est parce que les générations ne sont pas les mêmes. [...] C'est la stricte et triste vérité. Danseuse rime maintenant avec indécence, incorrection, dévergondée », disait-elle. Ces séances de *sabar* sont organisées et animées par des femmes. Seule la batterie est composée d'hommes qui produisent divers rythmes, connus des femmes ; le principe de la danse est une sorte de dialogue entre la danseuse et le batteur au travers d'un rythme bien connu d'elle. Dans la plupart des cas, c'est la danseuse qui impose un rythme au batteur en fonction de la créativité dans l'exécution des pas de danse. Nous en avons pour preuve la rencontre du célèbre batteur tambour major Doudou Ndiaye Coumba Rose avec Ndeye Khady Niang ; ce dernier a su apprécier à sa juste valeur le talent précoce de Ndeye Khady, future maitresse dans l'art d'exécuter la totalité des danses traditionnelles wolof. Il existait une telle complicité entre les deux, si bien que la danseuse pouvait évoluer sur tous les rythmes exécutés par le tambour major, qui à son tour pouvait créer des rythmes auxquels la danseuse répliquait de fort belle manière.

Un fait est à noter, à l'époque, les spectateurs hommes n'étaient pas interdits lors des séances de *sabar*, mais petit à petit les tabous culturels les ont éloignés ; les rares hommes qui osaient fréquenter ou participer à ces séances étaient considérés pour la plupart comme des efféminés ou homosexuels, invités en la circonstance par leurs « sœurs » ! Dans les cérémonies familiales, baptêmes ou mariages, les hommes assurent de plus en plus l'animation ; en effet, ils proposent un spectacle vivant, c'est-à-dire avec la possibilité de concilier chant, rythme et danse. Auparavant, seules les femmes animaient les cérémonies accompagnées à la batterie par les hommes, mais de nos jours des groupes de jeunes gens proposent des prestations d'animation lors de ces cérémonies familiales appelé *bongomans*, où l'on utilisait le *bongo*, un instrument à percussion rudimentaire.

Comme danse féminine, on remarque le *leindiegho* en est une et s'exécute les jours de réjouissance tels que les baptêmes, les mariages ou fêtes, tout comme la danse *sippa*, du groupe ethnique manding. Ce qui caractérise ces danses citées ci-dessus, c'est leur forme similaire en termes de placement sur la scène : les exécutantes forment un arc de cercle autour des batteurs afin de créer une communion entre danse et rythme. Néanmoins, il y a des danses que seuls les hommes pratiquent : les danses masculines.

• *Danse masculine*

La danse est très présente dans les rituels initiatiques et cultuels. Elle est exécutée par des hommes dans les sociétés africaines ; en effet, les rites d'initiation ou rites de passage préparent à des responsabilités : passage du stade d'enfant à celui d'adulte et pendant cette phase, l'acquisition de connaissances est faite dans la plus grande discrétion. C'est ce qui explique souvent le retrait du groupe loin de la ville ou du village. La fin de cette retraite est marquée par une sortie à travers la ville ou le village, au son des rythmes et danses de la région ou du groupe ethnique.

Nous pouvons citer en exemple la danse du *jambadong* ou danse des initiés, exécutée les jours de fête de circoncision. C'est une danse originaire du Kaabu, localité située dans la région de Casamance au sud du Sénégal. Elle est appelée également la danse des feuilles, car chaque danseur est muni d'une branche de feuilles vertes de palmiers ou d'un autre arbre de la place. La danse est accompagnée de chants exécutés par les anciens ou adultes, dont le contenu explique aux jeunes gens les raisons de la pratique de l'excision et ses bienfaits. C'est une danse athlétique qui se déroule en deux phases, la première servant d'échauffement, suivie de la deuxième, caractérisée par des sauts et courses variées et longues, d'où la nécessité d'espace pour son exécution. Elle n'en est pas pour autant une danse difficile ni éprouvante, même si elle peut durer plusieurs heures. Selon Mandy Djitte [1], la tradition relève le cas d'un danseur célèbre du nom de Burama, qui s'est retrouvé au fond du puits à force de danser pendant des fêtes de circoncision. Depuis ce jour, le chant qui lui a été dédié fut nommé *Diambadong Burama*, dont les paroles signifient :

> Diambadong Bourama kolombe ignato Nsing seing, n sing cou, n sing m pousang
>
> Attention ! Il y a un puit devant, tant pis, répond-il, j'y plongerai je m'y laverai et je m'y ébrouerai tout en dansant.

La danse est aussi un rituel. Par le biais des danses et chants, les anciens faisaient passer des messages tels que : « Celui qui montre le chemin doit le prendre. Les hommes ne suivront jamais l'index du sage, mais ses pas ».

---

1 Djitte Mandy, Mémoire de fin de stage, Les pratiques corporelles traditionnelles au Sénégal pour leur exploitation et leur utilisation en pédagogie.

Le *yanga* est également une danse exclusivement masculine, qui se distingue par des traits de socialisation chez les populations *Bassari,* marquant le passage de l'initiation au stade d'adulte, respecté et accepté par la société.

Cette répartition des danses selon les genres est toujours de rigueur dans les sociétés traditionnelles, que ce soit dans la composition des ballets (lorsqu'il s'agit de danse de divertissement), ou dans les pratiques cultuelles qui regroupent les danses dites sacrées.

Une nouvelle forme de danse masculine, ou danse exécutée par des hommes, est très remarquée de nos jours. Elle est également dénommée danse sportive, car exécutée dans un cadre purement sportif, c'est-à-dire lors des séances de lutte appelée *lamb* ou *bëre* en ouolof et *njom* en seereer. Cette pratique est également connue dans la partie sud du Sénégal, en Casamance.

À l'origine, en milieu seereer la lutte est une activité sportive traditionnelle. Elle se déroule au moment des récoltes, le soir, sur la place du village ou *ngel.* Ce sont des rencontres entre jeunes de la même classe d'âge et catégories encouragés par la présence des jeunes filles et au rythme des *njuup* et *pitam.* Le poème de Senghor intitule « Joal » illustre la participation des femmes à la lutte à travers les vers qui suivent :

> Je me rappelle les voix païennes rythmant le Tantum Ergo
> Et les processions et les palmes et les arcs de triomphe
> Je me rappelle la danse des filles nubiles
> Les chœurs de lutte – oh ! la danse finale des jeunes hommes, buste
> Penché élancé, et le pur cri d'amour des femmes-Kor Siga !

La partie dansée de la lutte invite au combat. En effet, les lutteurs portent un pagne noué autour des reins, soutenu par des ceintures de gris-gris et tiennent dans la main une longue bande d'étoffe blanche d'environ deux mètres enroulée, que l'on appelle « *a Senoor* » ; c'est à la fois un instrument de parade lorsque le lutteur le portant sur le cou se pavane ou danse en l'agitant, et un signe de défi quand il l'étale par terre devant un autre lutteur qu'il croise dans l'arène. Le déroulement de cette bande est précédé d'une danse imitative de la marche du varan. C'est une sorte de marche avec forte adhérence au sol, qui se distingue par le balancement de tout le corps (bras et jambes) d'un côté puis de l'autre. Cette forme de danse est caractéristique de la lutte. Tous les lutteurs ont le devoir de la maîtriser et de l'exécuter avant tout combat.

Progressivement la *lutte*, ou *lamb*, est devenu un sport national qui a su garder un cachet traditionnel grâce à l'exécution de *bàkk,* exécutés avant ou après les combats de lutte. Qu'est-ce que le *bàkk* ? Ce terme, d'origine wolof, désigne une sorte d'auto-louange chantée par le lutteur, accompagné de pas de danse. En général, les séances de combat ont lieu le jour avant le crépuscule ; les séances organisées la nuit s'appellent *mbappat* chez les

Wolof. C'est un rituel très souvent chanté et accompagné par les tam-tams, une sorte de provocation au combat, évoquant des noms de champions ou célébrités pour inciter à la bravoure et au courage. Le *bàkk,* est important dans la préparation psychologique du lutteur qui, tout en dansant, proclame son passé glorieux et se montre prêt à défier tout adversaire Cette partie rythmique occupe une place de choix dans la préparation des combats, mais également dans la relation avec le public, « les admirateurs ou les "fans" ». Parler de la danse chez les hommes nécessite de parler de celle des lutteurs lors des séances de *bàkk*. Cela montre qu'il y a une évolution de la danse au Sénégal. Il y a, de plus en plus, des chorégraphies dans l'arène. Les lutteurs et leurs accompagnants suivent des cours de danse et de rythme. Des « écuries » de lutte rivalisent dans la recherche de chorégraphies riches en pas de danse et rythmes. Les grandes écuries disposent d'une section "danse" telles que l'écurie seereer de Manga 2, l'écurie des Parcelles avec Modou Lô ou encore Zoss et l'écurie de lutte *Bul Faale* [1] de *Tyson* [2] qui est la première à avoir introduit des pas de danse accompagnés de rythmes différents de ce qui a toujours été présenté dans les arènes. Cette innovation n'a pas été du goût des anciens qui assimilaient cette nouveauté à des shows, voire du théâtre.

De nos jours, on lutte autant dans les villes que dans les villages. La lutte dispose d'une arène nationale à Dakar inaugurée en juillet 2018. Elle s'est professionnalisée avec son lot de marketing (publicité, sponsor) au point que là où il y a plusieurs années il était question d'amateurs de lutte, ce sont des "fans clubs" qui se créent autour des écuries et accompagnent le développement de la lutte, ce qui est un avantage pour la danse. Cette évolution due à la professionnalisation de la lutte apporte un changement dans sa partie volet culturel qui affecte le rituel du *bàkk*. En effet, il était de tradition que le lutteur entre dans l'arène vêtu d'un maillot et de pagnes multicolores tissés, noués autour des reins et qui, lors de l'exécution des pas de danse du lutteur tourne tantôt sur lui-même et marche dans l'arène, ce qui va donner une fière allure Ce rituel du *bàkk* tend à disparaitre, au désespoir des aînés plutôt attachés à la tradition, qui ont connu et apprécié cette séquence immémoriale du patrimoine culturel. En effet, sous l'influence de la modernité, les lutteurs ont tendance à introduire de nouveaux pas de danse et à se vêtir autrement, en associant ce rituel à une coupe de cheveux excentrique qui marque aussi une nouveauté dans l'arène

---

1 *Bul fale* signifie en ouolof « t'occupe pas ».

2 Mohamed Ndao dit Tyson nom pris en référence au boxeur noir américain est originaire de Kaolack fondateur de sa propre écurie *New génération boul fale* ; il va innover l'arène par son port vestimentaire : boubou par-dessus le survêtement exigé du sponsor, la dizaine de membres de son écurie exécutant une chorégraphie sous la baguette de du célèbre batteur Oumar Thiam créateur de son rythme de *bakk* très aimé et prisé des amateurs

b. Catégories des danses : sacrées / religieuses, de divertissement et de spectacle

Pour la classification des danses, on peut retenir les catégories suivantes : danses sacrées / religieuses, danses de divertissement et danses de spectacle.

• *Les danses sacrées / religieuses*

Elles se définissent généralement comme danses magico-religieuses qui accompagnent les moments de la vie religieuse ou les rites liés à la vie de la personne. C'est un moyen d'entraîner l'homme hors des limites que lui impose la conscience de la réalité quotidienne. Elles ont un caractère imitatif, par exemple la danse du totem. Elles demandent de la part des exécutants d'avoir des dons d'acteurs. Elles s'accompagnent de déguisements ou de masques qui permettent de passer du temporel au spirituel, du monde physique au monde spirituel par le geste imitatif, le danseur croyant capter une force qui est surnaturelle et le renforce.

Prenons comme exemple le *ndëpp* qui, chez les *Lebu* du Sénégal, est un rituel exclusivement féminin. Mais il arrive qu'on y rencontre des hommes, qui s'habillaient en femme pour officier. La tenue féminine du célèbre Daouda Seck, le guérisseur lors du rituel du *ndëpp*, vêtu ainsi pour les besoins, en est un exemple. Cette pratique est ancestrale et a pour fonction de soulager la maladie, de reconnaître les esprits ancestraux et du coup de créer un moyen de cohésion sociale dans la société. Le *ndëpp* est une cérémonie d'initiation, car elle permet à une personne d'accéder à un nouveau statut, une nouvelle identité sociale. Cette initiation se réalise à travers des cérémonies durant lesquelles la danse occupe une place majeure.

Dans la séance du *ndëpp*, la danse occupe une place majeure parce qu'elle sert de lien avec les esprits. Elle est un langage utilisé par les esprits pour se manifester, par lequel l'homme peut transcender les maux qui l'habitent. C'est dans ce sens qu'Alphonse Tiérou [1] disait :

> Pour les Africains, la danse aide à transcender la perception ordinaire pour atteindre, dans l'harmonie du rythme, d'autres états de conscience où se produit une communication mentale avec les forces cosmiques. En Afrique, danser c'est prier ; danser, c'est communier avec Dieu.

Pendant le rituel du *ndëpp*, les danses sont accompagnées par des tam-tams. Ces instruments servent à produire de la musique certes, mais sont également un moyen de communication avec les dieux, sacralisé par des musiques religieuses, c'est-à-dire capables d'émettre des sons adaptés à la cérémonie ; les rythmes musicaux produits sont particuliers et reconnaissables

---

1 Alphonse Tiérou, *Si sa danse bouge, l'Afrique bougera*, 2001, 184 p.

de loin. Ce rituel se réalise à travers des cérémonies durant lesquelles les sons dégagés permettent d'appeler les esprits ou *rab* et au *ndëppkat*, qui dirige la cérémonie, d'atteindre un état supérieur permettant ainsi au génie de prendre possession de son corps. La musique et la danse se trouvent ainsi très liées par le dialogue dans cette cérémonie, parce que c'est par elles qu'on réussit à entrer en communication avec les dieux. Seules les femmes dansent dans ce rite thérapeutique.

• *Les danses de divertissement*

Alors qu'elle était à l'origine sacrée, la danse devient peu à peu cérémoniale ou divertissement social. Elle réfléchit les aptitudes de chaque peuple ou groupe d'individus, relève des différents folklores et traditions. Elle est expression d'une ethnie, d'un groupe et s'associe aux divers moments de la vie quotidienne, dont elle stylise parfois la gestuelle.

Pour présenter les danses de réjouissance on peut citer, entre autres, le *gumbe,* qui est une danse traditionnelle de divertissement chez les Lebu, organisée à l'occasion de l'élection du *jaraaf*, grand dignitaire de la société *lebu.* D'après Raphaël Ndiaye [1], « le *gumbe* traditionnel lébou regroupe la plupart des habitants du village, les femmes en particulier, qui se parent de tenues traditionnelles élégantes, afin de participer à la danse ».

Les danses sur scène ou danse de spectacle

La danse a suivi l'évolution des sociétés. Une nouvelle conception et image de celle-ci sont ainsi apparues. En Afrique, la danse se déroule sur la place du village ; l'urbanisation poussée a progressivement amené la disparition de ces lieux communs de réjouissance et la création de nouveaux espaces adaptés à la discipline. Au même moment, les danseurs vont certes continuer à danser pour eux-mêmes ou pour le groupe, mais une nouveauté a vu le jour : ceux-ci vont inviter le public à regarder la danse en se produisant sur les scènes de théâtre ou en un autre endroit indiqué pour la pratique.

Senghor a joué un rôle considérable dans le développement de la discipline par la création des Ballets nationaux et des structures de représentation de la danse au Sénégal. De nombreux échanges se sont effectués entre le Sénégal et le reste du monde. Au milieu des années 1920 déjà, le Sénégalais Féral Benga dansait aux côtés de Joséphine Baker aux Folies-Bergères. Sa gloire fut hélas de courte durée, mais il influença beaucoup d'artistes comme Fodéba Keïta, qui fonda les Ballets africains.

La création du Ballet national *La Linguère* en 1961 par Senghor va marquer les débuts de la professionnalisation de la danse au Sénégal. Ce Ballet

1 Raphaël Ndiaye, *La place des femmes dans les rites au Sénégal*, 1986, p. 116-117.

va effectuer des tournées à travers le monde ; les chorégraphies sont tirées du patrimoine de danses cérémonielles de l'Afrique de l'Ouest et surtout des régions manding. Les séjours répétés de plusieurs mois à l'étranger vont aider à une meilleure visibilité des danses d'Afrique certes, mais ils vont aussi créer des opportunités de mobilité pour beaucoup d'acteurs. Nombreux sont les anciens du Ballet qui ont ouvert des écoles de danse aux États Unis ou en Europe et ont aidé à la promotion de la danse africaine.

À côté des Ballets nationaux, il existe des troupes de danses appelées « Ballet traditionnel », dont le nombre ne cesse de croître dans la seule région de Dakar. La plupart de ces Ballets sont constitués sur des bases ethniques.

Tous ces ballets vont aider à une « spectacularisation » de nos danses. Cette fonction spectaculaire a pris une importance de nos jours. Les Ballets traditionnels qui montrent une facette du riche patrimoine culturel se voient ainsi proposer des contrats de représentation dans les établissements hôteliers moyennant un cachet.

c. Cas d'étude

• L'exemple du Ballet Bakalama

Ce groupe de danse a fait du Centre culturel Blaise Senghor son lieu de répétition et de formation. La création de la troupe folklorique dénommée *Bakalama* à Dakar remonte à 1972, année où l'association des ressortissants du village de Thionck Essyl a pris l'initiative de se doter d'une structure de rénovation pour le village. *Bakalama* signifie « calebasse », car sa forme représente le symbole de l'unité et de l'enracinement dans la culture joola.

C'est donc en vue de se consacrer au développement socioculturel et économique du Sénégal que cette troupe folklorique et artistique est devenue, à force de travail, une compagnie de danse qui œuvre à susciter des échanges culturels partout dans le monde.

C'est une des raisons qui a motivé la création de la troupe de danse. Parce que danse et rythme vont de pair, *Bakalama* a associé la création d'une école de musique et de percussion. Ainsi, les activités diversifiées tournent autour des chants et danses traditionnelles et des cours de percussions : *sabar, jembe, suwruba, kongas.*

La troupe a sa propre manifestation, initiée en 2006 et appelée Festival international de Danse et Musique de Thionck Essyl, commune située à 71 kilomètres au nord-ouest de Ziguinchor en Casamance. Ce Festival se tient tous les deux ans.

L'exode rural vers les villes a favorisé le regroupement de populations ayant en commun la langue et les pratiques culturelles dans des zones d'habitation où les conditions de pratique d'activités comme la danse sont inexistantes. Ainsi, les migrants sont obligés de se tourner vers des structures officielles comme autrefois les Maisons de jeunes ou les « Espaces culturels » [1]. C'est ainsi que la compagnie de danse *Bakalama*, qui ne disposait pas d'espace privé, a porté son choix sur le Centre culturel Blaise Senghor comme lieu de répétitions.

La troupe est composée de sept danseuses, six danseurs et cinq percussionnistes. Du lundi au jeudi, de 15 à 19 heures, tous les membres de la compagnie se retrouvent pour des séances de répétition.

La salle est suffisamment vaste pour les déplacements, parce qu'à l'origine elle sert de salle de conférence au dit centre. Avec un sol recouvert de carrelage et détérioré par endroit, elle est malheureusement contre-indiquée pour une telle activité. Elle est loin d'être en conformité avec ce que devrait être une salle de danse, car elle ne dispose pas de nombreux accessoires tels que parquet souple, miroir, barre, vestiaire, sanitaire. D'ailleurs des danseuses n'ont pas manqué de me faire part des effets négatifs de cet état de fait : « C'est très difficile d'évoluer dans cette salle, car après chaque séance je ressens de terribles douleurs au niveau des jambes et du dos », me disait l'une d'elle lors d'un entretien. Il faut ajouter à cela que l'occupation de l'espace par différents utilisateurs en dehors des heures de répétition oblige les danseuses à en assurer la propreté, pour éloigner la poussière ou tout autre objet gênant, voire néfaste à la pratique de la danse.

Le travail est intensif et régulier. Il est dirigé par un chorégraphe-danseur, Boubacar Mané, assisté d'une danseuse chorégraphe, Khady Badji. Les séances de répétition démarrent toujours par des exercices d'échauffement collectif centré sur un renforcement musculaire et un travail d'endurance des acteurs. Le volet "formation" occupe une place de choix dans le programme de la troupe. Une partie du travail quotidien est toujours consacrée à l'apprentissage de nouveaux pas et au perfectionnement des pas présentant une certaine difficulté. Comme les danseurs sont sélectionnés sur audition, ils subissent une période dite de stage au sein du groupe, durant laquelle ils vont apprendre et assimiler les créations en cours. Ils sont observés, accompagnés et évalués par les chorégraphes de la troupe.

La troupe *Bakalama* a l'ambition d'aider à la promotion de la danse et des danseurs. Elle est convaincue que cela ne peut se réaliser que si les danseurs en prennent conscience en s'imposant une discipline aussi bien individuelle que collective : respect mutuel, respect des heures de travail et des consignes durant les répétitions accompagnées d'échanges sont les principes de base.

Dans le souci d'aider les danseurs et danseuses à échanger avec leurs pairs dans la troupe et à l'extérieur et de parfaire leur connaissance, *Bakalama* propose des cours d'alphabétisation et de renforcement en français et en anglais aux pensionnaires. Concernant la danse, dès que la possibilité se

1 Espace construit par les mairies pour promouvoir les arts et la culture.

présente, les danseurs sont priés de s'inscrire à l'École nationale des Arts pour y subir une formation de cinq ans, sanctionnée par une attestation en cas de réussite. Mais c'est surtout dans le but d'acquérir une bonne base en danse et de découvrir par la même occasion d'autres techniques de danse comme la danse classique, la danse contemporaine. La chorégraphe du groupe Khady Badji et le danseur Antoine Danfa, membres de la compagnie, en sont des exemples, puisqu'ils ont bouclé les cinq années de formation dans cette institution. C'est ce qui a donné la possibilité à la danseuse Khady Badji d'assister le chorégraphe Boubacar Mané et d'être en mesure de dispenser des cours de danse au Sénégal et à l'étranger.

Bakalama partage cette salle de répétition avec d'autres compagnies de danse évoluant dans la région, ce qui montre la rareté des lieux appropriés à la pratique de la discipline, malgré les conditions très modestes d'accueil. Mais ce n'est pas un fait nouveau, de l'avis d'Ousmane Noël Cissé, danseur chorégraphe : le manque d'espace de danse avait obligé à l'époque des Indépendances les multiples troupes de danse situées dans le quartier du Plateau de se retrouver dans les salles de classe ou dans les cours des écoles avoisinantes. Ces nombreux Ballets vont se produire dans les zones touristiques, hôtels, résidences, etc., dans le but de montrer une partie du folklore national (chants, danse) et essayer par la même occasion d'attirer la clientèle touristique à la pratique des danses dites traditionnelles, tout en proposant des cours de danse ou de rythme dans ces structures ou aux alentours.

L'exemple des cours de danse du jeune chorégraphe Aliou Ba à Mbour est aussi à encourager. Après un cursus à l'École des Arts et un long séjour en Europe, durant lequel il a su mettre à profit ses compétences en danse africaine et se perfectionner dans les techniques dites modernes, il a réussi à attirer de plus en plus de jeunes gens vers la pratique de la danse, tout en proposant des spectacles de qualité lors de certains événements qui ont été appréciés du public.

Les danses privilégiées sont dites "spectaculaires" parce qu'elles sont faites pour être montrées ou vues. Elles sont très souvent des danses à thème, c'est-à-dire qu'elles relatent une partie de l'histoire ou des pratiques de la communauté à laquelle elles sont rattachées ; la danse des hommes chez les Bassari ; ou encore la danse *Ekonkone* exécutée par les villageois lors de l'ouverture de la saison de lutte sportive en Casamance ; la danse du faux lion ou *simb* qui, à l'origine, était un rite de possession.

Si les Sénégalais ont toujours dansé, il est utile de noter que de nouveaux espaces, de nouvelles scènes sont apparues. La création de structures d'expression artistique et le développement du tourisme ont fait du Sénégal le lieu de rencontres de nombreux créateurs et touristes culturels, surtout lors de festivals comme celui de *Kaay Fecc* [1]. Ces rencontres avec d'autres artistes permettent de développer des échanges et de créer une nouvelle manière de mouvoir le corps, mais ce sont aussi des collaborations artistiques qui se nouent.

Beaucoup de groupes se forment dans les quartiers, les écoles ou au sein des associations, telles les Associations sportives culturelles, composés surtout de filles, mais de plus en plus de garçons s'y invitent.

• *La Compagnie Jant Bi*

L'École des Sables se consacra également à la création chorégraphique et à cet effet elle a mis en place ses propres compagnies : la Compagnie *Jant-bi* Hommes, composée uniquement d'hommes comme l'indique son nom, qui est née à partir de la jonction de l'association *Jant-bi* avec l'École des Sables, précisément à l'issue du premier stage en 1998. La compagnie *Jant-bi* a été créée avec huit danseurs : six Sénégalais, un Congolais, un Ivoirien ayant participé au premier *workshop* du Centre International des Danses traditionnelles et contemporaines africaines, l'École des Sables de Toubab Dialaw. Tous avaient découvert l'activité parce qu'ils étaient d'anciens élèves de l'École des Arts, ou pensionnaires de Ballets traditionnels. La chorégraphe allemande Suzanne Linke et le chorégraphe israélien Avi Kaiser ont ainsi créé le premier spectacle « Le coq est mort » avec ce groupe de huit personnes Cette pièce a connu un succès extraordinaire et a été présentée en Europe et aux États Unis, dans des lieux aussi prestigieux que le Théâtre de la Ville à Paris, le Festival de la Nouvelle Danse à Montréal et le Festival Jacob's Pillow aux États-Unis.

La composition uniquement masculine du Ballet dans ses débuts s'explique par le souhait de l'administration de la Compagnie de disposer à plein temps des acteurs et d'encourager l'arrivée d'un plus grand nombre lors des prochains stages. Suivra la création de *Jant Bi*, au féminin, quelques années plus tard. La motivation était grande, car de l'avis de tous, cette école est arrivée à son heure. Cela a donné une occasion de revisiter nos danses, mais aussi de procéder à des créations en danse, permettant surtout de pratiquer et d'étudier la danse de manière formelle (école structurée, enseignants ou chorégraphes qualifiés), alors que, jusque-là, « c'était de l'informel » dans la plupart des cas.

Toutefois, nous assistons depuis quelques années à un changement réel. On relève ainsi une attention nouvelle de la part des villes et municipalités à l'endroit des danses et cultures urbaines en général, même si l'on doute encore qu'un danseur puisse vivre de son métier. Les cultures urbaines ont fêté trente ans de pratique au Sénégal en 2018. Nombre de responsables et directeurs de

---

1 Festival de danse au Sénégal.

centre reconnaissent que le développement de ces cultures est un moyen d'attirer les jeunes vers des activités corporelles et artistiques saines qui mènent à la découverte d'autres cultures grâce aux multiples contacts et échanges. La région de Dakar a abrité ainsi, du 5 au 8 juillet 2017, la douzième édition du *Festa 2 h*, manifestation partie de la banlieue pour devenir aujourd'hui un festival de dimension internationale, avec plus de 100 artistes venant de quatorze pays qui devaient animer des activités dont la danse hip hop. C'est lors de telles fêtes que nous avons rencontré les danseurs de structures informelles et formelles afin de dresser un état des lieux de la danse au Sénégal.

VII. Analyse et résultats d'enquêtes

Nous venons d'examiner la question de l'innéité de la danse africaine en nous appuyant sur les auteurs comme Bourdieu, Bara Diop, Linton, Mauss. À partir de l'analyse proposée précédemment, je suis allée à la rencontre des acteurs, dans le souci de recueillir leur opinion et d'être en mesure de répondre aux questions relatives à la danse. Il a paru intéressant d'interroger des personnes qui contribuent à la création de phénomènes, de faits sociaux pour comprendre les mécanismes qui ont mené à telle ou telle action dans la société.

La nécessité de mener des enquêtes s'imposait ainsi. Ce sont donc des personnes intervenant dans le milieu de la danse : danseurs, chorégraphes, managers, administrateurs de compagnie. Cette diversité va aider à recueillir les impressions aussi bien des pratiquants que de non-pratiquants de la danse, des mécènes, des spécialistes de différentes disciplines artistiques, des responsables d'espaces culturels (théâtre, danse, musique) qui, du fait de leur formation, leur expérience, leur implication dans le milieu des arts, sont en mesure d'expliquer la place de la danse dans la société.

La majorité des danseurs interrogés sont des professionnels. Parmi eux, nous avons choisi quelques-uns pour leur demander de relater leur parcours de vie dans le milieu de la danse. Nous leur avons consacré un chapitre intitulé : "Récits de vie". J'ai également interrogé des acteurs susceptibles de donner un point de vue sur la danse et particulièrement sur son aspect de formation, qui a été une des préoccupations majeures de ce travail, à l'occasion de Festivals de danse et de rencontres internationales organisés en dehors du Sénégal, auxquels j'ai participé. Ainsi, lors de la Triennale de la danse « *Danse... l'Afrique danse* ! », organisée à Ouagadougou en novembre 2016, j'ai eu l'occasion d'échanger avec des danseurs chorégraphes et organisateurs d'événements culturels burkinabè, des connaisseurs de la danse, d'anciens pensionnaires de Mudra-Afrique, Lahsann Congo, danseur chorégraphe, Irène Tassembedo fondatrice et directrice de EDIT (École de Danse Irène Tassembedo).

1. Présentation du questionnaire

L'échantillon a été composé d'une centaine de personnes, interrogées à Dakar et lors des rencontres internationales. Le questionnaire avait trait à l'« imaginaire du Noir dansant », à la « croyance aux castes » et a porté sur la représentation, la formation et la pratique.

La méthode suivie comporte deux aspects : d'une part une approche qualitative, permettant d'approfondir les informations sur les thèmes ciblés, de cerner les motivations et les représentations faites autour de la pratique de la danse, d'autre part une approche quantitative, visant à réunir des données quantifiables et observables. Les entretiens que j'ai organisés ont été complétés par des séances d'observation sur le terrain. Il s'agissait de rapporter une situation réelle dans son contexte et de l'analyser afin de voir comment les phénomènes se manifestent et évoluent. J'ai également recueilli des récits de vie de danseurs pour montrer la richesse et l'intérêt de leur carrière. Des célébrités ont été choisies en fonction de leur renommée, de leur compétence ou de leur connaissance du milieu.

Les questions proposées ont porté sur les données sociologiques et concernent l'identification précisant la catégorie socioprofessionnelle à laquelle le danseur appartient, son âge, son ethnie, son sexe, son niveau d'études, son statut matrimonial. La formation et les types de danses sont ressortis dans les échanges. Ces données prises séparément renseignent sur le danseur qui évolue en solo, mais est également appelé à évoluer en groupe, quelle que soit son ethnie. Que la nature de la danse soit communautaire ou en solo, j'ai cherché à savoir dans quelles conditions elle se pratique et comment on s'y engage. Ce qui m'a amenée à faire des croisements de données pour expliquer le lien entre l'arrivée tardive dans le cercle de la danse et le niveau d'étude, ou les relations entre la danse et la religion.

2. Les enquêtes

Comme le danseur est l'acteur principal, les premières questions dans une recherche sur la danse sont : qui est danseur ? qui est chorégraphe ?

Question 1. *Qui est danseur ? Qui est chorégraphe ?*

Réponse et commentaire : La première question a été de définir le danseur et le chorégraphe. Si tout le monde, il est vrai, danse, tout le monde n'est pas danseur, tout le monde n'est pas chorégraphe ; ce qui m'a amenée à définir qui est danseur, qui est chorégraphe. La plupart des personnes interrogées se désignent comme danseurs, interprètes, chorégraphes, « *performers* », termes en usage dans leur milieu. Très peu se disent danseurs tout court ou chorégraphes. Il ressort de leurs réponses que, dans l'esprit de plusieurs parmi eux, une réelle confusion s'est installée.

Le danseur, c'est celui qui danse et qui est formé à une ou plusieurs techniques de danse. On le nomme aussi danseur interprète, c'est-à-dire la personne ou l'artiste qui traduit ou exprime ou représente une œuvre artistique de la manière dont on le lui a demandé. Parmi ces artistes, certains peuvent être, également, à la fois danseurs et chorégraphes, compte tenu surtout de leur expérience et leur aptitude à la création et à l'innovation artistique. Nous pouvons en citer quelques-uns : Jean Tamba, Fatou Samb, Oumar Sène, Fatou Cissé, Marianne Niox, Andreya Ouemba.

Lorsqu'on parle de spectacle de danse, l'objectif est de monter une création chorégraphique, mise en scène pour un public. Le chorégraphe est le créateur, porteur de l'idée et le responsable de la mise en scène. La carrière du chorégraphe est très souvent de longue durée, ce qui n'est pas le cas de celle du danseur qui est fréquemment fort brève. Prenons l'exemple de Bouly Sonko, ancien directeur du Ballet national *La Linguère*. Il a été chorégraphe de 1987 à 2003. Ses créations, qui composent le répertoire du Ballet national, ont valu au Sénégal de brillants succès au pays et à l'étranger.

Question 2. *À quel âge êtes-vous venu à la danse ?*

Réponse et commentaire : La population de la danse est relativement jeune, la tranche d'âge variant entre 15 et 67 ans. Ces chiffres montrent une arrivée tardive à la danse. Ce qui n'est pas sans nuire à la réalisation de performances, car l'idéal est de commencer la pratique dès l'âge de 8 ou 10 ans, dans la perspective d'une carrière professionnelle. Plusieurs ethnies se retrouvent autour de la pratique dansée, mais le fait marquant est que, pour un grand nombre d'enquêtés, la danse est une passion (75 %) ; 20,5 % la pratiquent parce qu'ils l'ont découverte dans le milieu familial ou qu'ils ont été entraînés aux spectacles ou dans les salles de danse par un ami, et 4,5 %, pour des raisons diverses. Toutes les ethnies étaient représentées dans l'échantillon.

La venue à la danse dépend de plusieurs facteurs : la motivation, l'appartenance ethnique, le genre, mais surtout le choix de la technique, déterminant pour se lancer sur la scène. Aujourd'hui, ce sont les danses urbaines qui sont les plus en vogue. En 2013, Mariama Touré en a fait le constat et a décidé d'ouvrir The Dance Hall, le premier centre de danses urbaines au Sénégal. Le hip hop et ses composantes y sont enseignées et répondent à la demande de cette tranche d'âge. Les garçons y sont bien représentés, car ils arrivent à développer une motricité rapide et défier même les lois de l'équilibre à travers l'exécution de certaines figures acrobatiques. Cependant, depuis quelque temps on y trouve de plus en plus de filles qui ne manquent pas de constituer leur propre groupe. En conséquence, la pratique de ces formes par les filles à tendance à nuancer l'image de cette danse comme exclusivement masculine.

Bien que les danses urbaines soient le style préféré ou le plus pratiqué par la jeunesse, celle-ci ne se désintéresse pas pour autant des autres formes de danse que sont les danses moderne, contemporaine ou traditionnelle. Dans les Ballets traditionnels, on remarque la présence des plus anciens, ce qui peut s'expliquer par leur passion pour la discipline malgré leur grand âge, la connaissance et la maîtrise de la technique de ces danses et également le fait qu'ils gardent encore vivace dans leur mémoire le succès des Ballets de Fodéba Keïta qu'ils ont eu le privilège de connaître. Ces danses traditionnelles représentent les pratiques dansées des différentes ethnies et groupes sociaux et créent la relation avec les sources de la tradition. La danse traditionnelle permet d'identifier le terroir et représente souvent une pratique communautaire. Ces danses sont de moins en moins visibles, mais toujours présentes, et peuvent s'apprendre à tout âge. La réponse à cette question révèle le caractère ethnographique de la danse qui se définit par le lien entre danse et terroir. En effet, cette marque identitaire fait que les membres d'une même ethnie peuvent se retrouver autour de leurs danses communes. Ainsi le groupe « *Allez Casa* », composé d'hommes et de femmes originaires de la Casamance, est un bel exemple de regroupement fondé sur le sentiment d'appartenance à une culture commune, dont l'un des objectifs est d'animer, d'encourager l'équipe de football de la région et l'équipe nationale du Sénégal. Nous citons cet exemple, compte tenu de l'importance accordée à ce sport au Sénégal. Comme le dit le responsable d'*Allez Casa*, « Nous sommes un groupe d'hommes et de femmes de différents villages de la Casamance et nous dansons et chantons tous depuis la naissance ».

Les danses traditionnelles servent de source d'inspiration aux jeunes danseurs pour les autres formes de danse, comme le hip hop ou la danse contemporaine. Certains danseurs, qui sont devenus des vedettes aujourd'hui, l'ont très tôt compris, à l'image de Pape Moussa Sonko, danseur étoile du Ballet national et danseur du groupe *Super Étoile* de Dakar. Au cours d'un entretien avec son père, Bouly Sonko, celui-ci nous faisait remarquer que « les danses traditionnelles sont à la base de toute formation en danse ; il est indispensable de les maîtriser si l'on veut faire une carrière de danseur ».

Il est fréquent de nos jours de rencontrer des jeunes gens et jeunes filles dans les troupes de danse traditionnelle. En effet, les connaissances acquises lors de leur passage dans ces troupes vont leur servir d'alphabet pour la poursuite de leur carrière dans d'autres techniques. Le constat est clair que les danseurs arrivent tardivement sur les scènes pour la plupart. Si les raisons peuvent être d'ordre technique, la raison principale est liée au fait que nombre d'entre eux restent convaincus que l'on peut devenir danseur professionnel, débuter une carrière à tout âge. Cependant, la dure réalité de la performance a obligé plusieurs parmi eux à abréger leur carrière ou à bifurquer vers la chanson.

Question 3. *Selon vous, la danse est-elle une activité exclusivement féminine ?*

Réponse et commentaire ; Malgré l'arrivée de plus en plus marquée des hommes dans la danse, l'activité reste identifiée à la féminité, caractérisée en cela par la grâce et l'élégance, qualités attribuées à la femme. La danse est féminine et féminisante. Mais la pratique de la danse est en train de s'ouvrir à la mixité grâce à de nouvelles formes de danse, comme le hip hop, les danses moderne et contemporaine, qui sont des techniques très prisées par les garçons aujourd'hui. Cette observation nuance l'image de la danse comme activité féminine.

Le questionnaire montre que les hommes sont plus nombreux que les femmes à pratiquer la danse. Après observation du milieu du spectacle, les femmes constituent la population la plus fragile. Lors du Festival mondial des Arts nègres organisé en décembre 2010, sous le régime du président Wade, il était question de constituer une équipe nationale de danseurs. Pendant le casting, une centaine de jeunes filles et jeunes gens avaient répondu à l'appel. Mais le nombre de garçons était si impressionnant, leur talent les plaçait en si bonne position, que les organisateurs ont dû procéder par quota. Ainsi, sur les 59 candidats choisis, 33 places ont été réservées aux filles, soit 55 %, contre 45 % aux garçons

Les résultats de l'enquête ont également montré que les filles arrivent plus jeunes dans la danse, mais sont obligées d'interrompre leur carrière laissant le champ libre aux garçons. Au Sénégal, ce fait peut s'expliquer par le manque de disponibilité, à tout moment, pour répondre aux voyages et séjours à l'étranger, liées aux représentations et aux longues séances de répétition qu'exige le professionnalisme dans ce milieu. Les filles doivent tenir leur rôle de mère de famille, ou encore assurer les tâches quotidiennes qui leur reviennent du fait de leur statut de femme. S'ensuivent ainsi les risques liés à la maternité qui peuvent influer sur l'esthétique du corps et les capacités physiques de la danseuse. Cet état de fait peut leur porter préjudice. Les couples de danseurs, comme Hardo et Gnagna, danseurs l'un et l'autre, résidant à Dougar, au Sénégal, que j'ai pu rencontrer, m'ont confié que vouloir mener danse et vie de couple demande beaucoup de sacrifices. Même remarque s'agissant de Fatou Cissé, danseuse chorégraphe, et de Mamy, directrice de la Compagnie de danse moderne basée à Thiès. Toutes deux m'ont également confié qu'elles devaient faire appel à une nurse, à temps plein, pour veiller sur la famille pendant leurs longues absences. Ce sont des difficultés inhérentes et incontournables à la pratique de la danse chez les femmes.

Dans certaines structures, on constate qu'il y a plus de filles à profiter de l'opportunité de se produire à l'étranger. Cette situation, rapportée par des chorégraphes et responsables de troupe, s'expliquerait par les nombreux cas de désertion de danseurs pendant des tournées à l'extérieur. Lors de déplacements aux USA par exemple, ce sont plusieurs danseurs qui ont quitté le lieu de regroupement sans plus jamais y revenir, ce qui a obligé les dirigeants à revoir la composition des groupes et à réaménager des engagements souscrits. Le Théâtre national Daniel Sorano, qui abrite le ballet national *la Linguère* composé de danseurs hommes et femmes, a dû faire face à de telles situations.

Les résultats d'une enquête menée lors de la rédaction d'un mémoire, en 2013, faisaient le même constat, à savoir que les hommes venaient massivement à la danse. Cette mutation socioculturelle s'expliquerait par des enjeux financiers. Leur présence ne signifie pas toujours qu'ils sont des danseurs de talent. Cependant, après des efforts intenses par apprentissage, ils se sont perfectionnés. Ils sont habités plutôt par un esprit de créativité et d'audace pour inventer de nouveaux pas de danse.

Pour encourager les femmes à la pratique et à la création, des initiatives féminines vont voir le jour ; c'est ainsi que la danseuse Aïda Camara a créé la structure *Danse Fé*, qui est une association exclusivement féminine ayant pour objectif de développer le leadership féminin et l'entrepreneuriat culturel au Sénégal. Au Burkina Faso, Auguste et Bienvenue, danseurs chorégraphes, ont initié « Engagement féminin » [1], dont la 15ème édition aura lieu en 2023 sur le thème « Nos espaces d'expression », avec comme objectif la création d'une nouvelle pièce, l'organisation des Ateliers, des séances de projections, des échanges et débats. Des danseuses venues du Sénégal ont participé aux précédentes éditions : Fatou Samba, danseuse chorégraphe, directrice du Ballet *Sinumew*, Gnagna Guéye, épouse du danseur Hardo Ka, danseuse interprète qui s'engage dans la danse parallèlement à sa carrière d'interprète.

Question 4. Votre arrivée à la danse est-elle en lien avec le niveau d'étude ?

Réponse et commentaire : Si mon échantillon montre que la majorité des personnes interrogées ont été scolarisés, très peu ont un niveau d'instruction élevé. Cela tient au fait que les danseurs sont très souvent motivés et formés à leur art dès le jeune âge, la plupart ayant quitté l'enseignement général pour entamer des études en danse à l'École des Arts, d'autres ayant choisi un circuit de formation informelle en participant à des stages, des cours privés avec la famille ou les amis ou toute autre formation en rapport avec la danse. Cependant, le diplôme n'est pas toujours un indicateur du niveau artistique ou culturel. Au Sénégal, très peu de structures proposent une formation académique en danse. Seule l'École nationale des Arts dispose d'une section

1 Le Projet « Engagement Féminin » se fonde sur le constat qu'il existe des gênes, des difficultés à l'engagement des femmes africaines en matière de création chorégraphique. En effet, malgré l'ascension que connaît la danse contemporaine sur le continent africain ces dernières années, on remarque qu'il y a très peu de danseuses sur les plateaux, et celles-ci ne prennent pas des initiatives artistiques (créations de compagnie, résidences, tournées, formations, etc.). Pour encourager et soutenir cette liberté d'expression artistique, le Projet « Engagement Féminin » offre un cadre adéquat aux artistes féminines d'Afrique en leur donnant accès à des formations sur de longues périodes, les résidences de création et les tournées.

"Danse" qui délivre des récompenses à la fin du cycle de formation de cinq ans. Ce manque peut s'expliquer par les préjugés, comme celui exprimé par l'expression « la danse n'est qu'un divertissement », qui entourent la discipline et n'encouragent pas les parents à autoriser leurs enfants à poursuivre des études dans ce domaine. De plus, elle est considérée comme une pratique innée, et de ce fait, elle ne nécessiterait aucun apprentissage, et ne peut pas être considérée comme une profession ou un métier.

L'existence de structures destinées à la formation en danse et l'intégration de l'enseignement de la danse à l'école auraient pu aider au rayonnement de la danse et surtout à combattre ce préjugé. C'est avec le président Senghor que la formation en danse et la professionnalisation dans ce métier ont connu une avancée dans la politique culturelle qu'il a su instaurer. À Mudra-Afrique, le président Senghor avait souhaité et autorisé l'accès aux bacheliers. À l'époque, les danseurs étaient moins nombreux à être titulaires de ce diplôme. Ken Ndiaye, pensionnaire de la deuxième promotion, était l'unique bachelier qui a poursuivi sa formation à Dakar et qui est ensuite allé se perfectionner en Belgique où il vit toujours. Dans un entretien avec un journal belge il disait de son parcours :

> « Il y a du sang artistique qui coule dans mes veines. Après mes études secondaires et un court passage à l'Université de Dakar, je me suis inscrit à Mudra, l'école de danse que Maurice Béjart avait fondée à Dakar, après trois ans de cours, après quoi je suis venu en Belgique. Après y avoir étudié l'INSAS, j'ai donné des cours de danse et, à l'université, j'ai obtenu un diplôme de socio-anthropologie ».

La présence de danseurs qui souhaitent poursuivre des études dans le domaine de la chorégraphie ou dans la perspective d'un projet de reconversion dans une discipline comme la composition et la chorégraphie, la production ou l'histoire de la danse, pour ne citer que ces disciplines, est faible. Le manque de structures de niveau supérieur et spécialisées en danse les oblige à changer de voie ou à s'exiler en Europe ou en Amérique. D'autres danseurs qui ont reçu des propositions d'études en Europe sont dans l'attente d'une bourse de l'État sénégalais. Dans les instructions officielles du ministère de l'Éducation nationale, la danse figure dans le programme d'enseignement de l'éducation physique et sportive. Mais il est rare que cette discipline soit enseignée ; le manque d'enseignants spécialisés et d'infrastructures adaptées, dont des « salles de danse », sont à l'origine de ce déficit, Malgré le fait que la danse soit omniprésente dans notre culture, rares sont les enseignants qui osent prendre le risque de vouloir l'enseigner. Cet enseignement est un travail de transmission par imitation à la fois orale et visuelle. Au Burkina Faso, la danse est présente dans les écoles dès le cycle primaire. Lors de la Triennale qui s'est déroulée en novembre 2018, Lahsann Kongo, danseur chorégraphe, nous a fait part du séminaire de formation des enseignants destiné aux instituteurs et institutrices autour des danses ethniques du pays. Il en est de même au Mali dans les collèges et lycées. La pratique de la danse dès le cycle primaire permettrait aux élèves qui le désirent de poursuivre des études dans des établissements supérieurs. Les pays cités ci-dessus l'ont si bien compris que plusieurs écoles supérieures ou instituts y proposent des diplômes dans ces disciplines, comme la licence, le master ou le doctorat.

Question 5. *Pensez-vous que la formation est nécessaire pour pratiquer la danse ?*

Réponse et commentaire : Dans l'enseignement de Zarathoustra, Nietzsche écrit « celui qui un jour veut apprendre à voler, doit d'abord apprendre à se tenir debout et à marcher, à courir, à grimper et à danser. Ce n'est pas du premier coup d'aile que l'on conquiert l'envol » [1].

Ainsi 96 % de garçons et 94 % de filles ont reconnu l'importance d'une formation dans la carrière du danseur. Celle-ci peut se faire de différentes manières et à travers divers styles.

C'est en premier lieu de savoir choisir un type de danse. Parce que les formes de danse sont multiples et variées et ne se prêtent pas à toutes les conformations physiques, il faut former le corps, le discipliner. Ainsi, le mouvement peut devenir net et précis. Plus le danseur réalise de pas, plus la technique paraît fluide et plus la facilité d'exécution s'installe. Le saut du célèbre danseur étoile russe Nijinski qui a émerveillé le monde a été réussi après que celui-ci en ait essayé des milliers et des milliers auparavant. D'où l'importance d'une éducation, la passion seule ne suffisant pas. Il faut, en effet, plusieurs années à un danseur pour arriver à maturité, car la formation est d'abord apprentissage, afin d'atteindre la maîtrise technique.

Je suis une danseuse moi-même et je reste convaincue que l'on apprend par la pratique. L'apprentissage est une phase incontournable par laquelle tout artiste doit passer pour maîtriser son art. Je ne suis donc pas étonnée de l'opinion positive des danseurs sur la nécessité de subir une formation en danse avant de déterminer les techniques de danse de leur choix.

Parallèlement à la formation pratique, le coté intellectuel, théorique de la discipline a son importance. La danse est une entité de la culture. C'est ainsi que Béjart, à la suite du prix Érasme qui lui a été décerné en 1974 par la Fondation européenne pour la culture, déclarait :

> la danse reprend aujourd'hui sa place dans les humanités. N'étant plus considérée comme un passe-temps, elle devient une composante du monde d'aujourd'hui, moyen de vie, d'éducation et de culture » [2].

---

1 Maurice Béjart, *Ainsi danse Zarathoustra. Entretiens*, 2006, p. 126.

2 Alphonse Tiérou, *La danse africaine c'est la* vie, Maisonneuve et Larose, 1983, p. 53.

Question 6. *Quels sont les types de danse auxquels les danseurs s'exercent ?*

Réponse et commentaire : Ils sont multiples et variés. Les danseurs sont formés à pratiquer et à créer dans leur discipline. Les réponses données par les danseurs ont montré que les styles sont nombreux et divers : 50 % ont pratiqué uniquement les danses traditionnelles, 5,6 % ne pratiquent que le hip hop. Puis viennent les combinaisons, c'est-à-dire l'apprentissage simultané de deux types de danses : ainsi 25 % se sont exercés au hip hop et à la danse traditionnelle, et 13 % ont combiné les danses traditionnelles et les danses contemporaines.

Si certaines danses ont gardé leur originalité, c'est le cas des danses traditionnelles, tout en faisant un clin d'œil à la modernité en se présentant sur les scènes à l'italienne, autres que la place du village, leur espace habituel de représentation. D'autres au contraire se sont enrichies au contact de la poésie ou de la musique. C'est le cas du hip hop qui est accompagné par la musique rap. Selon Cornel West,

> le mot rap fait entre autres références à l'acronyme *rythm* and *poetry* (rythme et poésie) Étymologiquement le verbe *to rap* veut dire tapée de façon saccadée. Il a été utilisé pour la première fois dans les années soixante-dix par la jeunesse afro américaine... C'est une forme d'expression musicale qui leur permet de faire le récit de leur vie [1]... la parole et le corps se complètent et parfois se substituent. Les productions intellectuelles des rappeurs sont indissociables de leurs pratiques corporelles [2].

Le rap est une forme de danse accessible à tous, mais qui est pratiquée en majorité par les hommes. Le danseur de hip hop est porteur d'un message qu'il cherche à transmettre par l'esthétique de ses mouvements. Les activités artistiques sont riches de symboles et produisent du sens. Ainsi les valeurs de force et de virilité y sont prédominantes. À cela s'ajoute l'accessibilité des espaces de danse ; on danse dans la rue, sous le préau des immeubles, quand bien même il devient de plus en plus possible de le pratiquer en salle, pour réduire les risques d'accidents corporels liés à l'état du sol. Au Centre culturel Blaise Senghor, à Dakar, la direction a mis à la disposition des danseurs deux espaces à ciel ouvert. Nous considérons comme plus anciennes les danses dénommées traditionnelles, qui ont un lien avec leur terroir d'origine. Elles donnent à la forme de danse un statut identitaire, par quoi on la reconnaît comme authentique, nourrie de la sève, de la source ancestrale. Par exemple, lorsqu'on parle au Sénégal de la danse « *pitam* » c'est une danse féminine de l'ethnie seereer. On pense à l'espace géographique où vit en majorité ce

---

1 Mahamadou Lamine Sagna, *Violences, racismes et religions en Amérique. Cornel West...*, 2016, p. 114.

2 *Op. cit.*, p. 119.

groupe à savoir la région de Thiès, Kaolack, Diourbel. La danse traditionnelle reste la technique la plus pratiquée. La richesse du répertoire et l'esprit de créativité qui animent les danseurs montrent la possibilité de techniques donnant naissance à de nouvelles formes, telles que la danse tradi-contemporaine ou encore tradi-hip hop ; ce sont des croisements de pas de danse des différentes techniques et sur des rythmes adaptés dans le souci de donner une originalité a sa danse, me disait un des adeptes de ces nouvelles formes. Mais il existe également d'autres styles qui participent au développement de la création chorégraphique : ce sont la danse classique, moderne, contemporaine. Cela ne veut pas dire que les danses traditionnelles ne sont pas mises en scène. Au contraire, elles constituent les premières formes de danses africaines qui ont été montrées sur des scènes à l'italienne pendant les périodes pré- et postindépendance, à travers les Ballets africains de Fodéba Keïta. C'est par la suite que toutes les danses sont devenues objet de création et de représentation.

En effet, après la période des Indépendances, vers les années 1960, le succès des Ballets de Keïta Fodéba, composés uniquement des pas de danse traditionnelle, avait créé un engouement réel auprès des jeunes. Beaucoup d'adeptes de la danse ont débuté et terminé parfois leur carrière uniquement dans ce style de danse. Ousmane Noël Cissé nous a confié que plusieurs Ballets ont vu le jour dans le quartier du Plateau, à Dakar, du fait des spectacles qui étaient présentés par les Ballets africains. À un moment donné, Dakar était en quelque sorte la base des danseurs-interprètes de ces Ballets. Ces danses ont un lien également avec le patrimoine, elles sont caractéristiques de chaque ethnie et les danseurs s'y retrouvent. Du fait de cette proximité avec la culture d'origine, elles deviennent plus accessibles aux débutants. L'aspect financier n'est pas à négliger quand il s'agit de s'initier à une autre forme de danse. Car, si l'initiation aux danses traditionnelles est volontaire et gratuite auprès d'une troupe ou ballet, tel n'est pas le cas s'agissant de la formation en danse moderne ou classique qui n'est assurée principalement que par des institutions privées dont l'offre de formation est payante.

Nous constatons un réel engouement pour les danses traditionnelles de la part des jeunes, qui ont été nombreux à reconnaître que la variété, la diversité des pas et des rythmes de ces danses étaient fort utiles pour la créativité dans les autres styles.

Une autre raison de ce choix, et pas des moindres pour le danseur, c'est la visibilité suivie d'une mobilité sociale, qu'offrent l'appartenance à ce type de Ballet. Des Ballets de renommée internationale comme *Sunumew*, *Bakalama*, etc., peuvent mener à la scène au Sénégal et à l'étranger. J'ai souvent encouragé les danseurs souhaitant poursuivre une carrière professionnelle à redécouvrir toutes nos danses traditionnelles, quelle que soit l'ethnie à laquelle appartient le danseur. Beaucoup se contentent de la maîtrise du *sabar* wolof, qui est certes la plus populaire et a été rendue célèbre par la musique *mbalax*.

Les autres groupes ethniques du Sénégal offrent aussi une multitude de pas de danses et de rythmes. La pratique de ces danses mène à une connaissance de notre culture. Ce qu'elle met en valeur chez l'artiste c'est, comme le disait Tiérou :

> la grande réconciliation de la tête et du corps, de la pensée et de l'instinct, par la libération du geste et de l'abandon au rythme » [1].

Par ailleurs, il est très important qu'un lien puisse exister entre la danse choisie et la formation à suivre. C'est ce qui va déterminer la poursuite de la carrière du danseur. Formation et carrière doivent nécessairement se combiner. Les chorégraphes l'ont si bien compris qu'ils encouragent toutes formes de formation, qu'elles soient continues ou en alternance. Pour éviter de subir un arrêt brusque dans leur carrière parce qu'ils n'ont pas le niveau requis, les danseurs tentent, autant que possible, de mobiliser des ressources pour se perfectionner et accroître leur potentiel professionnel. Cela passe par des formations rationnellement organisées, à caractère formel (stage, workshop, école de danse) en plus d'un entraînement individuel et quotidien.

De plus en plus, les *managers* et chorégraphes proposent aux jeunes danseurs des formations académiques au sein de structures comme l'École des Arts ou l'*École des Sables* dans le but d'être mieux outillés et de pouvoir poursuivre une carrière plus longue et riche. Nous avons l'exemple de danseurs qui se sont lancés très tôt sur la voie du professionnalisme, sans bagage technique suffisant, si bien que leur parcours n'a duré que le temps d'une rose, *« l'espace d'un matin ».* C'est ainsi que le chanteur sénégalais Cheikh Ndiguel Lo déclarait au cours d'un entretien :

> les danseurs proposent chaque semaine une nouveauté alors qu'il faut du temps pour créer et l'artiste d'ajouter « il faut être sérieux et respecter le métier de la danse qui est un art corporel difficile nécessitant beaucoup d'effort ».

La tendance est également à la polyactivité. Le besoin d'une formation continue amène les danseurs à s'intéresser aux pratiques voisines de la chorégraphie, comme la musique, le cinéma, le théâtre. Ils ont ainsi l'occasion de compléter leur formation. Les atouts qu'ils retirent de ces différentes esthétiques vont renforcer les compétences déjà acquises par la danse. Ndèye Bana Mbaye, danseuse-chorégraphe, a apprécié à sa juste valeur son passage dans la troupe dramatique du Théâtre national Daniel Sorano avec laquelle elle a travaillé pendant 14 ans, d'autant plus que sa formation de base à l'École des Arts la prédisposait à toutes les formes artistiques. Le danseur est aussi un acteur, car il ne s'agit pas seulement de danser, mais aussi d'exprimer des sentiments. C'est une dimension de l'artiste que Senghor a très bien exprimée dans son analyse des Ballets africains de Fodéba Keïta :

---

1 Alphonse Tiérou, *La danse africaine c'est la vie*, 1983, p. 40.

> les danseurs négro-africains, les danseurs de Fodéba Keïta sont acteurs. Des acteurs décontractés, qui jouent exactement leur rôle parce qu'ils le vivent : avec leur bouche [...] avec leurs yeux, mais surtout avec leurs pieds, leurs bras, leurs mains. Ce sont des danseurs. Parce qu'ils vivent un drame, nos danseurs ne reproduisent pas une combinaison de figures savamment élaborés et agencés, mais la vie même de l'Archétype, exprimée en une série de gestes naturels stylisés : gestes du lion, de la Panthère, du Sorcier, du Semeur. Nulle crainte qu'ils ne tombent dans l'académisme des figures stéréotypées ».

Cette citation est importante, elle permet de saisir la spécificité des danses africaines, danses traditionnelles, par rapport aux danses européennes. Une autre dimension de la réponse des enquêtés met en évidence que 5,6 % des danseurs ont suivi une formation à d'autres expressions parmi lesquelles on peut citer la danse classique. Il s'agit de ceux qui sont passés par l'École des Arts, seule institution au Sénégal à dispenser des cours dans cette discipline, donc perçue comme élitiste.

Dans le groupe de danseurs qui ont bénéficié d'une formation, il y a les autodidactes. Hardo Ka, danseur chorégraphe, nous a répondu comment il a débuté dans le métier : « avec des amis nous regardions des clips de Michael Jackson et nous nous empressions de les reproduire. N'ayant pas d'écoles ou de cours de danse à portée de main ». Cette formation personnelle est très présente chez les jeunes, surtout dans le milieu hip hop. Grâce aux clips musicaux et autres images de danseurs, ils observent et recopient différentes formes dansées. Ce mode « copier-coller » adopté par les danseurs présente de réels inconvénients : il explique, en partie, les faibles résultats enregistrés lors de leur passage dans des concours nationaux ou internationaux. La prise de conscience de l'absence de formation les amène aujourd'hui à reconnaître l'utilité d'un apprentissage méthodique approprié, de préférence dans une institution. C'est ainsi que les jeunes s'organisent pour pouvoir financer des formations pour les danseurs. Des concours de danse ou *Battle* se créent de plus en plus à Dakar et aussi dans les régions du Sénégal.

Question 7. *On dit souvent que la danse est une affaire de femme ou de caste : êtes-vous d'accord ?*

Réponse et commentaire : La question des castes est importante dans cette recherche, car elle est un des principaux obstacles, pour une partie de la jeunesse qui voudrait pratiquer la danse comme art de scène. Dans un marché des arts mondialisé et ouvert à toutes les expressions artistiques, il est difficile, de nos jours, de vouloir interdire le chant ou la danse à des jeunes pour des raisons culturelles ou sociales. L'enthousiasme que ces deux disciplines artistiques, particulièrement la danse, suscitent auprès des jeunes, figure dans le questionnaire adressé aux danseurs. Il était important de recueillir l'avis de chacun des danseurs sur ce point. Les entretiens à ce sujet avaient pour but de cerner la compréhension qu'ils ont des castes, de la danse en tant qu'art scénique et chorégraphique et de montrer les difficultés auxquelles ils ont dû faire face.

Parmi les danseurs et chorégraphes interrogés, tous sont unanimes pour dire que la danse n'est plus une affaire de caste. C'est un art comme tous les autres. Elle s'apprend et se transmet. Mais, ils reconnaissent que c'est une pratique héréditaire, attribuée d'office aux membres de la caste des griots qui ne se pratique pas comme un art de scène, dont elle est différente. Avec le chant, elle fait partie de leur héritage familial. Les griots présentent des dispositions naturelles qui facilitent la transmission et l'apprentissage. Très tôt donc pour les besoins et les intérêts d'une certaine classe, celle des nobles, cette forme d'expression artistique a été réservée exclusivement aux griots, tout en étant perçue comme une activité impropre par les autres membres de la société. Le griot est ainsi celui qui s'invite à toutes les fêtes, mariages, baptêmes ou cérémonies religieuses pour chanter les louanges des invités et des organisateurs.

Les jeunes gens se passionnent pour la danse sans tenir compte de ce préjugé, bien au contraire ; c'est un loisir pour les uns et une profession pour beaucoup d'entre eux. Mais ils rencontrent tout de même beaucoup de difficultés à satisfaire leur passion, à cause de ce stéréotype. Les parents comme la société s'y opposent parfois farouchement et en font une question d'honneur. Comme nous l'avons souligné plus haut, un auteur a étudié tout particulièrement la question de l'honneur, précisément dans la société wolof, qui ne peut être traitée qu'en liaison avec une réflexion sur le système des castes : il s'agit du sociologue Boubacar Ly, qui a été le directeur de la thèse dont ce livre est issu.

Mais plusieurs d'entre eux, bon an mal an, réussissent à satisfaire leur passion obsessive qui les envahit. Comme exemple, Fatou Seydi Sarr qui vit aux États Unis, remarquée et admirée par son professeur de danse pour son talent, reçut une offre de poste d'enseignement de la danse dans les établissements de la ville. Sa première réaction a été de la refuser : « oh non ! je ne suis pas *guewel* pour que vous me fassiez une telle proposition pour enseigner, je viens d'une lignée noble, il ne me revient pas de danser encore moins de l'enseigner ». Telle a été sa réponse à la question. Mais la passion a pris le dessus.

Elle a fini par céder à sa passion et dispense aujourd'hui des cours de danse. Elle dispose même d'une compagnie de danse qui vient souvent se ressourcer au Sénégal. Nous l'avons rencontrée lors du dernier Festival *Kaay Fecc* où elle a pris part aux différents *masters class* de *sabar* wolof. Ils sont nombreux, ceux dont le talent de danseur a été reconnu et apprécié par leurs collègues, mais que le refus et l'opposition catégoriques de la famille et le regard négatif de la société ont contraints à revenir sur leur choix.

Le sociologue Gora Mbodj a bien montré dans sa thèse combien les croyances issues de cette classification issue du système des castes sont difficiles à faire disparaître, :

> Traditionnellement, la société wolof est une société de type mécanique, où le métier est un legs social et culturel et constitue en même temps un marqueur social... Dans cette société de type traditionnel mécanique, la construction de l'échelle sociale se faisait à partir de strates constituées dans les différentes castes [1].

Les personnes auprès desquelles nous avons mené notre enquête n'ont pas hésité à reconnaître que la danse a de nos jours un caractère unisexe, c'est-à-dire qu'elle est également pratiquée par les hommes et les femmes. Des compagnies se forment qui sont composées parfois uniquement d'hommes. Ou alors il s'agit de créations proposées que par des hommes. La compagnie *Jant-Bi* a effectué sa première tournée avec un groupe de huit danseurs uniquement. Le duo Seydou et Madiba est formé par deux hommes qui se sont produits à la Triennale de Ouagadougou, en novembre 2016. Bien d'autres compagnies font tomber aujourd'hui les barrières introduites dans la danse par les castes et par la considération du genre. Ainsi donc, la pratique de la danse est présente dans l'agenda des jeunes en tant qu'objet de création et de récréation.

Question 8. *Pensez-vous que les femmes ont de meilleures dispositions pour la danse ?*

Réponse et commentaire : Lors de la formation en danse on distingue les deux populations : les garçons et les filles. Chaque genre a son côté faible et son coté fort, selon la technique étudiée. La majorité des femmes interrogées ont montré qu'elles ont pris le temps d'apprendre la danse, au-delà des qualités naturelles dont elles disposent. Elles reconnaissent ne pas avoir de plus grandes dispositions naturelles que les hommes. Par contre, elles ont pour elles l'expression de la grâce et de l'élégance dans le geste. Cette qualité est bien féminine et s'exprime beaucoup dans la danse. Les enquêtés garçons et filles sont unanimes à dire que les femmes ne présentent pas de meilleures dispositions pour la pratique. Cependant, 88 % de garçons et 85 % de filles, ont insisté sur l'importance de la formation, mais aussi sur les prédispositions naturelles que peuvent avoir les femmes.

La danse est devenue un art de scène, une aventure artistique qui peut être développée par les femmes et les hommes. Chacun des genres a ses avantages qui peuvent être exploités à bon escient sur scène et selon les créations ; ainsi

1 Gora Mbodj, Thèse de doctorat en sciences humaines : *Corporéité et socialisation en milieu ...*, Toulouse, 1987.

pour des exercices demandant de la virilité ou de la force, les hommes sont choisis pour les exécuter ; tandis que là où l'engagement corporel demande de la grâce, de la sensualité ou de la souplesse, les filles sont sollicitées.

Question 9. *Pensez-vous que la danse est le simple fait de dispositions naturelles ?*

Réponse et commentaire : avoir des dispositions naturelles peut faciliter la pratique d'autant plus que, comme le disait un chorégraphe, « la danse, ça reste dans le domaine de la performance » [1]. Performance rime avec un entraînement individuel et quotidien d'un côté et entraînement collectif avec tous les membres du groupe de l'autre, très souvent dirigé par un chorégraphe. 84 % des garçons et 16 % des filles reconnaissent avoir des dispositions particulières pour la pratique de la danse. Au même moment, 76 % de femmes sont convaincues d'être avantagées par la nature pour s'adonner à la danse. Les dispositions naturelles ne suffisent pas : elles doivent être cultivées et accompagnées par une préparation physique adéquate.

Ce qu'il est important de noter concerne la place du corps en danse : la relation du danseur au corps est primordiale pour l'exécution des mouvements. Les qualités naturelles doivent être développées et répondre à la technique de danse choisie par le danseur. La danse n'est pas uniquement une suite de mouvements. Comme le dit Tiérou, « la danse africaine est un moyen d'expression, mais un moyen d'expression plus fort que le geste, plus éloquent que le langage, plus riche que l'écriture » [2], elle est avant tout un langage qui met en jeu toutes les parties du corps humain et y occupe une place importante. Le corps de l'homme y est considéré comme doté de sensibilité et d'humanisme. À travers la danse, la sensibilité, l'affectivité, les sens sont affectés et s'expriment par une gestuelle corporelle adaptée. Pour montrer la richesse symbolique de la danse en Afrique, le danseur invite la musique, le chant, les masques, ces derniers nous mettant en relation avec le sacré et l'invisible, créant une relation avec la danse sacrée et la danse comme langage symbolique.

Les danses sont aussi multiples que les groupes ethniques qui les ont adoptées.

Nous avons recueilli l'opinion des danseurs selon leur appartenance ethnique, sur la question si des dispositions naturelles suffisaient seules pour devenir danseur. La majorité des réponses a été négative. Les dispositions naturelles, si riches soient-elles, doivent être développées et enrichies selon le type de danse et selon la morphologie du danseur également. Toutes les danses ne peuvent être exécutées par tous. Quand bien même la danse en général et africaine en particulier n'échapperait pas au stéréotype d'une pratique innée,

---

2 Alphonse Tiérou, *Si sa danse bouge, l'Afrique bougera*, 2001, p. 33.

une conformation physique particulière et une sensibilité expressive faciliteraient l'apprentissage. Les qualités naturelles doivent être développées par les deux sexes et mises aux normes de la technique de danse étudiée. A priori, garçons et filles sont tous disposés à la danse, mais la conformation du corps pour cette discipline devrait se faire dès le bas âge lorsque le corps est encore malléable et parfois sollicité dans des conditions extrêmes. Toutes les étapes que le jeune danseur doit franchir pour embrasser une carrière professionnelle, faire de son art favori un métier, montrent que le regard de l'entourage dans lequel il vit est capital pour le choix et la poursuite de la carrière.

Question 10. *Quel regard votre entourage porte-t-il sur la pratique de la danse ?*

Réponse et commentaire : Vouloir parler des difficultés que peuvent rencontrer les danseurs dans leur entourage amène à parler du regard porté sur le corps et la manière de le bouger. Le corps constitué différemment selon qu'on est homme ou femme reste l'outil principal du danseur, son moyen d'expression artistique. Si la danse pratiquée par les femmes est caractérisée par la grâce, l'élégance, la sensualité, celle qui est pratiquée par l'homme met en relief la virilité, la force. Mais, voilà que les deux corps s'adonnent à la danse, de surcroît aux mêmes techniques de danse. Cela pose le problème de l'imitation, de la reproduction exacte des gestes, quel que soit le genre. Une pratique poussée et régulière peut entraîner une conformation physique particulière d'un côté comme de l'autre ; c'est le cas de certains danseurs spécialisés en danse classique, moderne ou contemporaine, qui renvoient l'image d'hommes à la démarche, à l'allure, voire au style efféminé. Cette cohabitation avec le milieu féminin de la danse, en plus de la pratique, est à l'origine de préjugés relatifs aux hommes qui pratiquent la discipline. C'est cette perception féminisante, suite à la pratique poussée de la danse qui n'est pas sans créer des difficultés aux jeunes gens. Ajouté à cette image stigmatisante, le souhait d'en faire un métier, de surcroît, est un combat et une source de difficultés auxquelles nombre de danseurs ont dû faire face pour avoir l'aval de la famille et l'acceptation de la société. Ce préjugé persiste toujours dans une grande partie de la population. Par contre, des pas de danse qui expriment la force, la bravoure et le courage sont exécutés par des femmes sans pour autant que celles-ci soient qualifiées de garçons manqués. Nous remarquons ainsi l'exécution de numéros gymniques (roulades, sauts, tours) par des femmes dans les groupes de danse qui ne suscitent aucune raillerie de la part des spectateurs. Ici, les hommes sont victimes de préjugés.

Les changements de mentalités invitent, aujourd'hui, à une mixité des pratiques dansées. Néanmoins, il faut reconnaître que chaque danse se réalise dans un cadre culturel adapté. L'existence de danses masculines et féminines et de danses mixtes, avec les accessoires prévus, met en jeu la représentation du corps. Le danseur qui exécute une danse considérée comme une danse de femme peut être victime de remontrances et même d'agression. Tout se passe comme s'il y avait transgression, c'est-à-dire un interdit social qui n'a pas été respecté. Nous pouvons donner comme exemple le regard porté sur les danseurs de Mudra-Afrique qui, vêtus de leur tenue moulante, parfaitement adaptée aux nouvelles techniques de danse dont ils faisaient l'apprentissage (danse classique, danse moderne), étaient fort décriés. À mon avis, ce fut une des raisons de la difficile acceptation de cette structure par une certaine frange de la population. Comme ce fait n'est pas accepté de tous, très souvent les danseurs sont considérés comme homosexuels.

Parmi les personnes enquêtées, 72,7 % chez les hommes et 27,3 % chez les femmes ont reconnu avoir des difficultés avec leur entourage parce que la danse est perçue comme une activité exclusivement féminine. Toutes ces raisons font que les amateurs rencontrent souvent des réticences de la part de leurs proches ou voisins et sont obligés d'exercer leur métier de prédilection avec pudeur et discrétion. Hardo Ka, danseur chorégraphe résidant dans un village, nous a avoué : « il ne me viendra jamais à l'esprit de danser sur la place du village en raison des préjugés qui collent à la danse, surtout aux hommes qui dansent ».

Pour plus de précision, les aspects liés au corps, au genre dans la danse, les difficultés auxquelles les danseurs font face viennent également de leur choix de carrière. Le fait de choisir la danse comme métier dans un pays comme le Sénégal, où la profession existe à peine ou reste peu reconnue, nécessite une véritable prise de conscience des conséquences de ce choix et une conduite à tenir vis-à-vis de l'entourage. Mais l'espoir est permis. Au Sénégal, le vote par l'Assemblée nationale du projet de loi portant statut de l'artiste et des professionnels de la culture marque une évolution. Le ministre déclarait, au sortir de la rencontre : « Aujourd'hui, l'Assemblée nationale nous a honorés, en faisant passer cette loi qui va apporter un changement sur l'ensemble des corps de métiers qui sont liés à la culture ».

Le Sénégal compte des célébrités dans le domaine de la danse. Elles ont toujours existé, mais cela ne suffit pas pour vivre de ce métier. Comme le travail de danseur n'est pas assimilé aux autres formes de travail (chauffeur, avocat, plombier, médecin, menuisier ou autres), les rares cas de réussite sont des exceptions. On peut citer les exemples de Germaine Acogny et de Fatou Cissé, chez les dames, et chez les hommes, du danseur Pape Moussa Sonko, directeur du Ballet *La Linguère*, cité par la majorité des personnes interrogées, comme modèle et idole. En effet, il est également recruté par un célèbre orchestre de la place, *L'Étoile de Dakar*, en sa qualité de danseur professionnel.

S'agissant de la danseuse, la stigmatisation faite autour de son métier est encore plus sévère, car en plus du fait que ce métier est sous-estimé, ce sont ses qualités morales qui sont mises en doute. Les danseuses sont souvent considérées comme des filles aux mœurs légères. Cette perception commence à changer, mais demeure ancrée dans les esprits. C'est en cela que les danseuses d'une compagnie interrogées nous ont fait part de leur engagement à respecter strictement et scrupuleusement le code de discipline défini par leurs responsables. La danseuse a la lourde tâche de défendre son choix de métier de danseuse qui est souvent considéré comme inné, donc loin du groupe de savoirs valorisés. Cette tâche consiste à adopter une tenue exemplaire dans la société pendant et après avoir dansé. Souvent cette passion pour la danse apparaît au moment de l'adolescence ou même plus tôt pour certaines, d'après les parcours de vie de celles que nous avons questionnées. Les unes ont appris à danser dans le cercle familial, les autres ont dû abandonner l'école malgré l'opposition de leurs parents, pour intégrer des troupes, participer à des concours parfois couronnés de succès, ce qui est le cas de la danseuse sénégalaise Rama Diop évoluant dans la région de Thiès. Les danseurs et les danseuses, pour affronter l'opposition de l'entourage et faire face à son hostilité, pour valoriser aussi la profession, ne peuvent compter que sur l'appui des institutions étatiques. Ce qui pose le problème des politiques culturelles, qui, depuis le départ de Senghor, ont relégué la culture au second plan.

Question 11. *Selon vous, quel est le regard que porte la religion sur la danse ? Quels sont les rapports de la danse et de la religion dans votre milieu ?*

Réponse et commentaire : Notre étude a constaté que 79,1 % des personnes interrogées appartiennent à la religion musulmane, 20,9 % étant des chrétiens. Aucune appartenance aux religions traditionnelles n'a été indiquée dans les réponses recueillies. Au Sénégal, 94 % de la population est musulmane et 5 % chrétienne. Pour les grands groupes ethniques composant le Sénégal, on peut dire que la quasi-totalité des Wolof et des Tukulër appartient à la religion musulmane, tandis que la majorité des Seereer est adepte de l'islam, alors que les Joola et les membres de minorités comme les Mankañ, les Mandjak, les Bassari sont en grande partie chrétiens ou adeptes des religions traditionnelles.

Toutes les sociétés croient en un Dieu et pratiquent les danses sous diverses formes, parmi lesquelles on a cité les danses sacrées ou religieuses. Les ethnologues et anthropologues n'ont pas manqué de le montrer dans leurs travaux. La danse est présente partout en Afrique : ainsi Tiérou note que :

> dans les sociétés africaines la danse est omniprésente dans les cérémonies d'initiation et de tout ce qui a trait à la foi, aux croyances, aux questions religieuses et divines. (…) En Afrique, danser c'est prier, danser c'est communier avec Dieu.

Cette remarque montre le lien étroit entre danse et religion. Tiérou reste convaincu que la danse est née d'un rituel social ou magico-religieux, comme c'est le cas des premières formes de danse.

La religion est ressentie par tous dans le vécu quotidien. La question qui nous intéresse est de savoir quel regard elle porte sur la pratique dansée. Selon les réponses au questionnaire, on doit reconnaître qu'au Sénégal danse et religion entretiennent des relations ambiguës.

Plusieurs danseurs interrogés, des hommes surtout, ont fait part du refus catégorique de leurs parents à accepter leur choix de cette discipline, pour des raisons d'appartenance religieuse. Ousmane Noël Cissé a dû commencer à s'initier à la danse sans demander l'avis de ses parents, car il était persuadé, qu'étant fils de chef religieux et appartenant à la catégorie des nobles, il n'aurait jamais obtenu leur aval, même pour écouter une quelconque musique qui ne serait pas de la musique religieuse. Dans d'autres circonstances, son rang social et sa confession lui ont souvent été rappelés : en conséquence, il ne doit pas danser, ni même regarder danser. Ce fut très douloureux pour ses parents quand ils ont appris qu'il avait fait un choix qu'ils n'auraient pas approuvé.

Alioune Diagne, petit-fils d'un imam de la ville de Saint Louis, a vécu la même situation, mais il finira par obtenir l'assentiment de son père à suivre son choix de devenir danseur professionnel. Lors du Festival *Duo Solo* 2018, nous avons eu l'occasion de recueillir les impressions d'un membre de sa famille sur sa carrière artistique : « Lorsqu'il m'a fait part de son souhait de pratiquer la danse je l'ai autorisé, mais en retour je lui ai demandé de bien le faire ; j'assiste à tous ses spectacles et je suis très fier de lui », nous a-t-il dit. Alioune Diagne est devenu, aujourd'hui, un élément incontournable de la danse dans cette région du Sénégal, en raison de l'organisation d'un festival international de danse contemporaine dénommé *Duo Solo* dont la 13ème édition a eu lieu en décembre 2022.

Les femmes danseuses ont également dû se battre contre ce préjugé. C'est le cas de la célèbre danseuse de *sabar* Ndèye Khady Niang, dont la marraine – à qui son père l'avait confiée pour son éducation religieuse –, en accord avec son père, lui interdisait cette pratique. Elle relate un fait qui montre à quel point le père ne voulait pas d'une enfant danseuse.

L'itinéraire artistique de Ndèye Bana Mbaye est un exemple qui mérite d'être rappelé. En effet, son père, membre de la communauté lebu du Cap-Vert, n'était pas fier d'entendre sa fille lui annoncer qu'elle allait rentrer à l'Institut national des Arts, avec la promotion de 1976. La danse était sa passion. C'était son choix personnel, nourri et renforcé par les spectacles de danse suivis à la télévision en particulier : « la vue d'un solo offert par une célèbre danseuse, par hasard, m'a procuré une sensation étrange. C'est comme si je me réconciliais avec mon corps », dit-elle.

Mais, il faut noter que ce sont davantage les danses profanes, suggestives à l'image de celle nommée *lëmbël*, pratiquées par une certaine catégorie de femmes, qui sont critiquées et ne sont donc pas recommandées.

Dans la catégorisation des danses, on remarque à côté des danses de scène et celles de divertissement, des danses dont les fondements sont magico-religieux et thérapeutiques. Ces formes de danse, si elles ont disparu dans les sociétés modernes européennes, sont encore présentes dans les civilisations de culture africaine soutenue par une cosmogonie toujours vivace. Ce qui nous montre l'étroite relation que la danse entretient avec l'expression du sacré et du profane dans les sociétés africaines. Ces formes de danses sacrées sont soutenues par une base rythmique, soutenue, accompagnée d'une gestuelle répétitive qui permet d'arriver à un état de transe, à émouvoir et à communiquer avec un Dieu. Parmi ces danses rituelles, l'hommage à Dieu peut prendre la forme de l'expression corporelle.

Question 12. *Peut-on concilier danse et études ?*

Réponse et commentaire : L'association danse / étude est récente dans les sociétés africaines, et particulièrement sénégalaises. La danse reste une aventure artistique et sociale difficile et précaire. Néanmoins, sa pratique se développe au sein de la jeunesse, bien que les parents ne soient pas très favorables à autoriser leur progéniture à choisir comme profession un métier culturel. Cependant, il existe au Sénégal des célébrités dans le domaine des arts, qui vivent de leur métier. On peut citer Youssou Ndour, Baba Mal, Ismaïla Lo, Coumba Gawlo Seck dans la musique, Ousmane Sow, Mbaye Babacar Diouf dans la sculpture, parmi les artistes plasticiens Pape Ibra Tall dont une des œuvres est visible à New York au siège de l'organisation des Nations Unies, Kalidou Kassé, Germaine Anta Gaye et Soly Ciss, qui ne sont plus à présenter, Awa Sène, Ibrahima Mbaye, dans le théâtre, Moussa Touré, Safi Faye, Alain Gomis, Moussa Absa Sène dans le cinéma, Ndèye Khady Niang, Germaine Acogny dans la danse. Cela n'a pas pour autant changé la perception que bon nombre d'adultes ont d'une pratique artistique de haut niveau.

Concilier danse et étude est un choix risqué et difficile à faire accepter au sein des familles : « tu ne vas pas me dire que tu vas faire de la danse après le bac et espérer en vivre ? », disait la mère de Penda Fall, férue de danse qui souhaitait poursuivre sa carrière en Europe où elle devait entamer des études supérieures. La rude concurrence dans le milieu, les frais des cours ont vite pris le dessus sur sa passion. Elle a tout de même continué en amateur à ses heures libres.

Des danseurs passionnés de hip hop ont dû changer de vocation face au refus de leurs parents, ceux-ci privilégiant de loin une carrière académique. D'autres, par contre, parce qu'ils avaient un désir ardent de réaliser leur rêve, ont su combiner la poursuite de leurs études et la pratique de la danse. C'est le cas de Khoudia Touré qui a su allier les deux ; depuis quelques années elle s'adonne entièrement à la danse en sa qualité de danseuse-interprète et entrepreneur culturel. Un exemple d'engagement à citer dans le milieu de la danse au Sénégal.

Au terme de cette présentation sous forme de questions et réponses, et avant de conclure, il faut admettre qu'une formation dans le domaine de l'art et de la culture est nécessaire pour les candidats à une carrière dans la danse. Le système éducatif sénégalais prend-il en charge cette dimension de la formation de l'artiste ? Il faut déplorer que ce volet n'existe pas dans les programmes scolaires au Sénégal ou alors il y figure à titre facultatif. L'accent est mis sur une éducation qui s'adresse plus aux facultés intellectuelles, au détriment de l'émotion, de l'affectivité, de la sensibilité. Comme partout ailleurs, les enfants sénégalais ont droit à l'art, à la beauté, à la culture, parce que les capacités cognitives sont en étroite relation avec les émotions et les échanges.

Nous avons constaté durant ces dernières années et en relation avec l'essor des cultures urbaines, un engouement des étudiants pour la pratique du hip hop ; des concerts de musique rap sont organisés par les associations culturelles composées d'étudiants et la danse hip hop y est invitée. Cette forme de danse commence à intégrer les universités à l'occasion des rencontres culturelles d'étudiants, en attendant que la danse, de manière générale et dans toute sa dimension théorique et pratique, fasse son entrée en tant que discipline universitaire dans cette institution, comme elle l'est déjà ailleurs. En Afrique de l'Ouest, on peut citer les exemples du Burkina Faso, de la Côte d'Ivoire, du Mali.

Cette dernière question achève la série de questions qui ont été proposées aux enquêtés. Après l'examen des résultats de nos enquêtes, nous disposons d'une vision plus claire de la situation de la danse artistique au Sénégal. Les danseurs reconnaissent que la danse n'est pas innée comme le font croire les castes. La réponse à ces préjugés, c'est l'apprentissage et la formation qui ouvrent à la modernité. Les résultats ont montré une nette évolution de la perception de la danse et du danseur. Il en ressort que les facteurs supposés bloquants, qui sont le fruit de la persistance de représentations idéologiques, ont tendance à s'estomper ou même à disparaître.

La dimension incontournable de la formation, de l'apprentissage, reste la seule issue pour la poursuite d'une carrière en danse. L'apport des pouvoirs publics en termes de création de structures de formation et de politique de développement de la danse aiderait assurément à améliorer sérieusement l'image de la discipline et de ses adeptes, et à donner à la danse toute sa place dans la culture sénégalaise.

Récits de vie

✓ *Aïda Camara*

Nous avons rencontré Aïda Camara, 34 ans, sénégalaise, qui est née et a grandi au Gabon, danseuse chorégraphe. Elle est titulaire d'un diplôme en comptabilité-finances, mais passionnée de danse au point de créer la compagnie *Danse Fé,* dont elle est la présidente. Cette troupe est, dit-elle, une association à 100 % féminine, qui a pour objectif de développer le leadership féminin et l'entrepreneuriat culturel. Elle offre des plates-formes d'expression aux jeunes filles, comme le Festival international de danse au féminin, afin de partager et d'échanger sur des sujets qui touchent les femmes. Le Festival a pour objectif l'échange culturel et l'utilisation de la danse en tant que moyen de communication et canal de sensibilisation et de conscientisation des jeunes sur des thèmes intéressants.

Comment est-elle venue à la danse ? « La danse fait partie de ma vie, depuis toute petite. J'ai une famille du côté de maman au Sénégal qui aime beaucoup danser. Et c'est au rythme des nombreuses fêtes familiales que la passion pour cet art me colle depuis. Professionnellement, c'est un danseur du mythique groupe PBS, Bay Sooley, qui m'a donné envie de pratiquer la danse ».

Pour Aïda, la danse est de l'ordre de l'inné, surtout en Afrique où elle est le premier mode d'expression de bonheur, de la joie. Elle n'est pas une affaire de race ou de culture, même si, selon les différentes cultures, les styles de danses varient. Toutes les formes de danses peuvent être apprises !

Aïda s'intéresse à la formation et a eu à former elle-même une dizaine de danseuses de sa compagnie. La plupart du temps, ce sont des filles qui ne savaient pas danser en arrivant, mais avaient des idoles, des stars qui les ont motivées ; « dix heures de cours par semaine, ce pendant trois mois, ont permis de les lancer dans le bain », dit-elle.

Le problème de la danse au Sénégal est surtout d'ordre infrastructurel : « nous sommes parfois contraints de cotiser et de louer une salle afin de travailler dans de bonnes conditions ». Le manque de formation est aussi à déplorer : « nous aurions souhaité que les ténors de la danse dispensent des sessions de formation de manière régulière ; cela aiderait à rehausser le niveau des danseurs et de faire meilleure figure lors des concours nationaux et internationaux ».

On constate une baisse de niveau des danseurs, due au manque de formation et à un apprentissage basé sur le « copier-coller à partir de l'internet » ou sur l'observation des voisins. Ce qui n'apporte pas de plus-value, ni de réussite à l'international.

On constate, par ailleurs, une légère amélioration dans le regard porté sur les danseurs : « ils sont plus considérés comme des animateurs, ils voyagent, gagnent leur vie en dansant et aident leur famille ».

Du coup, on observe qu'ils sont mieux structurés et cherchent à améliorer leurs conditions de travail pour aller de l'avant.

Aïda aurait souhaité qu'à l'image de la lutte ou du football, les autorités de l'État et les sponsors s'intéressent à la danse, et acceptent d'accompagner vraiment les structures et des célébrités comme Pape Moussa, Baye Souleye et d'autres.

✓ *Hardo Ka*

Hardo Ka est originaire de Diourbel, résidant à Dougar. Il est danseur contemporain chorégraphe, interprète, qui adore la recherche et la création chorégraphique. Il a démarré la vie professionnelle à 19 ans, ce qui est un âge tardif. Il est venu à la danse par passion. « La danse était en moi dès l'enfance. Lors des fêtes de famille, je me souviens, mes parents me faisaient porter un pantalon bouffant et me demandaient de danser et je le faisais avec plaisir ; puis, comme les jeunes de cette époque, j'ai beaucoup imité Michael Jackson avec mes camarades du collège, et, plus tard, j'ai participé à des concours de danse organisés avec mon groupe Black Power, par "Oscar des vacances" et, en 1995, j'ai gagné le prix du meilleur danseur ».

À Diourbel, ville religieuse, les jeunes ne pouvaient pas trop se livrer à cette pratique. C'est une des raisons qui a poussé Hardo à venir à Dakar, où il a été encouragé par tous pour ses talents de danseur.

Dans la région de Dakar, il a d'abord été initié à la danse classique avec Andrée Lorenzetti, pendant un an, et en danse traditionnelle, avec les Ballets africains.

Il a suivi par la suite une formation en 1999 à l'École des Sables. « C'est un chorégraphe, Carlos, qui m'a fait découvrir cette École. Il m'a beaucoup encouragé en me disant : « Hardo, tu peux aller très loin en danse ». Carlos m'a offert un livre sur le yoga et m'a conseillé de le pratiquer tous les jours et j'ai suivi son conseil « jamais un jour sans yoga ». Il m'a conseillé de lire, de beaucoup lire sur la philosophie, la littérature. Par ces lectures j'ai découvert Aristote, Machiavel, Nietzsche, en étant assoiffé de lecture et d'ouverture aux autres formes d'art ».

En 2012, il a rencontré Olivier Dubois, lors du stage de coaching en chorégraphe et de la création de la pièce « *Soul* », puis il a entrepris une tournée pendant trois ans. Suivit une période d'environ dix ans où s'instaura une collaboration avec Heddi Mahlem qui lui a fait découvrir les facettes de la chorégraphie.

La danse est-elle de l'ordre de l'inné ou de l'acquis ? « La danse est dans la nature de l'homme, la danse, c'est le corps, la culture. Danser c'est respirer. La danse n'est pas une affaire de race, d'ethnie ou de caste, nous sommes en danse dans un espace de liberté ouvert à tous, raison pour laquelle nous y rencontrons des homosexuels ! »

À propos de la formation des danseurs au Sénégal, il note que « Les espaces de danse au Sénégal sont des espaces commerciaux, mais ils ne sont pas publics ni ouverts à la formation des danseurs, hélas !!! Les danseurs n'ont pas d'appui, pas de soutien ».

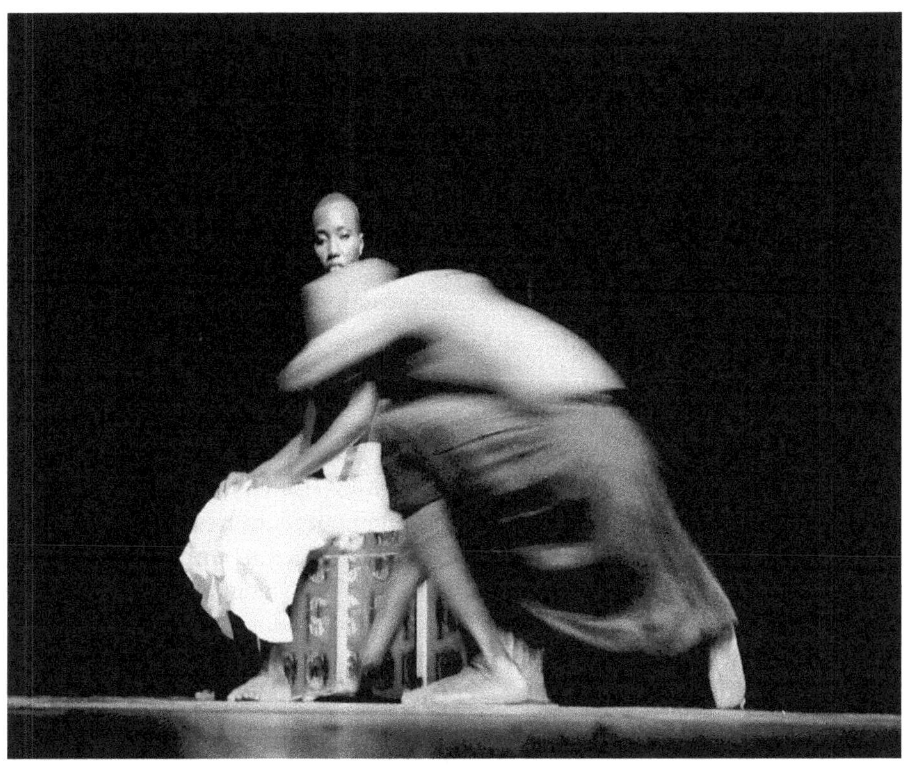

Image d'un couple de danseurs *Yeel Art*
Photo Fitte Duval

✓ *Ousmane Noël Cissé*

Ousmane Noël Cissé est l'un des premiers danseurs dakarois à avoir pratiqué la danse classique et enseigner la technique de *Modern Jazz*. Il a eu très tôt un contact avec la danse. À cette époque, la musique et la danse cubaines étaient à la mode. Ousmane maitrisait bien cette danse. Natif du quartier du Plateau, où se côtoyaient les studios de danse classique gérés par des Européennes à l'image de Madame Boblin, en même temps professeur à l'École des Arts, Andrée Lorenzetti, Olga Rodzianko, Marie Ève Dupuy, chacune dirigeant sa propre école, il s'est initié, pris dans cet environnement, à la danse classique. Ousmane Cissé va ainsi découvrir la danse en tant qu'art. Il en fera sa passion au point de recommander à tout danseur professionnel d'apprendre cette technique de danse.

Les séquences dansées dans le film *West Side Story* vont créer chez lui le coup de foudre pour la technique *Modern-Jazz*. Ce fut une apothéose ! C'est ainsi qu'il a décidé de se mettre à cette forme de danse.

Mais il fallait commencer par apprendre à danser. Pour cela, du fait de la présence de multiples corps de Ballets issus de l'éclatement des Ballets de Fodéba Keïta, après le retour du chorégraphe guinéen dans son pays, Ousmane va intégrer un de ces groupes et porter son dévolu sur Les Ballets du Cap Vert. Tous ces nouveaux Ballets, n'ayant pas d'espace approprié à la danse, se retrouvaient dans les cours des écoles du plateau pour les séances de répétition, comme c'était le cas à l'École primaire de la rue de Thiong.

C'est la preuve, ajoute-t-il, que les difficultés à trouver des salles de danse ne datent pas d'aujourd'hui. Les salles disponibles et conformes sont rares.

C'est donc dans cette troupe qu'il va apprendre les danses des différentes ethnies du Sénégal, mais aussi et surtout les danses manding accompagnées du rythme du *jembe*. À l'époque, le succès des Ballets africains résonnait encore et toutes les troupes reprenaient exactement leurs créations. D'ailleurs Ousmane ne tarit pas d'éloges pour les Ballets africains dirigés par Fodéba Keïta. On le nommait metteur en scène ; c'est le vocable utilisé à l'époque. C'est différent du chorégraphe, dit-il, mais c'était ainsi qu'on nommait les maîtres de Ballet. À cette période, il n'était question que de metteur en scène, que ce soit en danse, au théâtre ou au cinéma.

Puis vint 1966, le Premier Festival mondial des Arts nègres, où la danse a occupé une place de choix. Ousmane découvre une autre technique de danse à travers les Ballets Alvin Haley des États Unis. Ce sera un souvenir inoubliable, tant la prestation des danseurs et la nature des danses exécutées étaient, selon lui, proches des danses africaines et sénégalaises particulièrement. Il verra une similitude précisément entre certains pas de danse, par exemple, entre les battements ou ronds de jambe et le *ceebu jén*, ou encore entre les claquettes et le *tching*.

En 1968, Ousmane Noël Cissé intègre le Ballet national du théâtre Daniel Sorano qui lui fera faire le tour du monde à plusieurs reprises. En 1972, Maurice Béjart est invité à Dakar avec sa compagnie à l'occasion de l'anniversaire du roi Baudoin. Il devait se produire en deuxième partie d'un spectacle dont il assurait la chorégraphie pour la première partie. « J'ai tapé dans l'œil de Béjart » nous dit Ousmane. Béjart, ajoute-t-il, tenait à rencontrer le chorégraphe que j'étais. C'est ainsi que, dans la perspective d'une future École de danse qui allait voir le jour au Sénégal, il a souhaité me compter parmi les pensionnaires de Mudra-Bruxelles en Belgique pour un perfectionnement. Lors d'une tournée au Brésil, la direction du Théâtre m'annonça la nouvelle et me voilà, après une brève escale à Dakar, parti pour rejoindre Mudra-Bruxelles : ce fut une « très belle expérience ! » conclut-il.

À son retour au Sénégal, un malentendu va l'opposer au Ballet national. Il dut quitter cette structure de l'État. Une nouvelle collaboration le lie alors au chorégraphe afro-américain Oliver Johnson ou Ali Abdallah, de son nom musulman :

> à deux nous allons créer l'école Afro American Dance Compagny et présenter des créations inspirées des musiques africaines. Nous avions présenté une création sur une musique de Huge Masekela ou j'étais le danseur soliste. Lors de la diffusion de cette dernière sur l'unique chaine de TV à l'époque, le président Senghor qui suivait les événements artistiques, a apprécié la pièce qui lui rappelait une troupe qu'il a vue en Afrique du Sud et a souhaité me rencontrer. Ce qui fut fait grâce à Maurice Sonar Senghor. En effet, Senghor voyait une ressemblance avec une troupe de danse d'Afrique du Sud qui, après renseignements, se trouvait à cette période, en tournée en Angleterre. Ainsi a-t-il souhaité qu'en compagnie de Germaine Acogny et de Maurice Béjart, nous nous rendîmes en Europe observer ce groupe.

Lors de cet entretien, Ousmane nous rapporta comment naquit l'idée du second Ballet national qui devait se consacrer surtout aux autres formes de danse, contrairement à la première, exclusivement destinée à présenter les danses traditionnelles de notre terroir. C'est à ce moment-là, dit-il, que le président Senghor lui annonça son intention de donner le nom de « *La Linguère* » au premier Ballet et au second Ballet, celui de « *Sira Badral* », venant du nom d'une figure historique nommée *Sira Badiar.*

Il aime rappeler qu'il est né un jour de Noël, ce qui explique son surnom, qu'il appartient à une famille religieuse, mais contre laquelle il a dû se battre pour réaliser son rêve d'enfant, à savoir danser. Il lui était interdit de jouer au football ou même d'écouter un autre genre musical. La pratique de la danse était assimilée à la féminité, à l'homosexualité, voire à la débauche. Pour convaincre ses parents et par respect pour sa religion, Ousmane Noël Cissé a dû résister à toutes formes de tentation : « je ne fume ni ne bois de l'alcool, je pratique ma religion et jeûne tout le mois de Ramadan », martèle-t-il. Les parents étaient très malheureux de le voir danser, car, conclut-il, « le fils de noble que je suis, ne devrait pas danser. Mais il faut comprendre que la danse est devenue un art, le monde a évolué et la danse n'est plus une activité réservée aux gens de caste. Contrairement à l'Occident, la danse classique, base de toutes les danses, est depuis ses origines une danse réservée à la classe des nobles et continue d'être une danse élitiste.

Conclusion

Il me semble intéressant de rappeler ici cette observation que fit Boubacar Ly, un des membres du jury lors de la soutenance de ma thèse. Il a tenu à souligner l'originalité du choix du thème, en précisant que c'est la première fois, dans une université sénégalaise, qu'un tel sujet fait l'objet d'une thèse :

> en choisissant, dit-il, un tel sujet, la danse, sujet tout à fait nouveau dans la recherche et la production sociologique, vous nous avez apporté la gaité, en nous sortant de la grisaille des thèses de sociologie, toutefois vous êtes restée dans la ligne et la tradition sociologique en vous montrant critique et en passant en revue les nombreux problèmes qui existent dans le secteur de la danse tant en ce qui concerne la représentation concernée que dans la pratique.
>
> Son observation rejoint ce que dit par ailleurs la neurobiologiste, Lucy Vincent : "à la différence de beaucoup d'autres activités, on danse toujours pour le plaisir, et pas en se disant qu'on va souffrir mais que c'est pour son bien" [1].

Ce que nous voulons retenir en fin de compte, c'est ce caractère spécifique de la danse : le plaisir et la joie qui lui sont consubstantiels. Cette caractéristique la distingue des autres arts et explique qu'elle soit universelle : on danse sur tous les continents, car la danse est vie.

Tout au long de la réflexion, nous avons retenu comme objectif d'opérer la critique de deux imaginaires, l'un créé autour du Noir dansant, par le regard occidental, à l'époque du primitivisme et de la théorie de l'inégalité des races, largement véhiculé par les expositions coloniales et universelles, organisées à Paris et dans d'autres villes, à la fin du XIXe siècle et entre les deux guerres ; l'autre lié au système des castes de la société wolof du Sénégal, qui attribue au griot, de caste inférieure, le don inné pour la danse et le chant . Dans un cas comme dans l'autre, ce qui est en jeu, c'est bien le rapport de la nature et de la culture : quelle est la place de l'une et de l'autre dans l'apprentissage de la danse, dans la formation du danseur ? Telle a été notre question de départ.

En reprenant la question à laquelle des chercheurs ont déjà répondu, depuis longtemps, nous avons voulu la réexaminer dans un contexte différent, proprement africain. Ce qui nous y a conduit, c'est le constat que nous avons

---

1 Lucy Vincent, *Faites danser votre cerveau !*, 2018, p. 19.

fait, durant les années où nous avons enseigné la danse, que j'ai eu à rappeler au cours de ce travail, la persistance de ce préjugé, non seulement auprès de nos élèves, mais aussi dans le milieu des danseurs et chorégraphes africains, particulièrement sénégalais, que la danse était un don de la nature, un don inné, "dans le sang". Paradoxalement, l'intérêt que les chorégraphes européens et même américains portent, de nos jours, à la danse africaine, en venant en Afrique s'inspirer de nos rythmes, renforcerait cette idée que les Noirs ont le rythme dans le sang, au lieu de convaincre de la nécessité de la formation méthodique avec des maîtres, donc du rôle et de la place de la culture. En effet, on ne compte pas le nombre de stages organisés destinés aux chorégraphes européens désireux de s'inspirer et d'apprendre nos danses. Au Sénégal, à quelques kilomètres de Dakar, à Toubab Dialaw, l'*École des Sables*, dirigée par Germaine Acogny reçoit depuis des années et régulièrement des stagiaires venus non seulement des autres pays de la sous-région, mais particulièrement de pays du Nord. D'anciens pensionnaires de Mudra-Afrique offrent des cours dans des centres de formation et des écoles de danse africaine qu'ils ont eux-mêmes créées. Je pourrai citer, en France, Ndèye Sall, Lika Konaté, Keissy Bousso en Belgique, Aliou Diémé en Autriche, aux USA, précisément, à New York, Johnny Ba Mouflet. Il y en a bien d'autres qui ne sont pas de cette prestigieuse institution créée par Senghor et Maurice Béjart. Toutes ces structures de formation ne semblent pas convaincre encore de la nécessité de la culture, de l'éducation dans la pratique de la danse : les préjugés ont, en effet, la vie dure. Il était donc nécessaire de revenir sur ce problème.

Ces deux imaginaires sont intrinsèquement liés des stéréotypes, c'est-à-dire des représentations dévalorisantes de l'autre, ainsi que l'explicite Aimé Césaire en ces termes :

> L'homme noir n'était plus appréhendé par l'homme blanc qu'à travers le prix d'une déformation, de stéréotypes, car c'est toujours de stéréotypes dont vivent les préjugés. Et c'est cela le racisme. Le racisme c'est la non-communication. C'est la chosification de l'autre, du Nègre ou du Juif. La substitution à l'autre de la caricature de l'autre, une caricature à laquelle on donne une valeur d'absolu.

Si Césaire s'intéresse ici aux relations entre l'homme noir et l'homme blanc, nous ne perdons pas de vue que son jugement s'applique également aux représentations caricaturales que l'on se fait du griot, membre d'une caste inférieure, dans la société wolof du Sénégal. Selon ce système, la danse porte la marque de l'impureté, sa pratique n'est pas glorifiante, elle serait au contraire déshonorante.

J'ai tenté d'expliquer, au cours de ma recherche, l'origine du stéréotype, selon lequel "le Noir a le rythme dans le sang" et celle du caractère répulsif, impur de la danse dans le système des castes de la société wolof. Elles s'expliquent par une idéologie qui introduit l'inégalité entre les groupes, pour masquer la domination d'un groupe sur un autre. Nous sommes donc en présence d'une véritable construction imaginaire. On fait passer pour du biologique ou de la nature ce qui en réalité relève de la culture, de l'éducation et de l'apprentissage.

L'examen du problème a amené à s'appuyer sur une documentation vaste – en sélectionnant les auteurs qui paraissaient les plus utiles et nous ont permis, par ailleurs, de concevoir notre modèle théorique –, complétée par une enquête sur le terrain, en espérant saisir d'autres aspects de la danse, et d'en avoir une perception à la fois plus globale et plus précise. Il a fallu, dans un premier temps, montrer la richesse et la variété du patrimoine de nos sociétés en danse africaine, en me référant aux ethnologues qui ont laissé des descriptions de nos danses, parmi lesquels Geneviève Calame-Griaule, Michel Leiris, et ont souligné le rôle de la culture, de l'éducation et de l'apprentissage. Avec les travaux des anthropologues anglo-saxons, comme Ralph Linton, des sociologues de l'école française comme Marcel Mauss avec sa théorie des « techniques du corps », de Pierre Bourdieu avec sa théorie de l' « *habitus* », il a été possible de mettre l'accent sur la culture et l'apprentissage. Nous nous sommes également inspirés de l'œuvre de Lévi-Strauss et de son célèbre ouvrage intitulé *Tristes tropiques*.

Dans un second temps, cet ouvrage s'est intéressé aux espaces des imaginaires, c'est-à-dire les lieux géographiques et leur histoire, où ont émergé les deux imaginaires : les expositions coloniales et universelles d'une part, et l'espace wolof d'autre part. Les travaux d'Abdoulaye Bara Diop sur la société wolof ont guidé la réflexion sur les castes au Sénégal, qui a été également enrichie par les travaux de Pierre Bourdieu et de Lévi-Strauss. Car il fallait expliquer non seulement l'origine des stéréotypes, mais aussi pourquoi on constate leur permanence, leur persistance dans les mentalités. Pour répondre, il a fallu recourir à « l'idéologie de la race » et à la « force de la croyance ».

Dans un troisième temps, a été proposée une présentation des danses au Sénégal, pour mettre en évidence leur diversité, leur richesse, de même que les nombreux centres de formation et les groupes de danses qui ne cessent de se développer, qu'ils soient privés ou publics. Parmi les danses, on a retenu surtout le *sabar*, qui est une danse de l'ethnie wolof, et les danses manding et seereer. Quant aux centres de formation et troupes, on a cité le Centre Blaise Senghor, *Artea Dance*, *Dance Hall*, l'*École des Sables*, ainsi que les compagnies de danse contemporaine telles *5ème dimension*, *La compagnie 1er temps*, les ballets ou troupes de danse traditionnelle *Bakalama*, *Sunumeew*, *Syllaba* de Thiaroye.

Il faut souligner que toute cette dynamique est le fruit de la politique culturelle du président Senghor. L'engouement pour la danse, créé à la suite du Premier Festival mondial des Arts nègres, où la danse a été mise en lumière et qui fut un événement mondialement suivi, explique cette floraison de groupes de danse, de Ballets, de Festivals et d'Écoles de danse. C'est aussi cette dynamique qui a mené, quelques années plus tard en 1977, à la création de Mudra-Afrique . L'expérience a été de courte durée, car l'École fut fermée au départ du Président Senghor. Mais l'idée, fort heureusement, a été reprise par ceux qui l'ont connue, en particulier les anciens de Mudra-Afrique, chacune / chacun ayant apporté sa touche personnelle : Germaine Acogny au Sénégal, Irène Tassembedo et Lahsann Kongo au Burkina-Faso, pour ne citer que les plus connus. La danse, porteuse de joie, comme la poésie, doit survivre.

La dernière partie de cette étude a été réservée à l'enquête, avec pour objectif de confirmer des hypothèses de travail, de passer en revue les problèmes, les obstacles rencontrés par les danseuses et danseurs et les évolutions positives en vue d'une meilleure perception de la danse au Sénégal, tant en ce qui concerne la représentation que la pratique. L'enquête s'est déroulée en deux étapes : la première visait à proposer une identification sociologique des danseurs, et dans la seconde, on a procédé au croisement des données relatives à l'âge, au sexe, à l'ethnie, à la religion, à la formation, au rapport avec les pouvoirs publics, pour savoir à la fois dans quelles conditions on pratique la danse, et pourquoi ou comment on s'y engage.

Les résultats obtenus par l'étude ont montré, en la confirmant, une évolution positive de la perception de la danse et du danseur, et plus nettement de l'importance, reconnue par ceux qui ont répondu au questionnaire, de l'apprentissage dans la formation du danseur. Ce qui était l'objectif recherché par notre travail de recherche. Cette évolution est liée à un changement de mentalités, caractérisé par une transformation du regard sur la danse et le danseur, à la découverte de nouvelles techniques de danse nécessitant un apprentissage assidu et adapté au métier de danseur professionnel, ou encore à une plus grande implication des pouvoirs publics dans le secteur de la formation.

En parcourant les réponses au questionnaire de l'enquête, on trouve des raisons d'envisager l'avenir de la danse avec optimisme.

Cette confiance en l'avenir repose sur les constats suivants.

- L'appel à la modernité est suffisamment fort chez les jeunes danseurs qui font le choix des danses modernes et espèrent une écoute plus attentive des gouvernants. Ils sont de plus en plus conscients que la modernité exige du professionnalisme, impliquant, si l'on veut réussir, que l'on se soumette aux contraintes de l'apprentissage et de la formation méthodique.

- Le *hip hop*, danse urbaine que la plupart des danseurs pratiquent, commande le passage par une école de formation, incontournable, pour ceux qui veulent faire carrière. C'est le meilleur atout contre les préjuges et les stéréotypes, le signe que l'on accepte de résister. Cette résistance a été révélée par notre enquête. Les danseurs se disent prêts à la pratiquer, en étant ouverts à l'extérieur, en décidant de rompre avec les préjugés et stéréotypes véhiculés dans les familles et au sein de la société.

Les réponses au questionnaire sur le genre indiquent bien que les filles sont majoritaires. Mais il faut reconnaître parallèlement une présence significative des hommes dans l'espace de danse d'aujourd'hui. Ce constat confirme la tendance observée lors d'une précédente enquête.

Le questionnaire utilisé mettait également l'accent sur le niveau d'étude, généralement faible, des praticiens de la danse. Il est intéressant de noter l'intérêt que tous portent à la formation, exprimée presque comme une revendication. Quant à leur motivation, certains ont affirmé être venus à la danse par passion, d'autres par la famille, la référence à celle-ci mettant en présence à la fois le système de castes et la religion. Tous reconnaissent que la danse ne doit pas être réservée à une catégorie raciale et sociale. Ce qui peut être interprété comme une preuve de l'évolution des mentalités, attestant le recul de l'influence des castes.

La religion est-elle ou non un facteur bloquant ou un obstacle à la pratique de la danse ? Les réponses ont été unanimes pour dire que la pratique de la danse est tolérée, acceptée lorsqu'il s'agit des femmes. Il en est tout autrement quand il s'agit des hommes qui peuvent être victimes du préjugé social, qui les considère souvent comme efféminés, voire homosexuels.

Des problèmes réels subsistent toujours. Ils ont été évoqués par les danseurs eux-mêmes et concernent les domaines des infrastructures, de la formation, de la création et de la production.

Cependant, ce qui donne des raisons d'envisager avec optimisme l'avenir de la danse, ce sont les constats d'un recul très net de l'influence des castes, de l'appel à la modernité fortement souligné par les jeunes, et d'une conscience claire du besoin de formation à satisfaire grâce à la réforme du système éducatif et au renforcement de l'accompagnement par les pouvoirs publics.

On a souligné enfin la préoccupation qui était sous-jacente et a été annoncée dès le début de ce travail : la question de l'éducation. Elle fut au cœur des préoccupations du président Senghor qui créa Mudra-Afrique, lui assignant justement comme mission de former des danseurs cultivés, de niveau universitaire.

L'éducation, selon Senghor doit tendre à cultiver chez les enfants, les élèves et les étudiants, les artistes également, « la puissance d'émotion avec et en même temps la faculté d'expression ».

La critique qui a été examinée ne se limite pas uniquement pas au stéréotype véhiculé par le regard occidental et par le système des castes de la société wolof. Elle s'étend aussi à ceux qui réduisent la danse au folklore. Ils s'interdisent de discerner dans les chants et danses « l'intense humanité » que ceux-ci recèlent. La danse a aussi ses chorégraphes et danseurs de renommée, tout comme la musique, la peinture, la sculpture.

Dans cette étude, nous avons voulu redonner à la danse africaine son identité et son authenticité, sa vérité face aux clichés dégradants auxquels l'imaginaire des expositions coloniales a voulu l'assimiler. Le regard occidental à l'origine de ces clichés exotisants fait de nouveau irruption sous une autre forme plus contemporaine, le marché international. Le danger qui guette désormais les danseurs africains, c'est l'imitation, synonyme d'aliénation, de perte d'identité. La tâche qui sied et se trouve assignée à l'artiste, et plus particulièrement au danseur, c'est un retour à l'inspiration, synonyme de création. Il faut rompre définitivement avec l'esprit d'imitation et renouer à la fois avec le sentiment de dignité et l'esprit de création.

Bibliographie

ACOGNY Germaine, 1980, *La danse africaine - Afrikanischer Tanz - African dance, Brochure Mudra-Afrique*, Dakar, Nouvelles éditions africaines, 112 p.

ACOGNY-DE SOUZA Patrick, 2010, Les techniques des danses africaines et leur expansion en France : transmission et genèse de corporéités interculturelles, Paris, Université de Paris 8, thèse de doctorat, 404 p.

AKA-EVY Jean-Luc, 2018, *Créativité africaine et primitivisme occidental. Philosophie esthétique*, Paris, L'Harmattan, 242 p.

Anonyme, 1966, *Premier Festival mondial des arts nègres. Dakar, 1/24 avril 1966*, avec le programme des spectacles, Atelier Bernard Gaulin en collaboration avec la Société africaine de culture, le Commissariat national du Festival et la Commission de presse, Paris, Imprimerie André Rousseau, 130 p.

Anonyme, 1966, *Premier Festival mondial des arts nègres*. Dakar, Boulogne-Billancourt, éditions Delroise, 155 p.

APPRILL Christophe, 2005, *Sociologie des danses de couple, Une pratique entre résurgence et folklorisation*, Paris, L'Harmattan, 364 p.

APPRILL Christophe, DJAKOUANE Aurélien, NICOLAS-DANIEL Maud, 2013, *L'enseignement des danses du monde et des danses traditionnelles*, Paris, L'Harmattan, 236 p.

BALANDIER Georges, 2013, *Le royaume du Kongo du XVIe au XVIIIe siècle*, Paris, Hachette, coll. "Pluriel", 288 p.

BEAUQUIEL Julia, POUIVET Roger, 2010, *Philosophie de la danse*, Rennes, Presses Universitaires de Rennes, 198 p.

BÉJART Alain *et al.*, 1973, *Nijinsky, clown de Dieu*, photographies d'Alain BÉJART, préfaces de Maurice BÉJART [et] Vaslav MARKEVITCH, Paris, Éd. Corps, non paginé [111] p.-[2] f. illustr.

BÉJART Alain, BÉJART Maurice, 1977, *Danser le XXème siècle*, Paris, Hatier, 283 p.

BÉJART Maurice, 2006, *Ainsi danse Zarathoustra. Entretiens*, Arles, Actes-Sud, 224 p.

BERGERET Gaston, 1901, *Journal d'un nègre à l'exposition de 1900,* Paris, Librairie L. Conquet, L. Carteret et Cie, successeurs.

BLANCHARD Pascal, DEROO Éric, MANCERON Gilles, 2001, *Le Paris Noir*, Paris, Hazan, 239 p.

BOAS Frantz, 1927, *Primitive Art,* New York, Dover Publications, 372 p.

BOILAT David (Abbé, P.), 1853, *Esquisses sénégalaises*, Paris, P. Bertrand, XVI-495 p., 1 p. d'errata, 1 carte h. t.). Nouvelle édition, avec une introduction d'Abdoulaye Bara DIOP, Paris, Karthala, 1984, V-499 p., 24 planches.

BOIVINEAU Pauline, 2015, *Danse contemporaine, genre et féminisme en France, 1968-2015*, Angers, Université Nantes Angers Le Mans, 580 p.

BOUDON Raymond, BOURRICAUD François, 2012, *Dictionnaire critique de la sociologie*, Paris, Presses Universitaires de France, coll. "Quadrige", 714 p.

BOURDIEU Pierre, 1960, *L'amour de l'art. Les musées d'art européens et leur public*, Paris, Minuit, "Le sens commun", 256 p.

BOURDIEU Pierre, 1980, *Le sens pratique*, Paris, Minuit, 474 p.

BOURDIEU Pierre, 1982, *Leçon sur la leçon*, Paris, Minuit, 55 p.

BOURDIEU Pierre, 1998, *La domination masculine*, Paris, Seuil, 154 p.

BOURDIEU Pierre, CHARTIER Roger, 2010, *Le sociologue et l'historien*, Préface de Roger Chartier, Paris, Agone INA, 104 p.

BOURDIEU Pierre, DARBEL Alain, en collab. avec Dominique SCHNAPPER, 1966, *L'amour de l'art : les musées d'art européens et leur public*, Paris, Minuit, 256 p.

BRISSON Adolphe, 1894-1901, *Portraits intimes,* 3ème série, Paris, Éditions Armand Colin, 324 p.

BRISSON Adolphe, 1900, *Guide bleu du Figaro et du Petit Journal*, Paris, 288 p.

BRISSON Adolphe, 1901, *Scènes et types de l'Exposition,* Paris, Montgrédien, 318 p.

CALAME-GRIAULE Geneviève, 1977, *Langage et cultures africaines*, Paris, F. Maspero, 364 p.

CALAME-GRIAULE Geneviève, 1987, *Ethnologie et langage. La parole chez les Dogon*, 2ème édition, Paris, Institut d'Ethnologie, 591 p.

CASTALDI Francesca, 2006, *Choreographies of African Identities. Négritude, Dance, and the National Ballet of Senegal*, Champaign, University of Illinois Press, 264 p.

CÉSAIRE Aimé, 2000, Discours sur l'art africain, Discours prononcé à Dakar le 6 avril 1966, repris dans *Gradhiva*, *10*, 2009, p. 208-215. Republié par les soins de Thomas A. Hale sous le titre « Discours sur l'art africain (1966) », *Études littéraires*, *6*, 1, 1973, p. 99-109.

CHANGEUX Jean-Pierre, 2002, *Raison et plaisir,* Paris, Odile Jacob, 220 p

COHAN Robert, [1986], 2006, *La danse. L'atelier de la danse*, Paris, Robert Laffont, 192 p.

Collectif, 1986, *La place de la danse à l'université – La recherche en danse*, Actes du colloque international en Sorbonne, des 9, 10 et 11 octobre 1985, Paris, Chiron.

DECORET-AHIHA Anne, 2004, *Les danses exotiques en France 1880-1940,* Pantin, Centre national de la danse, 320 p.

DENISHAWN cité par Roger Garaudy, *Danser sa vie*, 1973, p. 78.

DIAGNE Souleymane Bachir, 2007, *Léopold Sédar Senghor. L'art africain comme philosophie*, Paris, Riveneuve, 166 p. Republié en 2019, 176 p.

DIANÉ Alioune-Badara, 2010, *Senghor porteur de paroles,* Dakar, Presses Universitaires de Dakar, 296 p.

DIOP Abdoulaye Bara, 1981, *La société wolof. Tradition et changement. Les systèmes d'inégalité et de domination*, Paris, Karthala, 355 p.

DIOP Babacar Mbaye, 2011, *Critique de la notion d'art africain, Approches historique, ethno-esthétiques et philosophiques*, Préface d'Yves Michaud, Paris, CS, 292 p.

DIOP Ousmane Socé, 1948, *Karim, Roman sénégalais*, Paris, Nouvelles Éditions latines, 238 p.

DIOUF Makhtar, 1998, *Sénégal, Les ethnies et la nation,* Dakar, Nouvelles éditions africaines du Sénégal, 279 p.

DONNAT Olivier (dir.), 2003, *Regards croisés sur les pratiques culturelles dans la danse*, Paris, La documentation Française, 348 p.

DUBAR Claude, 2000, *La socialisation. Construction des identités sociales et professionnelles*, Paris, A. Colin, 255 p.

DUNCAN Isadora, 1999, *Ma vie,* Paris, Gallimard, "Folios", 446 p. Trad. française de Isadora DUNCAN, *My Life*, New York, Boni & Liveright, 1927.

DUVIGNAUD Jean (dir.), 1972, *La sociologie, Guide alphabétique*, Paris, Denoël, 328 p.

FABIANI Jean-Louis, 2016, *Pierre Bourdieu. Un structuralisme héroïque,* Paris, Seuil, 307 p.

FAURE Sylvia, GOSSELIN Anne Sophie, 2008, « Apprendre par corps : le concept à l'épreuve de l'enquête empirique », *Regards sociologiques, 35*, p. 27-36.

FERNANDES Valentim, 1938 *Description de la Côte d'Afrique de Ceuta au Sénégal, (1506-1507).* Édition bilingue établie par Pierre de Cenival & Théodore Monod. Paris, Librairie Larose.

FLEURY Laurent, 2010, *Sociologie de la culture et des pratiques culturelles*, Paris, A. Colin, 127 p.

FORTIN Sylvie (dir.), 2008, *Danse et santé. Du corps intime au corps social*, Québec, Presses de l'université du Québec, 312 p.

FOULQUIÉ Paul, 1978, *Vocabulaire des sciences sociales*, Paris, Presses Universitaires de France, 975 p.

GARAUDY Roger, 1973, *Danser sa vie*, Préface de Maurice Béjart, Paris, Seuil 208 p.

GENEVOIS Dominique, 2016, *Mudra, 103 rue Bara, L'école de Maurice Béjart 1970-1988*, Contredanse, Bruxelles, 440 p

GIDE André, 1947, « Avant-propos », *Présence africaine, 1*, 1947-1, p. 3-6.

GOBINEAU Arthur, 1967, *Essai sur l'inégalité des races humaines*, Paris, Pierre Belfond, 868 p. [Paru en 1853].

GODDARD Jean-Christophe (dir.), 2005, *Le corps*, Paris, Vrin, 255 p.

GRAHAM Martha, 2003, *Mémoire de la danse*, Arles, Actes Sud, 312 p.

GRAVRAND Henry, 1983, *La civilisation sereer*, tome 1, *Cosaan. Les origines*), Dakar-Abidjan, Nouvelles éditions africaines, 361 p.

GRAVRAND Henry, 1990, *La civilisation sereer*, tome 2, *Pangool : le génie religieux Sereer*, Dakar, Nouvelles éditions africaines du Sénégal, 473 p.

GUÉRIN Michel, 2011, *Philosophie du geste*, Arles, Actes sud, 144 p.

GUILCHER Jean-Michel, GUILCHER Yvon, 1994, *L'histoire de la danse parent pauvre de la recherche*, Isatis, *Cahiers d'ethno-musicologie*, n° 3 Toulouse, Conservatoire occitan, 93 p.

HALLAYS André, 1901, *À travers l'exposition de 1900. En flânant,* Paris, éditions Perrin et Cie, XX-307 p.

HUET Michel, KEÏTA Fodéba, 1954, *Les hommes de la danse*, Lausanne, La éditions Clairefontaine, 134 p.

JOURNET Nicolas, 2002, « Introduction. Que faire de la culture ?», *in* Nicolas JOURNET (dir.], *La culture. De l'universel au particulier*, Paris, éditions Sciences humaines, "Synthèse", p. 1-13.

KEÏTA Fodéba, 1957, « La danse africaine et la scène », *Présence africaine, XIV-XV*, 1957, 3-4, p. 202-209.

KONATÉ Yacouba, 2009, *La Biennale de Dakar. Pour une esthétique de la création africaine contemporaine – tête à tête avec Adorno*, Paris, L'Harmattan, 237 p.

LACOUTURE Jean, 1996, *Malraux. Une vie dans le siècle, 1901-1976*, Paris, Seuil, "Points", 448 p. [Paru initialement en 1976].

LE BRETON David, 1985, *Corps et société. Essai de sociologie et d'anthropologie du corps*, Paris, Librairie des Méridiens, "Sociologies du quotidien", 230 p.

LEIRIS Michel, 1981, *L'Afrique fantôme*, Paris, Gallimard, 525 p. [Publié en 1934, *L'Afrique fantôme* [de Dakar à Djibouti, 1931-1933], Paris,

Gallimard, 525 p. , 32 p. planches. Paru en 1988, *L'Afrique fantôme*, Paris, Gallimard, “Tel”, 655 p.]

LEMAITRE Jules, 1896, *Les legs de l'exposition. Philosophie de la danse,* in *Les Contemporains* vol. 5, Paris, Éditions Lecène, Oudin et Cie.

LETESTU Agnès, MANNONI Gérard, 2016, *Danseuse étoile*, Paris, Buchet-Chastel, 216 p.

LÉVI-STRAUSS Claude, 1955, *Tristes tropiques*, Paris, Plon, 504 p.

LÉVI-STRAUSS Claude, 2016, *De Montaigne à Montaigne*, Paris, EHESS, 92 p.

LEYENS Jacques-Philippe, YZERBYT Vincent, SCHADRON Georges, 2016, *Stéréotypes et cognition sociale*, Sprimont, Mardaga, 316 p.

LORRAIN Jean, 2002, *Mes expositions universelles, 1889-1900*, Paris, Éditions Champion, 435 p.

LOUPPE Laurence, 2004, *Poétique de la danse contemporaine,* 3ème édition complétée, Bruxelles, Contredanse, 392 p.

LY Boubakar, 2015, *La morale de l'honneur dans les sociétés wolof et halpulaar traditionnelles, Une approche des valeurs et de la personnalité culturelles sénégalaises*, Dakar, L'Harmattan, t. 1, 284 p. et t. 2, 292 p.

MALRAUX André, 1965, *Le musée imaginaire*, Paris, Gallimard, 286 p.

MALRAUX André, 1996, *La politique, la culture.* Paris, Gallimard, 409 p.

MALRAUX André, SENGHOR Léopold Sédar, 1966, *Festival mondial des Arts nègres. Colloque sur l'art nègre : discours de M. André Malraux et de M. Léopold Sédar Senghor, prononcés à Dakar, le 30 mars 1966 : fonction et signification de l'art négro-africain dans la vie du peuple et pour le peuple*, Paris, Extrait de Coopération et développement, n° 10, p. 3-17.

MANNONI Gérard, 2015, *Les grands chorégraphes du XXème siècle*, Paris, Libella, 397 p.

MARKEVICH Vaslav, « Préface. Nijinsky : l'homme intérieur, sa quête mystique », *in* Alain BÉJART *et al.*, *Nijinsky, clown de Dieu*, Paris, Éd. Corps.

MARQUIÉ Héléne, 2016, *Non, la danse n'est pas un truc de filles ! Essai sur le genre en danse*, Paris, Éditions de l'Attribut, 248 p.

MARZANO Michela, 2007, *La philosophie du corps,* Paris, Presses Universitaires de France, 127 p.

MAUSS Marcel, 1973, *Sociologie et anthropologie*, Paris, Presses Universitaires de France, 482 p.

MAUSS Marcel, 1973, *Les techniques du corps*, suivi de *L'expression obligatoire des sentiments*, Paris, Payot, 144 p.

MAYEN Gérard, 2006, *Danseurs contemporains de Burkina Faso*, La compagnie *Salia nï Seydou* au temps de la mondialisation, Paris, L'Harmattan, 216 p.

MBODJ Gora, 1987, *Corporéité et socialisation en milieu wolof. Place et importance du corps et des pratiques corporelles dans la société wolof (traditions et changements sociaux)*, Toulouse, Université Toulouse Le Mirail, Institut de sciences sociales, 1 282 p.

M'BOKOLO Elikia, 1995, *Afrique noire. Histoire et Civilisations*, Tome 1, *Jusqu'au XVIII*[e] *siècle*, Paris, Hatier – AUPELF – UREF, 496 p.

M'BOKOLO Elikia, 2004, *Afrique noire. Histoire et Civilisations*, Tome 2, *Du XIX*[e] *siècle à nos jours*, Paris, Hatier-AUF, 587 p.

NDIAYE A. Raphaël, 1986, *La place des femmes dans les rites au Sénégal*, Dakar, Nouvelles éditions africaines, 143 p.

NDOYE Omar 2010, *Le N'Ddöep. Transe thérapeutique chez les Lébous du Sénégal*, Paris, L'Harmattan, 240 p.

NEVEU KRINGELBACH Hélène, 2005, *Encircling the Dance : Social Mobility Through the Transformation of Performance in Urban Senegal*, PhD, Oxford, University of Oxford, 304 p.

NEVEU KRINGELBACH Hélène, 2013, *Dance Circles : Movement, Morality and Self-Fashioning in Urban Senegal*, Oxford, Berghan Books, 252 p.

NOISETTE Philipe, 2015, *Danse contemporaine. Le Guide*, Paris, Flammarion, 224 p.

PEIX ARGUEL Mireille, 1980, *Danse et enseignement ? Quel corps* ?, Paris, Vigot, 255 p.

[Présence africaine – Alioune Diop], 1967, *Premier Festival mondial des Arts nègres*, Dakar, 1-24 avril 1966 : *Colloque "Fonction et signification de l'Art nègre dans la vie du peuple et pour le peuple*" (30 mars-8 avril), tome 1, Paris, Présence africaine, 645 p.

[Présence africaine – Alioune Diop], 1971, *Premier Festival mondial des Arts nègres*, Dakar, 1-24 avril 1966 : *Contributions au Colloque sur "La fonction et la signification de l'Art nègre dans la vie du peuple et pour le peuple" (30 mars-8 avril), Festival mondial des Arts nègres*, tome 2, Dakar, Présence africaine, 281 p.

PRUDHOMMEAU Germaine, 1986, *Histoire de la danse,* tome 1, *Des origines à la fin du Moyen Âge*, Paris, Éditions Amphora, 222 p.

QUIVY Raymond, 1989, *Manuel de recherche en sciences sociales*, Paris, Dunod, 284 p.

RANNOU Janine, ROHARIK Ionela, 2006, *Les danseurs, un métier d'engagement*, Paris, La documentation Française, 464 p.

ROBINSON Jacqueline, 1975, *Mon enfant et la danse*, Paris, Éditions universitaires, 126 p.

ROMAIN Marie, 2005, *La danse à l'école primaire*, Tours, éditions Marie Schierano, 225 p.

SECA Jean-Marie, 2001, *Les représentations sociales*, Paris, A. Colin, 192 p.

SENGHOR Fatou Kandé, 2015, *Wala bok : une histoire orale du hip hop au Sénégal*, Dakar, éditions Amalion, 346 p.

SENGHOR Léopold Sédar, 1956, *Éthiopiques* : *Poèmes*, Paris, Seuil, 125 p. Republié en 1974 : Pape Guèye N'DIAYE, *Éthiopiques* : *Poèmes*, édition critique et commentée par..., Dakar, Nouvelles éditions africaines, 112 p.

SENGHOR Léopold Sédar, 1956, « L'esprit de la civilisation ou les lois de la culture négro-africaine », *Présence Africaine*, VIII-IX-X, 1956-3, p. 51-65.

SENGHOR Léopold Sédar, 1959, 1961, *Nation et voie africaine du socialisme*, Paris, Présence Africaine, 138 p.

SENGHOR Léopold Sédar, 1964, *Liberté 1, Négritude et humanisme*, Paris, Seuil, 445 p.

SENGHOR Léopold Sédar, 1971, *Liberté 2, Nation et voie africaine du socialisme*, Paris, Seuil, 317 p.

SENGHOR Léopold Sédar, 1974, *Éthiopiques*, *Poèmes*, édition critique et commentée par Papa Gueye N'Diaye, Dakar - Abidjan, Nouvelles éditions africaines, 112 p.

SENGHOR Léopold Sédar, 1977, *Liberté 3, Négritude et civilisation de l'Universel*, Paris, Seuil, 574 p.

SENGHOR Léopold Sédar, 1983, *Liberté 4, Socialisme et planification*, Paris, Seuil, 668 p.

SENGHOR Léopold Sédar, 1990, *Œuvre poétique*, nouvelle édition, Paris, Seuil, 429 p.

SENGHOR Léopold Sédar, 1993, *Liberté 5, Le dialogue des cultures*, Paris, Seuil, 295 p.

SENGHOR Léopold Sédar, « Préface. Germaine Acogny : danse africaine », dans Germaine ACOGNY, 1994, *Afrikanischer Tanz*, Weingarten, Weingarten Verlag, 1994, p. 5.

SENGHOR Léopold Sédar, 2007, *Poésie complète*, édition critique coordonnée par Pierre Brunel, Paris, CNRS éditions ITEM – AUF, LXI-1313 p.

SENGHOR Maurice Sonar, 2004, *Souvenirs de théâtre d'Afrique et d'Outre-Afrique Pour que lève la semence*, Paris, L'Harmattan, 187 p.

SIBONY Daniel, 1995, *Le corps et sa danse*, Paris, Seuil, 352 p.

SILVESTRE Armand, 1900, *Guide Armand Silvestre de Paris et de ses environs et de l'exposition de 1900*, Paris, éditions Didier et Méritant, 188 p.

SOW HUCHARD Ousmane, 2010, *La culture, ses objets-témoins et l'action muséologique. Sémiotique et témoignage d'un objet-témoin : le masque Kanaga des Dogons de Sanga*, Dakar, Éditions Le nègre international, 858 p.

SUQUET Annie, 2012, *L'éveil des modernités, Une histoire culturelle de la danse (1870-1945)*, Paris, Centre national de la danse, 960 p.

SYLLA Abdou, 1998, *Arts plastiques et État du Sénégal, trente-cinq ans de mécénat au Sénégal*, Dakar, IFAN – UCAD, 167 p.

SYLLA Abdou, 2004, *L'artisanat sénégalais*, Dakar, Presses universitaires de Dakar, 140 p.

SYLLA Abdou, 2007, « Les musées en Afrique : entre pillage et irresponsabilité », *Africultures*, *70*, 2007-1, p. 90-101. DOI : 10. 3917/afcul. 070. 0090.

THÉBIA-MELSAN Annick LAMOUREUX Gérard, 2000, *Aimé Césaire, pour regarder le siècle en face*, Paris, Maisonneuve et Larose, 157 p.

THOMAS Joël, 1998, *Introduction aux méthodologies de l'imaginaire*, Paris, Ellipses, "Polis", 320 p.

THOMAS Joël, 1998, *Introduction aux méthodologies de l'imaginaire*, PARIS, ELLIPSES, 320 p.

TIÉROU Alphonse, 1983, *La danse africaine c'est la vie,* Paris, Maisonneuve et Larose, 142 p.

TIÉROU Alphonse, 2001, *Si sa danse bouge, l'Afrique bougera*, Paris, Maisonneuve et Larose, 184 p.

TIÉROU Alphonse, 2014, *Alphabet de la danse africaine / of African Dance*, Paris, Albouraq éditions, 136 p.

TZARA Tristan, 2006, *Découverte des arts dits primitifs*, suivi de *Poèmes nègres*, Paris, Hazan, 126 p.

VALÉRY Paul, 1965, *Degas Danse Dessin*, Paris, Gallimard, 268 p.

VERDIN Philippe, 2010, *Alioune Diop, le Socrate noir*, Paris, Lethielleux, 403 p.

VIGARELLO Georges, 1978, *Le corps redressé : histoire d'un pouvoir pédagogique*, Paris, éditions Jean-Pierre Delarge, 399 p.

VINCENT Lucy, 2018, *Faites danser votre cerveau !*, Paris, Odile Jacob, 208 p.

WANE Ibrahima, MBAYE Saliou (dir.), 2020, *Le 1er Festival mondial des Arts nègres. Mémoire et actualité*, Dakar, CACSEN & L'Harmattan-Sénégal, 364 p.

WIERRE-GORE Georgiana, GRAU Andrée, 2021, *Anthropologie de la danse. Genèse et construction d'une discipline*. Nouvelle édition augmentée, Pantin, Édition du Centre national de la danse, collection "Recherches", 336 p.

Postface

Senghor et la danse

par Aloyse-Raymond Ndiaye

Le livre de Madame Aïssatou Bangoura, *La danse en Afrique. Héritages et créations contemporaines*, se veut une contribution à l'écriture de nos danses par les Africains, dont la codification a été fortement encouragée par Senghor, au point de proposer aux chercheurs la démarche à suivre : recenser les danses, mais surtout les pas, c'est-à-dire tous les mouvements des danses négro-africaines d'Afrique noire, d'Afrique arabo-berbère, du Moyen Orient, voire de l'Inde dravidienne ; intégrer avec les pas les valeurs des autres danses pour en faire, « une danse nouvelle : négro africaine, mais sentie, goûtée par tous les hommes de toutes les civilisations différentes, parce que participant de l'Universel » [1]. Avec Senghor, on le voit, la danse est langage de l'universel et de la fraternité humaine.

Si le sujet de ce livre, extrait de sa thèse, brillamment soutenue à l'Université Gaston Berger de Saint Louis du Sénégal, ne porte pas exclusivement sur l'œuvre du président-poète, sa forte implication dans le développement des arts et de la culture dans son pays, propulsée par une politique culturelle hardie durant ces années passées au pouvoir, ne pouvait pas être ignorée dans ce travail qui ouvre, enfin, l'université, à l'univers des arts et particulièrement de la danse. La brève référence à l'entretien entre Senghor et André Malraux, que le célèbre ministre du Général De Gaulle nous rapporte dans *Le Miroir des Limbes. Hôtes de passage*, est comme un appel de l'auteure, après avoir exposé les relations entre Léopold Sédar Senghor et Fodéba Keïta, Aimé Césaire et André Malraux, à compléter ces deux études par une troisième qui serait consacrée aux relations entre Senghor et Malraux, sur l'art et la danse.

Robert Jouanny, dans son ouvrage *Senghor « Le troisième temps » - Documents et analyses critiques* [2], a bien analysé cet échange qui a réuni, face-

---

1 Léopold Sédar Senghor, Discours d'inauguration de Mudra-Afrique, Le quotidien national *Le Soleil*, Dakar, 23 novembre 1977.

2 Robert Jouanny, *Senghor. « Le troisième temps » – Documents et analyses critiques*, Paris, L'Harmattan, 2002, p. 221.

à-face, Malraux et le « vieux militant de la Négritude » [1], au lendemain de l'ouverture du Premier Festival mondial des arts nègres, tenu, à Dakar, en 1966. S'il me plaît d'y revenir, ici, en ces quelques lignes, c'est pour davantage marquer la place primordiale de la danse dans l'œuvre de Senghor, dont l'importance par rapport à la peinture, la sculpture, la musique, aux autres arts mérite d'être plus souvent rappelée.

À Dakar, en 1966, la danse était célébrée. Elle était à l'honneur. La danse était partout sur la scène du théâtre et dans les rues de la capitale. Les diverses manifestations prévues au programme du Festival, dont les expositions d'Art moderne et d'Art nègre, tenues respectivement au Palais de Justice et au Musée dynamique, inauguré à cette occasion, n'ont pas réussi à éclipser l'attrait éclatant de la danse et l'enthousiasme populaire créé autour d'elle, durant le Festival. En acceptant d'accueillir, quelques années plus tard, en 1977, à Dakar, Mudra-Afrique, avec l'amicale complicité du célèbre chorégraphe Maurice Béjart, Senghor nous révélait son ambition pour la danse, une danse « universelle et totale », que Germaine Acogny, la première directrice de l'École, a su reprendre avec talent et bonheur, pour la faire rayonner, en créant, à son tour, fidèle à l'inspiration de ces deux illustres visionnaires, une école de danse, dénommée École des sables, à Toubab Dialaw, à 33 kilomètres de Dakar. De cette dynamique, née du Festival, la danse a continué de se développer au Sénégal et dans la sous-région, le plus souvent, sous l'impulsion des anciens pensionnaires de Mudra-Afrique, dont Madame Irène Tassembedo, du Burkina Faso, Mesdames Ndèye Bana Mbaye, Lika Konaté, Ndèye Sall, toutes trois du Sénégal, et l'auteure de ce livre.

École de danse, Mudra-Afrique, fut conçue par Senghor « par-delà le Sénégal … pour toute, l'Afrique noire. Et pourquoi pas, plus tard pour tout notre continent, car encore une fois, la Négritude n'est qu'une face de l'Africanité, l'autre face, complémentaire, étant la culture arabo-berbère. » [2] Il était prévu pour cette école un espace, face à l'Océan atlantique « pour dire son ouverture aux quatre vents des civilisations différentes », à la hauteur de l'ambition. Aussi, ce n'est pas hasard si, dès le début de cet entretien, il est question de « l'importance majeure de la danse ».

Précisément, sur quoi repose-t-elle ? Qu'est-ce qui lui vaut d'être considérée par Senghor comme « le premier et fondamental art de

1 Robert Jouanny, *ibid.* p. 204.

2 Léopold Sédar Senghor, Discours d'inauguration de Mudra-Afrique. Le quotidien national *Le Soleil*, Dakar, 23 novembre 1977.

l'homme ? » [1]. C'est la question à laquelle nous souhaiterions répondre et tenter en même temps de préciser quelques éléments de la pensée de Senghor sur la danse. Comme point de départ, j'ai choisi cet entretien, sans prétendre en faire l'analyse ou le commentaire, Robert Jouanny lui ayant déjà consacré tout un chapitre, dans son livre, qui, par ailleurs, n'est pas entièrement centré sur la danse. Notre réflexion se déroulera en trois temps :1) Danse et musique, 2) Danse et rythme, 3) Danse et création.

DANSE ET MUSIQUE

> Dans votre texte, vous avez donné l'importance majeure à la danse et à la sculpture. Je n'en ai pas été étonné, puisque vous fondez l'art africain sur le rythme. Mais j'ai été étonné de vous voir négliger la musique. [2]

C'est en ces termes que Malraux, usant de la même méthode que lors de son Discours inaugural à l'ouverture du colloque du Festival, et, comme à son habitude, provoque, le premier, celui dont il est l'hôte de passage. Cet entretien a eu lieu au lendemain du colloque d'ouverture du Festival fidèlement commenté par Robert Jouanny, qui a pris soin de mener une enquête minutieuse, explorant les conditions matérielles dans lesquelles il a pu se tenir, après avoir pris la précaution de prévenir, que les propos que Malraux attribue à Senghor pourraient ne pas avoir été prononcés par Senghor : « Nous savons tous, déclare-t-il, combien l'imagination de Malraux est créatrice, le dialogue présumé étant chez lui prétexte à illustrer, voire à susciter un dialogue avec lui-même, plus souvent qu'il n'est source fidèle d'information sur la pensée de l'interlocuteur » [3]. L'intéressé lui-même, informé, n'ayant pas récusé « tout ce que Malraux lui faisait dire », se contenta, selon Jouanny, de remarquer « qu'il aimerait bien l'avoir dit – et aussi bien » [4]. La confrontation des textes sera donc le moyen, pour le lecteur de cet entretien, de s'assurer, si nécessaire, de la fidélité à la pensée de Senghor.

Je considère donc que cet échange avec Malraux est la poursuite du débat introduit par Malraux lui-même au colloque d'ouverture du Festival, sur la survie et la vitalité de l'art africain, qui fut perçu comme une provocation, à laquelle le Discours de clôture, prononcé par Aimé Césaire, devait répondre, et qui a bénéficié d'un traitement de faveur, très bien

---

1 Léopold Sédar Senghor, « Préface » dans *Béjart, Danser le XXème siècle*, Paris, Hatier, 1977.

2 André Malraux, *Le Miroir des Limbes. Hôtes de passage*, Paris, Gallimard, p. 27.

3 Robert Jouanny, *op. cit.*, p. 204.

4 *Ibid.*, p. 204.

rendu par Madame Aïssatou Bangoura, dans son livre. Sur cette question, sans avoir à le nommer, Senghor partage les mêmes vues que Césaire. Il en fait allusion dans sa réponse à Malraux, en ces termes :

> Vous savez, dit-il, je n'ai pas parlé de musique. Je crois que cela tient tout simplement à ce qu'il s'agit d'une exposition de sculpture. Je pense moins à notre musique qu'à notre danse ; j'y pense tout de même beaucoup. Elle a couvert le monde. Ne vous y trompez pas : la race noire émigrée en Amérique est restée intacte dans son style, de même qu'elle est restée paysanne : quand elle ne l'est plus, elle est perdue. C'est pour cela que les Nègres américains sont liés au Sud, quoiqu'il arrive. Même en Amérique, les Nègres dansent leur vie. L'Occident le comprendrait mieux s'il connaissait notre domaine modal aussi bien que notre apport mélodique. [1]

C'est au texte du discours d'accueil de Senghor, prononcé à la cérémonie officielle d'ouverture du Festival, que Malraux fait allusion. La discussion s'engage sur les rapports de Senghor à la musique, qui n'est pas un art qui se suffit à lui-même, mais qui toujours accompagne la danse. Senghor rejette le reproche que lui fait Malraux et s'explique sur ses rapports à la musique, faisant observer d'abord que la musique d'Afrique, « notre musique a couvert le monde ». Pensait-il, par cette déclaration, faire plaisir à Malraux qui, auparavant, avait lancé, dans son discours d'ouverture du colloque, sa fameuse phrase : « L'Afrique a changé la danse dans le monde entier » ? Ils reconnaissent néanmoins l'un et l'autre l'égale influence de la danse et de la musique africaines dans le monde.

Malraux semble s'inquiéter de ce qui lui apparaît comme un désintérêt de Senghor pour la musique, notamment américaine, du fait de la « déportation », ce qui la distinguerait de la musique négro-africaine, c'est-à-dire proprement africaine, moins bien connue, moins bien étudiée. Sous cet angle, elles n'auraient pas la même racine, ni la même sève nourricière. Les précisions apportées par Senghor à son illustre interlocuteur consistent, encore une fois, à rejeter toute dichotomie. La musique des Nègres américains s'enracine, belle et bien, dans la culture Nègre. Leur musique n'est pas d'Occident, mais d'Afrique. Elle plonge ses racines dans la Négritude, c'est ce qui explique que, « même en Amérique, les Nègres dansent leur vie », sous-entendu, comme en Afrique noire. S'il avoue penser moins à la musique par rapport à la danse, il affirme en même temps qu'il y pense tout de même beaucoup. Dans « Ce que l'homme noir apporte », au livre 1 des *Libertés*, il se livre à un long développement sur la

1 André Malraux, *op. cit.*, p. 28.

musique qui prouve tout son intérêt pour cet art qu'il a bien étudié, tout en déplorant que la musique nègre « commence seulement d'être sérieusement étudiée en Europe, car, si l'on est sensible à ses effets, on n'a pas encore pénétré loin dans sa technique. » [1] Il insiste sur la fonction sociale de la musique qui, dans un univers magico-religieux, est d'accompagner les danses et chants rituels. Le passage à un contexte laïcisé, non religieux, « profanisé » [2], ne modifie pas sa vocation d'accompagner les manifestations collectives, culturelles, les travaux des champs, les concours gymniques.

> La musique ne peut non plus se concevoir sans le geste, sans la danse, que je définirai « une musique plastique ». Ni la danse sans la peinture et sculpture. La danse en effet, du moins dans les temps anciens de ferveur religieuse, est un drame mystique : un mystère. Il s'agit pour le danseur, d'incarner un ancêtre ou génie, et de le vivre par le vêtement – une peinture sur tissu –, le masque sculpté, la musique, le poème et la danse. Même désacralisée, la danse garde beaucoup de ses origines. [3]

Comme on le voit, l'univers de la musique et l'univers de la danse ont des relations intimes. La musique n'est pas, dans la culture négro-africaine, un art indépendant, un art pour-soi, un art à part. Elle n'est pas considérée en Afrique sous son aspect exclusivement, purement esthétique. Faire « communier, plus intimement, ses fidèles au rythme de la communauté dansante, Monde dansant », là est son rôle. On n'apprécie pas la musique pour elle-même, on ne la goûte pas pour ce qu'elle est esthétiquement. Senghor insiste sur ce rapport intime au terroir, à la source ancestrale, à la vie des populations : la fonction sociale de l'art. Ce sont ces mêmes idées que Senghor développe répondant à Malraux sur ses rapports à la musique. Mais Malraux ne donne pas l'impression d'être convaincu. Dans la suite de cet entretien, il revient sur le sujet :

> Vous avez une autre musique qui a couvert le monde. C'est la musique née du désespoir aux Etats-Unis. D'elle aussi vous pouvez dire que les Noirs y chantent leur vie. [4]

Dans sa réponse, Senghor refuse la dichotomie, à l'aise pour dire à son interlocuteur que la musique des Noirs américains, les blues et les

---

1 Léopold Sédar Senghor, « Ce que l'homme noir apporte », *Liberté 1*, Paris, Seuil, 1964, p. 36 et sv.

2 Léopold Sédar Senghor, *ibid.*, p. 36.

3 Léopold Sédar Senghor, « Le langage intégral des négro-africains », *Liberté 1*, Paris, Seuil, 1964, p. 240.

4 André Malraux, *op. cit.*, p. 30.

spirituals, étaient présents au Festival. Encore une fois il insiste sur la fonction sociale et la signification de l'art africain

> nos arts [dit-il], doivent être les moyens de notre dignité retrouvée. Le Festival a été conçu comme défense et illustration de la Négritude. Mais je veux y trouver le paroxysme ; je ne veux pas y trouver le désespoir. On dit ici : Le tisserand chante en jetant sa navette, et sa voix entre dans la chaine, entraînant celle des Ancêtres.

Il prolonge ainsi son commentaire :

> nos paysans ont inventé de danser le Plan de Développement, … notre musique accompagne nos concours de gymnastique. [1]

Il faut admettre que les arts, particulièrement la danse et la musique ont la même signification pour les Noirs américains et pour les négro-africains. Aussi, assimile-t-il, les Nègres occidentalisés et américanisés. « *Instinctivement,* dit-il, *ils dansent leur musique, ils dansent leur vie.* » [2] Il tient à marquer de façon particulière, « ils dansent leur vie », pour montrer l'importance de ce qui caractérise la musique et la danse : leur fonction vitale qui les accompagne dans tous les moments de la vie. Lorsqu'il revêt son manteau de critique d'art, après une représentation des Ballets Africains de Fodéba Keïta, à laquelle il venait d'assister, Senghor revient sur la dimension vitale des danses africaines :

> Elles expriment des drames… Car, les danseurs négro-africains, les danseurs de Fodéba Keïta sont acteurs. Des acteurs décontractés, qui jouent exactement leur rôle parce qu'ils le vivent… Parce qu'ils vivent un drame, nos acteurs ne reproduisent pas une combinaison de figures savamment élaborées et agencées, mais la vie même de l'Archétype, exprimée en une série de gestes naturels stylisés : geste du Lion, de la Panthère, du Sorcier, du Semeur. [3]

C'est parce qu'ils sont près de leurs sources africaines, de leur cadre de vie qui est la vie africaine.

Tout se passe comme si l'enracinement dans la Négritude est un héritage dont on ne se sépare pas, toujours présent, d'où la remarque : « dans son style la *race noire émigrée en Amérique est restée intacte* », « *qu'elle est restée paysanne* », « *quand elle ne l'est plus, elle est perdue* » [4]. Quel est ce style, ce

---

1 André Malraux, *op. cit.*, p. 30.

2 Léopold Sédar Senghor, « Ce que l'homme noir apporte », *Liberté 1*, Paris, Seuil, 1964, p. 36.

3 Léopold Sédar Senghor, « Les Ballets Africains de Fodéba Keïta ». *Liberté 1*, Paris, Seuil, 1964, p. 289.

4 André Malraux, *op. cit.*, p. 28.

style nègre ? C'est le rythme. Ce qui est en jeu c'est la survie de l'identité, autrement dit, la permanence du rythme nègre, la même dans la musique négro-africaine et négro-américaine. Pour Senghor la musique nègre, comme la sculpture, comme la danse est enracinée dans le sol nourricier, elle le porte en elle, virtuellement ou en acte, chargée des rythmes, des sons et bruits de la Terre.

Dans son Discours de clôture du colloque du Festival, Aimé Césaire a développé ce thème de l'authenticité de l'art africain, condition de sa survie et de sa vitalité, faisant remarquer avec force, que celles-ci dépendent des relations de l'homme africain avec sa culture propre : « Il périra s'il se coupe de ses racines, de ses sucs nourriciers, de ses réserves millénaires, de son passé, de ses légendes, de sa sagesse. » [1]

Sur les rapports de Senghor à la musique nous savons ce qu'il en est réellement, Il s'est beaucoup intéressé à la musique et lui a consacré une bonne part de ses réflexions sur les arts africains. La danse et la musque ont des liens intimes. Le rythme comme fondement de la danse et de la sculpture, ce que Malraux a tenu à rappeler à Senghor, est aussi le fondement de la musique, ce que Senghor aussi se plait à lui préciser.

Qu'est-ce que le rythme ? Quel est ce lien intime, consubstantiel avec la vie ? Mais avant d'y répondre, qu'est-ce que la danse ?

DANSE ET RYTHME

Dans l'univers des arts, il faut distinguer les arts d'accompagnement, comme la musique, et les instruments à musique, comme le tam-tam, instrument « royal », la *kora*, dont le rôle est d'accompagner les danses et les chants. Ils n'ont pas d'existence séparée, indépendante. La danse et le chant sont toujours accompagnés. En l'absence de tam-tam ou de *kora*, il y aura toujours la possibilité de recourir aux battements des mains « l'âme de notre musique » [2].

Qu'est-ce que la danse ? D'abord un spectacle qui se produit sur la place du village ou sur scène. En Afrique, il s'agit d'un spectacle total qui, comme le rappelle Senghor, mobilise tout l'homme, corps et âme : « je dis tout l'homme : tête et buste, bras et jambes » [3]. Aussi lorsqu'on voit danser

1 Aimé Césaire, *Discours sur l'art africain. Pour regarder le siècle en face*, Paris, Maisonneuve et Larose, 2000, p. 25.

2 André Malraux, *op. cit.*, p. 29.

3 Léopold Sédar Senghor, « Les Ballets Africains de Fodéba Keïta », *Liberté 1*, p. 288.

les danseurs noirs, c'est tout leur corps qui est concerné : leur bouche, leurs yeux, mais surtout leurs pieds, leurs bras, leurs mains… Spectacle total qui n'exclut pas le public. Le danseur a besoin de son public, un public qui participe, parce qu'il a quelque chose à dire, qu'il communique ou exprime, par le langage du corps, par les mouvements de son corps. La danse est mouvement. Dans un premier temps il est question du mouvement physique, empirique, mathématisable. Le corps dansant, le corps du danseur se déplace dans l'espace, en une succession de pas, de figures, de formes, de gestes. Ces corps de danseurs noirs, nous dit Senghor, « sont capables de bonds prodigieux comme des félins. Ils sont élancés et musclés, souples et légers. » [1] Mais ce n'est pas ce qui les caractérise, leurs danses sont plutôt des « danses telluriques, pieds nus posés à plat sur le sol, martelant le sol sans fatigue ni répit. » [2] Il nous décrit ici la danse négro-africaine, distincte de la danse européenne, danse classique. Celle-ci se reconnaît à l'usage de ses pointes, lignes droites, arabesques ou entrechats. Ce sont là un ensemble de mouvements que, par la technique, le danseur européen ou occidental, doit, pour bien les exécuter, avoir une bonne maîtrise de son corps. En ce sens la danse en Europe ne laisse pas de place à l'improvisation, à la libre spontanéité, parce que encadrée par des règles qu'il faut rigoureusement et strictement appliquer. C'est dire qu'une certaine dictature règne sur la danse venue d'Europe.

Il ne faut pas, pour autant penser, qu'il n'y a pas de règles dans les danses négro-africaines. On ne les danse pas n'importe comment. Les danses africaines sont si riches, si variées. Elles se croisent et s'entrecroisent, transcendent les frontières. Chaque ethnie a ses danses, et chaque danse ses pas, ses règles de danse, il n'y a pas de confusion possible dans les pas. Même lorsqu'elles nous paraissent les mêmes, elles ne le sont qu'en apparence. On ne se lasse pas de ces répétitions qui n'en sont pas. Pas de monotonie :

> le rythme est vivant, il est libre. Car reprise n'est pas redite, ni répétition. Le thème est repris à une autre place, sur un autre plan, dans une autre combinaison, dans une autre variation ; et il donne une autre intonation, un autre timbre, un autre accent. [3]

---

1 *Ibid.*, p. 289.

2 Léopold Sédar Senghor, « Les Ballets Africains de Fodéba Keïta », p. 289.

3 Léopold Sédar Senghor, « Ce que l'homme noir apporte », *Liberté 1*, Paris, Seuil, 1964, p. 35.

Dès lors, aucune raison de s'arrêter de danser. C'est bien là une des caractéristiques de la danse : à moins d'une cause externe, la danse continue.

L'avantage, ici, est que les règles ancestrales n'étouffent pas la sensibilité, l'émotion. Elles n'empêchent pas l'improvisation, elles ne tyrannisent pas le danseur dont la danse, les gestes sont naturellement exécutés, spontanés. L'ancienneté de ces pas n'est pas tyrannique. Ici, « *rien d'intellectuel* », affirme Senghor, Il affiche nettement son anti-académisme. Il se souvient de l'enseignement de ses Maîtres à Louis-le-Grand, qui disaient à leurs élèves de se méfier de l'émotion mais de suivre la seule raison. Il le leur rappellera, devenu Président de son pays, en visite « sous les voutes de la haute demeure : de la maison de ma Mère », non pas en Chef d'État, mais, « l'ancien élève de Sorbonne : l'Enfant prodigue » :

> L'Europe, c'est la civilisation de la raison discursive : de l'analyse, de la mathématique, de la mécanique. Vos tentations, auxquelles vous avez parfois succombé, c'est la dichotomie et, partant l'idéalisme ou le matérialisme. Vous avez trop souvent opposé l'esprit à la matière, la raison au cœur, la science à la foi – ou à l'art – pour ne pas vous être aperçus du danger. Le danger de créer un monde de machines sans âme, je veux dire sans chaleur humaine. [1]

Reproche amical, qui ne l'a pas empêché de rejeter leur esprit de dichotomie et de retourner aux sources de la Négritude.

Mais revenons à la danse. Lorsque Senghor marque son anti-académisme, parlant des danses africaines, cela ne veut pas dire que rien n'y est réfléchi. La formule de Bourdieu, « l'intelligence du corps », de sa théorie de l'habitus, s'appliquerait bien à ces corps noirs dansants, pour bien montrer qu'ici, l'académisme n'y a pas sa place. Et pour rendre compte de cette impression de manque d'ordre, de débauche d'énergie, de déluge de gestes tous azimuts que suscite la danse négro-africaine, Senghor utilise comme concept le « parallélisme asymétrique » qui caractérise la danse africaine et qu'il retrouve dans les créations de Maurice Béjart par quoi elles se distinguent de la danse classique européenne. Commentant la chorégraphie de Béjart, il estime que les mouvements de ses créations sont constitués de parallélismes asymétriques :

Que le danseur soit seul, qu'il s'agisse de pas de deux, de pas de trois ou des évolutions de tout le corps de ballet, les mouvements sont en général faits de parallélismes asymétriques, où la science et l'intuition s'équilibrent.

---

1 Léopold Sédar Senghor, « Sorbonne et Négritude », *Liberté 1*, Paris, Seuil, 1964, p. 317.

Je parle d'un équilibre dynamique et, partant imprévisible » [1], parce que toujours en mouvement.

Cependant, ce qui fait l'unité de ces danses diverses et variées, ce qui constitue, pour reprendre un terme de Senghor lui-même, leur « *infrastructure* », c'est « le rythme nègre avec ses déhanchements, contretemps et syncopes. » [2] Mais encore, qu'est-ce que le rythme ? Senghor donne plusieurs définitions du rythme. Dans « L'esthétique négro-africaine », dans *Liberté 1*, il propose la définition suivante, plus riche :

> Qu'est- ce que le rythme ? C'est l'architecture de l'être, le dynamisme interne qui lui donne forme, le système d'ondes qu'il émet à l'adresse des Autres, l'expression pure de la Force vitale. Le rythme c'est le choc vibratoire, la force qui, à travers les sens, nous saisit à la racine de l'être. Il s'exprime par les moyens les plus matériels, les plus sensuels ; lignes, surfaces, couleurs, volumes en architecture, sculpture et peinture ; accents en poésie et musique ; mouvements dans la danse. Mais ce faisant, il ordonne tout ce concret vers la lumière de l'Esprit. [3]

Nous aurons à revenir sur cette définition pour en montrer toute la substance. Rappelons une autre définition du rythme. Dans son article de critique d'art, « Les Ballets africains de Fodéba Keïta » : « le rythme, dit-il, est le dénominateur commun des arts négro-africains, qui est essentiellement exprimé par le tam-tam, par les tam-tams. » [4] Marcel Mauss s'inspirant de Platon qui définit la musique et la danse comme une technique, considère à son tour, dans son ouvrage *Les techniques du corps*, la danse comme une technique corporelle, donnant au mot technique un sens nouveau, qui révolutionne notre façon d'aborder les problèmes liés au corps. Il appelle technique, « les façons dont les hommes, société par société, d'une façon traditionnelle, savent se servir de leur corps » [5]. Chaque société a sa façon traditionnelle de faire usage de son corps, donc de danser. Comme technique corporelle la danse est traditionnelle, efficace et transmissible par l'apprentissage. Senghor qui a suivi les enseignements

---

1 Léopold Sédar Senghor, « Préface », dans *Béjart. « Danser le XXème siècle »*, Paris, Hatier, 1977, p. 14.

2 Léopold Sédar Senghor, Discours d'inauguration de Mudra-Afrique. Le quotidien national *Le Soleil*, Dakar, 23 novembre 1977.

3 Léopold Sédar Senghor, « L'esthétique négro-africaine », *Liberté 1*, Paris, Seuil, 1964, p. 211

4 Léopold Sédar Senghor, « Les Ballets africains de Fodéba Kéïta », *Liberté 1*, Le Seuil, Paris, 1964, p. 288.

5 Marcel Mauss, *Les techniques du corps*, repris dans *Sociologie et anthropologie*, Paris, PUF, 1950, p. 365.

de Mauss ne pouvait pas ne pas se souvenir des leçons de son maître, lorsqu'il invite à distinguer dans les ballets montés par le chorégraphe guinéen, Fodéba Keïta, d'une part, ce qui constitue l'apport personnel du chorégraphe, à savoir l'idée de la chorégraphie, la composition, la transposition sur la scène étroite du théâtre, et même la durée de la représentation, qui sont proprement de l'auteur, d'autre part, les « pas », les gestes, le rythme, les rythmes qui sont de l'Afrique éternelle, qui nous viennent des Ancêtres. Les images, les idée-sentiments qui nous viennent de ces représentations auxquelles nous avons assisté, vécues directement, ou par imprégnation depuis l'enfance, restent gravées dans la mémoire collective.

Sur le terrain du rythme, danseurs et batteurs de tam-tam, cet instrument qui accompagne nos chants et nos danses, rivalisent de talents. Qui n'a pas été séduit par nos batteurs qui, laissant libre cours à leur inspiration, livrés à leur imagination et leur émotion, se croient autorisés à prendre toutes les audaces, qui n'échappent pas au regard critique de Senghor, qui nous les décrit pour les avoir vus : « envolées fulgurantes vers le ciel comme les acrobaties les plus inattendues, jaillissant en contretemps et syncopes. » [1]

Au contraire de nos danses, le Ballet européen, danse classique, semble donner la priorité à la technique, c'est-à-dire à cet ensemble de règles dont la stricte application a pour effet de rendre le danseur maître de son corps, de ses gestes. Avec le temps, cette danse est restée figée, hors du temps, donc sans vie, la vie étant renouvellement, vidée de toute émotion. Elle s'est « appauvrie, car basée, et perpétuée sur des règles arbitraires, surtout trop étroites ». Il lui a manqué la sève négro-africaine, celle là-même dont s'est nourri, du fait de son métissage, franco-sénégalais, Maurice Béjart, qui a su l'intégrer dans sa propre danse pour créer une nouvelle danse, « les Ballets du XXème siècle », « symbiose de l'Europe, de l'Asie et de l'Afrique ».

Mais le Ballet classique n'a pas toujours été figé, sans âme. La technique ne devrait pas empêcher l'émotion. Ils ont été quelques-uns, vers la fin du XIXe siècle, dans le domaine de la musique, par exemple, à avoir perçu qu'il était nécessaire de résister à la suprématie des règles conventionnelles pour aller à la recherche, selon le mot de Senghor, « d'alluvions inconnues et de "germes invisibles" » [2] : Darius Milhaud, César Franck, Gabriel

---

1 Léopold Sédar Senghor, « Les Ballets africains de Fodéba Keïta », *Liberté 1*, Paris, Seuil, 1964, p. 288.

2 Léopold Sédar Senghor, « Ce que l'homme noir apporte », *Liberté 1*, Paris, Seuil, 1964, p. 36.

Fauré, Claude Debussy. Igor Stravinsky est de cette lignée, compositeur d'origine russe, avec une musique écrite pour la danse.

Lorsque les artistes russes, particulièrement les danseurs chorégraphes, arrivèrent en Europe occidentale, au début du siècle dernier, avant la vague américaine des années 1930-1945, ils ont donné à la danse classique un nouveau souffle. L'influence russe s'est exercée sur la technique et sur l'expression, qui fait dire à Senghor : « Ceux-ci, en effet, portèrent la technique à un niveau de perfection jamais atteinte auparavant ; mais mieux ils animèrent le ballet classique d'une grâce, et disons-le, d'une émotion où l'on sentait comme palpiter la Slavitude » [1] Cette observation de Senghor, trouve son illustration dans le style de l'un des plus célèbres danseurs chorégraphes russes de cette époque : Vaslav Nijinsky qui se faisait appeler « Clown de Dieu ». Un de ses biographes dit de lui qu'il dansait avec un air d'absolue facilité où l'absence d'effort était manifeste, mais reconnaît aussi qu'il s'imposait de longues journées d'exercice. Il était perfectionniste. Il aimait dire que « la beauté du geste ne valait rien en elle-même, qu'elle devait avant tout exprimer une émotion, parfois une idée » [2]. Il était convaincu que la danse n'est pas un but en soi, mais le moyen d'expression d'une connaissance intérieure plus profonde et enfouie qu'apparente. Il aura influencé Maurice Béjart, qui en guise de préface au livre sur "Nijinsky Clown de Dieu"', nous laisse des notes griffonnées pendant l'élaboration du ballet qu'il fit sur lui, et qui nous renseignent sur ce danseur de génie, sur son style et sa vision de la danse : « La danse. Langage total qui englobe tous les autres. La technique au service de l'expression. L'expression au service d'une idée. Nijinsky, créateur authentique, aussi révolutionnaire à l'époque (1913) qu'un Picasso en peinture ou un Stravinsky en musique. » [3]

Voilà, me semble-t-il, ce qui plaît à Senghor, l'expression au service d'une idée ou idée-sentiment. C'est cet aspect qu'il retient lorsqu'il veut qualifier le style de la danseuse chorégraphe, Germaine Acogny qui, selon lui, bien qu'elle ait suivi la même voie, c'est-à-dire la même méthode, que Maurice Béjart, s'en est éloignée par sa touche personnelle. Dans la préface du livre de Germaine Acogny, comparant leurs deux itinéraires, il met l'accent sur ce qui distingue le style de Germaine Acogny de celui des

---

1 Léopold Sédar Senghor, Discours d'inauguration de Mudra-Afrique. Le quotidien national *Le Soleil*, Dakar, 23 novembre 1977.

2 Vaslav Markevich, « Préface. Nijinsky : l'homme intérieur, sa quête mystique », dans A. Béjart *et al.*, *Nijinsky, clown de Dieu*, Paris, Éd. Corps, 1973.

3 Maurice Béjart, « Préface », dans A. Béjart *et al.*, *Nijinsky, clown de Dieu*, *op. cit.*

chorégraphes européens qui ont inventé les figures du ballet classique : son ancrage africain, « la négritude de sa danse ». Il analyse le vocabulaire utilisé par les uns et les autres, et s'interroge sur le sens qu'ils donnent au mot « pas ». Les européens entendent par le mot « pas » « la figure formée par un ensemble de pas, de mouvements requis pour l'exécution d'une danse ».

Dans le vocabulaire de Germaine Acogny, le mot « pas » est employé au sens de « mouvement », qui signifie dans son sens originel, premier, et selon le dictionnaire, « changement de position dans l'espace en fonction du temps par rapport à un système de référence. » De ces deux approches linguistiques, Senghor fait le commentaire suivant :

> En employant le mot "pas", les Européens font de la danse un jeu d'abstraction, pour enlever l'homme de la terre et le projeter dans le ciel. En lui préférant le mot "mouvement" Mme Acogny met l'accent sur la valeur symbolique de la figure de danse et sur l'adhérence du danseur au sol, à la Terre Mère qui lui donne son âme. [1]

Ce que Senghor tient à montrer c'est qu'il n'est pas indifférent de choisir le ciel ou la terre. En se fixant au sol, les yeux vers la terre Mère, la danse de Germaine Acogny ne s'éloigne pas des sources, de la sève nourricière, ancestrale. C'est ce qui caractérise la « négritude de sa danse. » C'est l'illustration que sa danse est danse « tellurique » comme les danses négro-africaines : pieds nus posés à plat sur le sol.

DANSE ET CRÉATION

Les danses africaines sont « telluriques », près des sources dont elles se nourrissent, enracinées dans les valeurs de la Négritude. Elles ont de ce fait une vocation spirituelle. Ce rapport des arts à la spiritualité a été le combat du président-poète, l'originalité de sa vision des arts, dont les productions, les créations, sont des « nourritures spirituelles » qu'il a voulu nous partager. Dans son entretien avec Aziza, dans *La poésie de l'action* : « J'ai voulu être un poète pour créer : pour donner à mon peuple, des nourritures spirituelles. » Le poète, en effet, est un « créateur d'émotion », par son œuvre poétique et artistique. Son principal souci a été pour Senghor, dit-il, « d'avoir dans mes lecteurs, des amis qui, comme moi, se réalisent en se fortifiant de nourritures spirituelles. » [2]

S'agissant de la danse, ici, notre principal objet, comment passer de l'empirique, du concret, au spirituel ? Comment s'opère la

---

1 Léopold Sédar Senghor, « Préface. Germaine Acogny : danse africaine », Weingarten, Weingarten Verlag, 1994, p. 5.

2 Léopold Sédar Senghor, *La poésie de l'action*, Paris, Stock, 1980, p. 344.

« métamorphose », annoncée au début de notre propre réflexion ? Telle est la question.

Cet ensemble de mouvements, de pas, de figures, de formes, se déroule dans l'espace, leur lieu d'exécution. La « métamorphose » se produit quand ces mouvements nous paraissent harmonieux, ordonnés et coordonnés, gracieux. Ils cessent de n'être que physiques, empiriques, ils sont au-delà de l'empirique, du quantitatif. Par la métamorphose ils sont de l'ordre de la qualité. Alors, ils nous fascinent ou nous attirent par leur élégance, leur charme, leur beauté. On a du plaisir à voir danser, de même que l'on a du plaisir à danser. La danse est un mouvement harmonieux, mouvement d'abord physique, empirique, dans l'espace que la métamorphose transforme en « état de danse », passage du quantitatif au qualitatif. Dans cette transformation, le mouvement physique cède la place à ce que Senghor appelle : « le temps vivant que, par définition, la photographie ne peut fixer, car il est, en son essence, mouvement imprévisible. » [1] C'est ce que Bergson appelle la « durée créatrice ».

L'on est sorti de l'espace. C'est désormais le Temps qui joue le grand rôle. Cette transformation n'est possible que parce que dès l'origine, la matière et l'esprit sont intimement liés et constituent une réalité unique, les deux faces d'une seule et même réalité. L'on voit, par là, ressurgir l'aspect teilhardien de la pensée de Senghor, qui adhère à l'idée du savant Jésuite, qui s'est également intéressé à l'art, de la spiritualité de la matière. Le corps dansant est une conscience incarnée. De même qu'il s'oppose à la dichotomie musique négro-américaine et musique négro-africaine, de même il rejette le dualisme esprit-matière. Comme on le voit, avec le temps, non le temps mathématique, mais la durée, le temps intériorisé, le devenir, c'est la vie que l'on rencontre. Le mouvement est le signe de la vie. L'immobile, ce qui est figé, se confond avec la mort. Ce qui fait la danse, ce sont les gestes, les pas, les déplacements des formes, le mouvement, plus exactement, le rythme. C'est le privilège de la danse d'être la source qui diffuse dans les autres arts le rythme inséparable de l'émotion. Le rythme est le style nègre, il est cette force ordinatrice de ces éléments concrets vers « la lumière de l'Esprit ». Nous retrouvons bien ici l'un des éléments de la définition du rythme.

Mais, avant d'aller plus loin, revenons un instant à notre entretien entre Senghor et Malraux. Celui-ci, dès le début de leur discussion, reconnaissait ne pas s'étonner de l'intérêt porté par Senghor à la danse et à la sculpture, le rythme étant leur fondement. Quand il parle de sculpture, Malraux

1 Léopold Sédar Senghor, « Préface » dans *Béjart. Danser le XXème siècle*, Paris, Hatier, 1977, p. 13.

pense aux statuaires de l'Art nègre, aux masques portés par les danseurs. Le même rythme africain se retrouve dans les sculptures géantes du célèbre sculpteur sénégalais, Ousmane Sow, membre de l'Académie des Beaux-Arts. Son œuvre porte la marque de ses racines africaines auxquelles nous renvoient ses personnages : Nouba, Zoulou, Masaï, Peulh. Si certaines de ses créations ont des liens avec les Indiens d'Amérique, à l'analyse, ils finissent toujours par révéler leur lien avec l'Afrique. C'est aussi le cas de son personnage Victor Hugo. Ce que nous cherchons, ici, à mettre en évidence, en choisissant la sculpture, illustrée par les créations d'Ousmane Sow, ce sont les caractéristiques qui sont selon Senghor l'expression du rythme en sculpture : *lignes, surfaces, couleurs, volumes.* Le rythme qui se dégage de ces créations, fait qu'elles sont ce qu'elles sont, ce pour quoi nous les admirons, elles nous fascinent. Elles sont caractérisées au premier abord par leur gigantisme. Ses personnages ne sont cependant ni difformes, ni laids. Ce ne sont pas des monstres. Elles sont imposantes par leur volume, par la force, la puissance qu'elles dégagent. Elles ont besoin d'espace. Comme le danseur, elles donnent l'impression d'avoir besoin d'espace. Parce que la vie elle-même a besoin d'espace pour se répandre. Ce qui retient l'attention, c'est l'impression qu'elles nous donnent d'être en dialogue, d'être en mouvement, en action. Un des personnages d'Ousmane Sow, la Femme Peulh, représenté en train de tresser un autre personnage, a les mains levées, le regard orienté, elle est ni debout ni assise, et cependant ses mains travaillent. C'est qu'elle est en mouvement. Il en est de même des autres créations qui composent des scènes de bataille. Ce sont certes des êtres sculptés, mais en mouvement, en action. Ils ne sont pas figés, immobiles. C'est parce qu'elles créent en nous de l'émotion. À les regarder, l'on arrive à mettre en évidence les aspects les plus signifiants de cet art : une harmonie des formes, une légèreté et simplicité des gestes, des postures et attitudes, une sérénité des visages, une gravité aussi qui assurent, vous aspirent, vous captivent. L'émotion s'empare alors de notre être nous projette hors de nous-mêmes pour répondre à l'appel au partage, au dialogue qui nous vient de ces créations. Au plus fort de cette expérience, nous sommes prêts à donner à ces sculptures des sentiments humains « tant est puissant ce qui s'y exprime d'humain ». Ces sculptures sont pourtant bien charnelles, terreuses et majestueuses. Elles nous disent quelque chose. Elles expriment quelque chose. Cela signifie qu'il y a quelque chose de l'ordre du spirituel qui résonne, se manifeste. Ces créations nous introduisent dans un monde de significations, un monde des valeurs, monde éthique. C'est bien ce que recherche Senghor lorsqu'il parle d'art africain, de danse : une chose la fonction de l'art africain, autre chose sa signification qui se situe au-delà du signe sensible, empirique qui conduit à la rencontre de l'Esprit.

Dans son poème *Prière aux masques* [1], c'est en ces termes que Senghor veut nous faire sentir le rapport de l'art, mais, ici, plus encore, de la danse à cet univers éthique, aux valeurs spirituelles :

> Que nous répondions présents à la renaissance du Monde
> Ainsi le levain qui est nécessaire à la farine blanche
> Car qui apprendrait le rythme au monde défunt des machines
> Et des canons ?
> Qui pousserait le cri de joie pour réveiller morts et orphelins
> À l'aurore ?
> Dites, qui rendrait la mémoire de vie à l'homme aux espoirs éventrés ?
> Ils nous disent les hommes du coton du café de l'huile, ils nous disent les hommes de la mort Nous sommes les hommes de la danse, dont les pieds reprennent vigueur en frappant le sol dur. »

L'évocation du « rythme » nous renvoie à la chaleur humaine, à l'émotion au cœur, la « joie » à la vie, à la joie de vivre. L'œuvre poétique produit le même effet que la sculpture : elle provoque en soi, comme le dit Senghor, un choc, au point d'être tiré hors de soi, de s'arracher à soi, d'être jeté dans un rêve ou contraint de descendre au plus profond de soi, à la racine de l'être. C'est alors que l'on peut dire que l'on a atteint l'essence poétique de l'œuvre. Le poème a réussi, en ce sens qu'il nous conduit à la rencontre avec l'Esprit qui par sa lumière nous éclaire sur la réalité intime des choses. En d'autres termes, citons encore Senghor : « Le rythme agit sur ce qu'il y a de moins intellectuel en nous, despotiquement, pour nous faire pénétrer dans la spiritualité de l'objet, et cette attitude d'abandon qui est nôtre est elle-même rythmique. »

La question qui se pose à ce stade de notre réflexion est de savoir d'où vient cette force ordinatrice de tous ces éléments concrets « vers la lumière de l'Esprit ? » Quelle est cette Force vitale dont il était question dans la définition du rythme ? Nous touchons là à l'originalité de la conception de Senghor : elle réside dans le lien avec la métaphysique qui se remarque à l'usage de notions telles que « l'être », « le dynamisme », « la forme », « la force vitale », « l'Esprit ». Ces éléments sont constitutifs du rythme. Ils nous renvoient à une cosmogénèse combinée à une ontologie. La Force vitale, dont nous parle Senghor, est l'attribut de Dieu dans la cosmologie négro-africaine. Dieu est l'Existant en soi, la Force de qui procèdent et en

---

1 Léopold Sédar Senghor, *Œuvre poétique. Prière aux masques. Chants d'ombre*, Paris, Seuil, 1964, p. 23.

qui se renforcent tous les existants. Il ne s'agit pas du Dieu créateur *ex nihilo*. Ce que nous apprend la mythologie negro africaine, c'est que les êtres créés existaient antérieurement en Dieu lui-même et lui restent liés après leur création. Il n'y a pas de séparation avec Dieu, la Force des forces. Émanée de Dieu, cette Force anime au sens étymologique du mot, toutes les apparences sensibles du monde, du cosmos, de l'univers, pour s'accomplir en Dieu. Dieu est la Force des forces. L'homme est le centre actif du cosmos. Dès lors vivre pour l'homme consiste à capter toutes les forces. Qu'est-ce à dire ? C'est en animant, par l'art, l'univers visible et invisible, en le chantant et le rythmant, que l'homme renforce la force de Dieu et devient en même temps, semblable à Dieu.

Éclairés par la mythologie négro-africaine nous pouvons alors nous demander : Qu'est-ce que danser, faire des poèmes, des sculptures, des œuvres d'art ? Senghor répond : « danser, c'est créer, surtout lorsque la danse est danse d'amour. C'est, en tout cas, le meilleur mode de connaissance. » [1]

Danser, c'est créer. La danse est création, l'acte de créer nous rend semblables à Dieu : c'est-à-dire des êtres libres, des personnes dont les aspirations sont d'ordre spirituel. Mais Senghor va plus loin encore puisqu'il ajoute : « c'est le meilleur mode connaissance ». En ce sens, en effet, que l'art par le rythme, nous fait pénétrer dans la « spiritualité de l'objet, l'essence même de la chose, son intimité cachée sous le sensible concret que seul l'esprit peut saisir ». Senghor le dit autrement, en effet ce qu'il appelle « la spiritualité de l'objet, c'est son essence, la réalité qui sous-tend l'univers … la surréalité, plus exactement les forces vitales qui animent le monde. » C'est une connaissance supérieure que nous assure l'art, celle de l'intuition, de l'émotion, du cœur. Est établi le lien entre l'esthétique et la métaphysique. La métaphysique s'exprime par la poésie. Il ne s'inspire pas du rationalisme cartésien, ni d'Aristote, mais des premiers philosophes grecs à la rencontre de Pierre Teilhard de Chardin, de Pascal, saint Augustin. Celui-ci a marqué du sceau de son Africanité la doctrine du Verbe créateur.

Ainsi les œuvres d'art, les créations artistiques sont des « nourritures spirituelles ». Senghor ne dissocie pas sa conception de l'art de l'ontologie négro-africaine. Cette ouverture de l'art sur la spiritualité, autrement dit sur la transcendance constitue, me semble-t-il l'originalité, l'apport spécifique de Senghor à notre compréhension de l'art africain. Ce fut le souci principal du poète-président de nous le rappeler. Il nous avertit, en

---

1 Léopold Sédar Senghor, « Éléments constitutifs d'une civilisation d'inspiration négro-africaine », *Liberté 1*, Paris, Seuil, 1964, p. 259.

même temps, qu'il est de notre devoir d'Homme envers nous- mêmes mais aussi envers les autres hommes, nos frères, de leur annoncer cette dimension spirituelle de l'art, afin qu'ils se fortifient par ces « nourritures spirituelles » pour aider à la « Civilisation planétaire annoncée par Pierre Teilhard de Chardin qui se lève à l'aube des Temps futurs ». C'est une mission à assume*r*. La danse y a sa part [1] :

« Car comment vivre sinon dans l'Autre au fil de l'Autre
Et pourquoi vivre si l'on ne danse l'Autre ? »

Pour conclure, voilà pourquoi la danse est, pour Senghor, « le premier et fondamental art de l'homme ». Elle est à l'origine de notre humanité, source d'où se transmet, à travers tous les autres arts, musique, peinture, sculpture, architecture, le rythme par quoi ils participent de cette force vitale, ordinatrice de ces mouvements concrets vers *la lumière de l'Esprit*. Elle est le moyen par lequel nous est révélée notre intimité avec l'Esprit. Pour le dire autrement, enracinée dans la Terre-Mère, danse tellurique, elle nous révèle notre présence à la vie : au monde qui est participation de l'Homme aux Forces cosmiques, *communion* de l'Homme avec les autres hommes et, par-delà, avec tous les *existants*, du caillou à Dieu. C'est le rêve de Senghor.

1 Léopold Sédar Senghor, *Œuvre poétique. Épitres aux Princesses. Éthiopiques*, Paris, Seuil, 1964, p. 144.

Liste des illustrations

Table des matières

www.ingramcontent.com/pod-product-compliance
Lightning Source LLC
LaVergne TN
LVHW011952220826
846092LV00001B/163